Reliure

1 2 JUIN 1995

Vianney Bélanger

DÉRIVES MONTRÉALAISES

Gilles Bibeau et Marc Perreault

avec la collaboration de Carlos Coloma

DÉRIVES MONTRÉALAISES

à travers des itinéraires de toxicomanies
dans le quartier Hochelaga-Maisonneuve

Boréal

Les Éditions du Boréal sont inscrites au Programme
de subvention globale du Conseil des Arts du Canada.

Cet ouvrage a été publié grâce à une subvention de la
Fédération canadienne des sciences sociales, dont les fonds
proviennent du Conseil de recherches en sciences humaines du Canada.

Conception graphique : Gianni Caccia
Photographies de la couverture : Jean-François Leblanc

© Les Éditions du Boréal
Dépôt légal : 1er trimestre 1995
Bibliothèque nationale du Québec

Diffusion au Canada : Dimedia
Diffusion et distribution en Europe : Les Éditions du Seuil

Données de catalogage avant publication (Canada)

Bibeau, Gilles, 1940-

   Dérives montréalaises : à travers des itinénaires de toxicomanies dans le quartier
Hochelaga-Maisonneuve

   ISBN 2-89520-670-4

   1. Toxicomanie - Aspect social - Québec (Province) - Montréal. 2. Hochelaga-
Maisonneuve (Montréal, Québec) - Conditions sociales. I. Perreault, Marc. II. Titre.

HV5840.C32M65   1995   362.29'0971428   C95-940207-1

REMERCIEMENTS

Notre pensée émue va d'abord aux personnes dont la vie et la voix se répercutent tout au long des pages qui suivent, avec une sympathie particulière pour les personnes auxquelles nous avons donné les pseudonymes de Denise, Simone, Frank, Gaston, Éric, Roger, Isabelle, Sandra, Jeanne, Cynthia, Serge, Suzie, Ginette, Lucien, Bertrand, Solange, Lise, André, Stéphan, René et Gerry.

Nous tenons également à remercier les autres personnes (toxicomanes) avec lesquelles nous avons échangé tout au long de cette recherche et dont le témoignage et le discours ont constitué pour nous une source continuelle d'inspiration.

Nous ne pourrons jamais assez souligner notre dette et notre reconnaissance à l'égard de Mme Line Lanteigne, notre principale collaboratrice sur le terrain. Sans son dynamisme, son entregent, son sens de l'écoute et son rapport étroit avec les personnes toxicomanes et prostituées, il nous aurait été difficile d'obtenir des récits de vie aussi spontanés et chaleureux.

Deux travailleuses de rue, Guylène Desjardins et Carole Bernard, se sont mêlées à la vie de ces personnes, les unes toxicomanes, les autres prostituées et toxicomanes, apportant à toutes écoute, soutien et conseil sur les lieux mêmes de leur existence quotidienne, dans les piqueries, sur les trottoirs ou dans les parcs. Pour leur respect et fidélité à l'égard de ceux et celles qui leur ont accordé leur confiance, pour leur discrétion vis-à-vis des autres intervenants en santé et des chercheurs qui auraient voulu, à bon compte peut-être, s'approprier leurs connaissances intimes du millieu de la drogue, et pour leur générosité exempte de tout jugement moralisateur, que ces deux travailleuses de rue reçoivent l'expression de notre admiration.

Les auteurs sont également reconnaissants envers Carole Lacroix qui a aimablement vu à la correction du manuscrit de ce texte. Nous la remercions pour la pertinence de ses suggestions. Un merci enthousiaste est enfin adressé à Mme Monique Gauvin, qui s'est occupée avec compétence des aspects administratifs et financiers relatifs à cette recherche.

«Dis-nous donc, Socrate, sur quoi l'on peut bien se fonder, quand on prétend que le suicide n'est pas permis?»
Socrate répondit: «Étant donné qu'il y a des gens pour qui, en certaines circonstances, la mort est préférable à la vie, il paraît peut-être étonnant que ceux pour qui la mort est préférable ne puissent sans impiété se rendre à eux-mêmes ce bon office et qu'ils doivent attendre un bienfaiteur étranger.»

Tiré du «Phédon» de Platon.

PROLOGUE

« Un voyage en enfer »

Le récit de Denise

« Une enfance dorée... »

J'ai trente-trois ans[1]. Moi, j'ai eu une enfance ben ben dorée.
Je suis un enfant unique, d'un père gardien de prison qui était
spécial spatial; on allait à chasse, à pêche ensemble; c'était plein
d'amour... Ma mère par contre, je me faisais garder souvent, pis...
était ben jalouse de moi vis-à-vis mon père.

Fait que suite au décès de mon père quand j'avais douze ans ma
mère a eu un amant qui m'a violée pendant six mois de temps... lui,
bon il a commencé par vouloir m'attraper avec une bouteille d'alcool
et j'ai commencé comme ça. Je me suis organisée pour être de moins
en moins souvent chez nous, à arriver tard, à partir de bonne heure...
Fait que avec toute ça, je me suis ramassée avec des gens qui
consommaient beaucoup de coke, de... dans le temps c'était plutôt...
[de la] mescaline... le haschisch, tout ce qui était substance chimique,
pis le cristal. [J'ai] fait ça longtemps, j'veux dire, j'suis allée à l'école
pareil. J'me suis gelée quand même, jusqu'à l'âge de... vers [19]75,
jusqu'à l'âge de quinze ans. J'ai cessé la consommation parce que j'ai
connu le père de mes deux premiers enfants. J'ai vécu avec dix ans,

---

[1] Nous nous sommes efforcés de maintenir dans l'écrit les traces de l'oralité, ne gommant dans
la transcription qu'un minimum des marques (répétitions, hésitations, incorrections d'inattention)
qui sont typiques de l'oral. Des points de suspension indiquent les pauses, les bifurcations du
récit ainsi que les segmentations principales de la trame narrative. L'émotion, la posture, le débit,
l'humour qui indiquent combien le corps est présent dans l'oral ne peuvent être
qu'inadéquatement rendus dans l'écrit qui nous fait infailliblement perdre ce que Roland Barthes
appelle le «grain de la voix». En principe, nous avons évité au maximum la réécriture de la
parole populaire que nous avions enregistrée et nous avons respecté le caractère oral des écrits.

j'ai été huit ans sans consommer. J'ai rechuté en allant travailler dans les clubs comme danseuse... [J'ai rechuté] sur la coke...

Denise reparle ici de son père, dont elle croit aujourd'hui qu'il était alcoolique, « mais » :

C'était pas un bonhomme qui sortait, y faisait ça tranquille sur le bout de la table, y prenait sa p'tite bière, pis y fumait sa [cigarette]. C'était un bonhomme de chasse et de pêche, il a commencé à boire, lui, dans des occasions de chasse et de pêche, pis un moment donné ç'a pris plus d'ampleur; y en est décédé d'ailleurs. Mais j'ai jamais vu mon père chicaner, crier pour rien; mon père c'était un bonhomme ben ben calme, assez que ça fait pas tellement longtemps que je me suis rendu compte que mon père était alcoolique...

Denise explique, par la suite, le contexte de ses premières initiations à la drogue :

... En faite, moi je me souviens, je me sauvais souvent (pour pas avoir affaire au bonhomme en question) chez ma copine qui, eux autres, y étaient sept-huit sœurs. Pis c'était toute « free for all » dans place... Bon les sœurs étaient plus vieilles, fait que la drogue était plus facile à avoir, parce que les filles... avaient seize, dix-sept, qunize pis vingt ans. C'était à [nom d'un quartier du nord-est de Montréal], un secteur qui était plein plein de gars de bécicles... très très violents. Fait que la dope y en avait tant que t'en voulais... J'ai commencé le cristal, pis la mescaline jusqu'à cocaïne intraveineuse à une ou deux reprises seulement... dans les trois ans que j'ai consommé intensément, de douze à quinze ans.

Le père de mes enfants consommait pas, y fumait même pas la cigarette, pis moi j'avais considéré que le fait d'avoir consommé de même, c'était une crise d'adolescence, que c'était passé, que c'était réglé... Sauf que, quand ça a commencé à aller mal entre moi pis lui, ben j'ai été danser dans les clubs; pis là c'est plein de requins; pis on a commencé par me mettre des substances style T.H. dans mes verres... et j'ai dont aimé ça; ç'a pas été dur de monter tout de suite à la ligne de coke. Ç'a duré quand même assez longtemps juste le sniffage, parce que... ça brisait pas, ça faisait rien dans ma vie dans le fond...

dans le sens [que] j'avais quand même de l'argent, je réussissais à vivre pis j'avais mes enfants à maison. Je m'apercevais pas que j'étais cocaïnomane, je me rendais pas compte moi que j'avais besoin de ma coke, pour ne pas dormir, pour travailler, pour aller voir mes enfants dans le jour. C'est juste au moment donné où j'en ai vendu... (Dans les loges [des clubs de danseuses] y a des lignes partout; tu oses pas trop bouger ou souffler.)

J'ai commencé à danser avant ma séparation... ça allait mal... pis c'est pour me r'venger que j'ai été dans les clubs, c'est ça: «Il aime les pitounes danseuses, j'va y aller danser», tu sais quand t'es jeune..., j'ai commencé de même, c'était une vengeance; j'ai aimé travailler là-dedans, j'ai aimé faire de l'argent, pis j'ai aimé ça me sentir ben ben r'gardée par les hommes, parce que mon mari c'était un gars ben ben spécial... J'étais sûr que c'était pour la vie [leur union = conjoints de fait].

... Je pensais que mon mari c'était un Dieu: y fumait, y buvait, y sniffait pas, y prenait aucune drogue, pis y me trompait pas. Jusqu'au jour où j'ai découvert le pot aux roses: y se gelait, y fumait et y tinquait pareil comme les autres hommes. Dire moi que je me serais brûlé la main... je voulais me mettre ma main dans le feu qu'y me trompait pas, ce gars-là. Ça a parti, ça a déclenché; j'étais une ben belle fille, avec des beaux grands cheveux blonds, toujours ben habillée, ben maquillée, pis les ongles toujours ben faites; fait que les requins ç'a pas été long qu'y ont été à chasse avec moi, t'sé. Pis, c'était toujours les pleins de consommations, les pleins de drogues... Parce que à un moment donné j'ai lâché le trip des pleins... j'étais tannée, fait que j'ai dit: «J'veux avoir mon sac», pour pus avoir à... c'était comme un genre de prostitution..., pour pus avoir à endurer ces vieux crisses de bonhommes-là, t'sé... moi j'avais vingt ans, eux autres y en avaient trente-quarante-cinquante, t'sé. C'était ben beau les Cadillac, je me suis promenée dans les Corvette, j'avais mon char, j'avais mes diamants, j'avais toutes sortes d'affaires, je manquais de rien, rien, rien, si je voulais faire le tour du monde trois fois par année, j'aurais pu...

Partie pour la gloire...

J'ai lâché ça et je me suis mise à vendre. J'avais quand même un bon montant d'argent de ramassé, fait que j'ai été assez heavy... on a investi (on = moi et le père de mes deux premiers enfants) dans un grosse quantité, qu'y a été chercher lui-même. À partir de là, l'argent a rentré. Pis on a acheté un club, pis deux camions, pis là j'me gelais... plus ça allait, plus j'me gelais; moi je me couchais avec d'la coke... je me souviens même d'avoir dit: «J'va prendre une dernière ligne avant de me coucher»... quand t'es rendu que tu prends une ligne pour aller te coucher [rire]... Le matin, j'avais mes lignes partout dans maison, j'avais tout ce qu'y fallait pour faire une ligne: dans mon bain, dans... c'était l'abondance. J'avais toujours dans les partys une dizaine, une quinzaine de personnes autour de ma table, pis le sucrier c'était full... (Avant que je me sépare, je continuais à danser, parce que ça faisait mon affaire de pouvoir travailler, pour aller pogner des clubs, mettre des vendeurs à ma place; ça montait mes ventes.)

La coke à un moment donné là, c'était rendu là, qu'y fallait... moi, c'était plus important de former une clientèle pour la coke avec des vendeurs, des acheteurs que d'aller faire ma commande... J'allais faire ma commande, pis je tchéquais: «canne de petits pois, trois pour une piasse», pendant que je venais peut-être de «fronter» je sais pas combien de mille piastres dans la journée... C'était pas moi qui «frontais»; je la donnais à tout le monde la coke...: «Salut Joe, va-t'en avec crisse...» J'me souviens d'avoir donné quarante quarts à une fille: «Je m'en va en fin de semaine, arrange-toi avec ça..., si y en reste, y en restera, si y en reste pas, y en reste pas.» Sauf que ça me faisait une vendeuse à moi, accrochée, qui me devait de l'argent, qu'y fallait qu'y continue à vendre, t'sé. J'étais requin moi aussi, j'étais rendue là-dedans. À un moment donné, quand j'ai laissé mon mari, j'ai tout lâché. Je voulais pus mener ce trip-là, ça commençait à être dangereux d'ailleurs...: on avait déjà des saisies qui avaient été faites dans notre filière... ça s'en venait pas mal proche de nous autres, pis y'était temps que je lâche. Mais j'avais toujours quand même [besoin de] consommer [...] y me manquait de l'argent...

J'ai changé de place, j'ai déménagé en banlieue et j'ai essayé de cesser la consommation en retournant à l'école, en m'occupant de mes enfants. Mais j'avais mes idées de grandeur, je suis allée me prendre un bas de duplex avec le sous-sol fini, tout le kit; fait que j'arrivais pus dans mon argent..., je pouvais pus, fait que je suis retournée danser.

La descente aux enfers...

J'ai retourné dans consommation, mais là... c'était un petit peu plus fort, là je venais de connaître une personne [une danseuse] qui faisait de la free-base. Pis ça me tentait d'essayer ça, tout en disant: « C'est pas ben, ben grave, c'est pas pire que d'essayer n'importe quoi d'autre; moi j'va être capable de contrôler ça. » Ç'a pas été long, ç'a pris deux semaines, ç'a pris deux semaines; je me suis ramassée un jeudi, je suis partie de chez nous, je suis rentrée un lundi matin, mes enfants étaient dans maison, y avait pas personne dedans depuis quatre jours. Je ne m'étais même pas rendu compte que ça faisait quatre jours que j'étais partie. Fait que là, j'ai dit: «Wow, attends un peu, c'est pas des farces, cette affaire-là. » Mais je suis rentrée dans la maison avec ma cuiller, pis mon lighter, pis tout le kit pour faire le reste de ma free-base, dans maison chez nous; pis mes enfants étaient présents. Fait que là j'ai téléphoné au CLSC et je leur ai demandé de l'aide. C'était au mois de novembre ça, l'aide est arrivée au mois de février; là y était pas mal trop tard, y était pas mal trop tard... C'était fin de semaine par-dessus fin de semaine là que mes enfants étaient tout seuls; ma voisine d'en haut était au courant, [elle] descendait en bas régulièrement, pis en dernier ça avait pu de sens pantoute, pantoute, pantoute: j'avais même pu une boîte de Kraft Dinner dans mon armoire pour mes enfants qui étaient tout seuls, pis mon p'tit gars y avait huit ans, ma fille en avait dix... Pis moi je m'en rendais pas compte pas de ça pantoute, j'avais des remords... de conscience. À chaque fois que je me réveillais de ça, je me souviens de m'avoir réveillée une fois, levée carré dans le lit: «Qu'est-ce que t'as, qu'est-ce que j'ai faite? »; t'sé ben, mais je me rendormais pis je me regelais; je voyais rien.

C'était [la free-base] — ça m'avait pognée au complet —... ça doit avoir duré un an comme ça, un an, un an et demi [...]. Un moment donné j'ai comme lâché de danser, mais y était un temps j'ai dansé longtemps; je faisais des pofs dans la loge, la boucane sortait en dessous des portes quasiment; je retournais sur le stage pis y avait rien là, sauf la pof... que je contrôlais; un moment donné, j'ai même pus été capable de contrôler la pof non plus. Là j'ai commencé à me promener de bonhomme en bonhomme, celui qui avait plus de..., de sac en sac, si tu veux. Pis la prostitution est rentrée de même tranquillement.

... conduit à Hochelaga-Maisonneuve...

J'ai connu un gars en faisant du pouce qui avait une gang de chums au coin de Jeanne-d'Arc pis Sainte-Catherine. Pis dans cette maison là ben y avait une gang de chums pis une gang de pitounes qui faisaient la rue. Pis moi, ben, je connaissais vraiment pas ça faire la rue... moi je connaissais aller faire les clients à deux cents piasses de l'heure, mais je connaissais pas ça aller faire les clients à vingt piasses; je trouvais ça ridicule...   Fait que là j'appelais mes bonhommes... un moment donné, t'sé, les bonhommes t'es appelles trois-quatre fois pis tu fais rien, là y viennent pus t'en porter de deux-trois grammes de poudre de même avec le sac... [?] ... mon goût de sexe?... de toute façon, j'en avais jamais de sexe quand je consommais, «soit s'a ligne ou s'a pof» moi, j'en avais pus de sexe, c'était me geler, pis c'était beau à voir: y a rien de trop beau, on rit, on a du fun, on se roule à terre pis n'importe quelle connerie, sauf ça... aussitôt qu'on parlait de ça, je venais raide comme une barre, ça ressortait ben gros ça: ce que j'avais vécu plus jeune, t'sé quand j'étais gelée... c'était l'enfer... [?] Les viols que j'avais vécus... veux-tu que je te conte toute?

Digression troublante sur la petite enfance : rétroaction négative

Je me souviens donc, moi j'étais en première année, j'avais quatre ans et demi, parce que j'allais à l'école privée... les maternelles, ces affaires-là, ça marchait pas pour moi. Fait qu'en première année, j'avais quatre ans et demi, j'étais en pension chez mon professeur... et elle le soir [elle] donnait des cours dans son sous-sol... fait que c'était son bonhomme, son mari qui me gardait. Fait que lui y s'amusait avec moi ben comme faut..., y commençait à se masturber pendant qui se promenait... dans le passage chez eux. Ben la p'tite fille qui le masturbait, c'était moi [rire mal à l'aise], je le trouvais pas drôle, tu sais. Quoique j'avais ben peur, parce que j'étais élevée chez nous (ben chez nous!), j'étais élevée: «Fais pas ça, le bon Dieu va te punir... pis si tu fais ça, tu vas aller en enfer», fait que moi je savais plus [ce] qui était... bon: «Si tu dis ça, Dieu va [te] punir», si je fais ça j'va aller en enfer, pis là, «Dis pas ça à personne, ni à [ta] mère... », ça commence de même. À cinq-six ans... avec le voisin d'à côté. Lui, y avait dix-neuf ans, y s'amusait à m'étendre dans la chambre de bain et à embarquer par-dessus moi et y venait sur moi; moi je connaissais pas ça, ben j'avais peur d'être enceinte, ben ben peur d'être enceinte. J'ai eu longtemps peur d'avoir un bébé dans mon ventre, jusqu'à temps que je découvre qu'y fallait qu'y entre tout au complet. Plus tard, y a eu, mon Dieu, beaucoup d'hommes dans ma vie... le jeune cousin à ma mère (qui niaisait)... Lui son truc, c'était spécial: y m'attachait après le lit à ma mère et y me pitchait de l'eau glacée pis là y se masturbait et y étendait ça partout... pis après y m'attachait après le divan. Ah! j'aimais pas ça, je passais des grandes journées là, des grandes journées là. J'en veux un peu à ma mère à cause de ça, parce que [elle] voyait rien pantoute elle. [?] La seule fois que j'en ai parlé à ma mère, c'était avec son chum, quand j'avais douze ans..., pis [a] m'a pas cru. Je suis partie de la maison de chez nous par rapport à ça, je me suis gelée en masse par rapport à ça. J'aime pas ben ben en parler de ça...

... revenons en enfer...

En tout cas, pour en revenir à ma free-base, et ben c'est ça: le gars que j'ai connu qui avait ben ben des chums en bas, s'a rue Valois pis Sainte-Catherine, ben c'était un intraveineux. Et pis y m'a fait goûter à ça. [?] Mon premier fix, je l'ai fait un peu inconsciente, disons que je dormais, y me l'a fait dans mon sommeil, quand je me suis réveillée, je me suis réveillée d'aplomb, ben malade; je vomissais partout, j'ai eu le buzz de ma vie, j'en parle pis ça me fatigue encore... Ç'a pas été dur de me convaincre d'aller faire des clients pour avoir

un autre quart, un autre quart, un autre quart, pis là... j'étais une
fille qui travaillait ben ben fort, j'ai quand même toujours aimé
l'argent, fait que je travaillais pour fournir la coke pour lui, la coke
pour moi, pis j'étais enceinte de lui; fait que y me fallait des meubles,
y me fallait un logement. [Il s'agit alors de son troisième enfant.]
Lui, quand y recevait son chèque d'aide sociale, y partait, y sacrait
son camp avec une fille de la rue... fait que j'étais pognée avec le
loyer, j'étais pognée avec toute. Pis à un moment donné je m'écœurais,
je me pognais avec comme y faut; je sacrais le camp, fait qu'y vendait
toute. Pis c'était tout le temps à recommencer... J'étais pognée tout le
temps, tout le temps s'a rue... Pis j'en avais mon truck de ça. [?]
Lui? Y consommait; c'était sa grosse job...

   Pis un moment donné je me suis ramassée à l'hôpital, pas overdose,
mais souffle au cœur, diabète, placenta décollé, sous-alimentation, y
manquait d'eau pour le bébé dans mon ventre, un paquet de problèmes
causés par ma mauvaise alimentation..., mon mauvais train de vie...
Mais je pouvais pas faire autrement, sinon je me faisais maganer au
boute [?], *y me maganait, y me battait pas parce que, quand y venait*
pour me battre j'y sautais dans le visage, pis j'avais un pitt-bull; ça
marchait pas de même dans l'[maison], *mais moralement ben gros;*
c'était la cruauté mentale tout le temps, les menaces, t'sé: «j'va me
suicider... », y me crevait le cœur, Tartampion [ici, elle l'appelle par
un autre surnom], *tout le temps, c'était l'enfer vivre avec ce gars-là.*
J'avais dont hâte qu'y parte de ma vie. Je savais pas comment m'en
débarrasser. [...] *Fait que j'ai commencé à vouloir m'en sortir, à partir*
de là; lui y s'est fait arrêter pour un vol... un vol à main armée avec
un couteau de dix pouces [rire satisfait]: *un chauffeur de taxi, pas*
n'importe quoi, hein! un méchant voleur; y avait pas plus de classe
dans ses vols qu'y en avait chez nous [rire]. *Fait que y s'est fait arrêter*
[inaudible, rire], *y était temps en crisse que tu te fasses pogner!*

   Fait que j'ai connu Johnny [pseudonyme], *Johnny qui est le père*
de la p'tite. Lui Johnny, c'était un gars de [nom du quartier de
son enfance]... *pis sa sœur c'était ma meilleure amie... C'est un*
sauté, mais pas un gelé... ben pété, style on est au troisième étage tout
nus sur le balcon en plein été, pis on pitchait des olives sur les chars

du monde... toutes sortes de conneries... Y m'a amenée chez eux, y m'a faite dormir, y m'a appris à aller dans le Nord sans me geler... Y m'a jamais demandé de cesser la consommation, et à chaque fois que je retournais consommer, c'était de plus en plus dur..., ça me pognait tout le temps plus d'être obligée de partir pour aller consommer... ça m'écœurait... j'aimais pus ça..., sauf que je savais pas trop comment me sortir de ça... Fait que là, j'ai accouché du bébé, y l'a mis à son nom. Pis y m'a amenée à Saint-Froment [nom fictif d'une ville des Laurentides]...

Johnny et les aléas de la dépendance affective

... y m'a acheté un char, y l'a mis à mon nom... un logement, des meubles ; y m'a toute équipée, y m'a habillée, y a habillé les enfants... «La seule chose que je te demande, c'est consomme plus.» J'ai ben accepté ça : là je me suis garochée dans les dépenses, là je magasinais. Sacrament! ma fille avait soixante-deux robes dans le garde-robe, [elle] *avait deux mois, était habillée jusqu'à l'âge de trois ans ; y manquait de rien dans maison ; y avait toutes sortes d'affaires.* [?] *Lui? Ben y volait. Parce que je coûtais cher, pis y avait peur d'aller travailler parce qu'y avait toujours la crainte que si y m'pogne un «craving» que je pogne le char, avec les enfants, que je descende à Montréal et que j'aille me geler s'a blanche ; Hochelaga-Maisonneuve* [H.-M.], *c'est facile, pas besoin de ben ben d'argent, d'autant plus que j'en avais déjà beaucoup de l'argent. Fait que là* [c'est] *encore ben plus facile pour moi. Fait que pour être proche de moi, lui, ben y me sautait des comptoirs, pis y s'est faite pogner à sauter des comptoirs. Quand y s'est faite pogner ben... y s'est pas faite pogner à sauter des comptoirs, c'est parce qu'on a eu une vérification qui s'est faite chez nous quand on n'était pas là, pis les armes étaient à maison, fait que là y ont comme conclu vite qu'y avait des choses qui se faisaient, parce que des cagoules... des vingt tronçonnés, des menottes, de l'argent... Mais tout était à mon nom, fait que je me suis ramassée en dedans, pis y est venu se livrer à ma place. Mais quand j'étais en dedans, ma belle-mère en a profité pour aller chercher la p'tite, prendre toutes les affaires dans ma maison... Pis* [elle] *m'a demandé d'aller rester chez elle, le temps que ça se passe — je trouvais ça ben logique.*

Retour dans Hochelaga-Maisonneuve

J'avais pus d'argent, ça avait coûté cher d'avocat, fait que j'ai descendu dans H.-M., l'histoire d'aller faire un peu d'argent pour pouvoir remonter aller chercher ma fille. Mais ç'a été ben trop dur pour moi, y a fallu que je consomme pareil. Fait que, même si la raison était bonne, j'avais consommé, pis la bonne femme... en a profité pour faire un signalement à la D.P.J. Y ont placé la p'tite chez elle. Là je venais de perdre toutes mes affaires : mon mari, en tout cas l'avenir que je pensais avoir, que je voulais avoir depuis toujours là... et ben là tout était parti. Là j'ai resté s'a rechute. J'ai resté s'a rechute pendant septembre à aller en juin 91. [L'entrevue s'est déroulée en été 92.] Et pas à peu près, pas à peu près.

Moi j'étais rendue là : j'étais enceinte d'un autre enfant qui était pas de lui, je savais même pas d'où qu'y était, en tout cas je savais même pas que j'étais enceinte. Au début là, je pensais que c'était mes règles qui étaient arrêtées à cause de mes consommations obsessives. Ensuite, j'ai mis ça sur le dos peut-être d'une infection. Jusqu'à temps qu'y aye du lait qui commence à me sortir des mamelons [rire], t'sé, c'était heavy mon affaire. J'étais gelée, pis ben gelée.

Prendre le contrôle de son corps ?

Ben là j'étais enceinte, pis là y est trop tard : je peux pus arrêter. Fait que j'ai dit : « Bon moi, je sais que j'ai quatre litres, j'ai six litres de sang qui roulent à quatre cents milles à l'heure, fait que j'va prendre un point de coke dans tant... de millilitres d'eau, à quatre cents milles à l'heure en la prenant dans la veine céphale ; ça va passer au cerveau avant de passer dans toutes les autres organes, pis ça va aller dans le placenta en dernier. » C'était toute calculé comme ça mon affaire. C'était rendu, moi j'ai... je suis une fille qui est ben ben d'ordre, ben ben méthodique, même mes consommations étaient ordonnées et méthodiques. Pis je me disais, après tant de temps et tant de circuits à passer, y restait à peu près tant de substance dans le placenta, qui pouvait rentrer, pis que ça avait pas de conséquences sur le bébé. Moi j'étais convaincue de ça. En partie, c'était vrai. Sauf que j'avais oublié une affaire, c'est que dans mes douleurs quand ton bouchon est *ouvert, ben c'est direct dans le placenta; fait que le bébé est venu au monde ben coké, intubé. Fait que là j'en avais mon truck. Là ça faisait un boute que j'étais tannée de me geler les deux pieds dans slush, t'sé, à attendre les clients. Fait que quand j'ai été rendue à l'hôpital Maisonneuve et j'ai vu ce petit bébé-là, tout petit, maigre, maigre, maigre, bleu, avec des tubes dans bouche, des tubes partout, plogué partout, pis même pas dans un incubateur, t'sé... attaché sur un petit lit parce qu'y sautait, peut-être deux pieds de haut quand y faisait des convulsions. J'ai dit fuck, y serait temps que je pense un peu, que je suis gelée là, pis que je dégèle.*

S'en sortir...?

Fait que eux autres, y me donnaient des comprimés, fait que c'était un peu plus lent avant que je sorte des vaps là, mais j'ai quand même pris le téléphone et j'ai appelé ma T.S. et j'ai dit à ma travailleuse sociale [son nom]: *«Moi je t'ai envoyé chier, ça fait une couple d'années, aujourd'hui je te demande de l'aide: tu serais-tu capable de m'en donner», a' a dit oui. J'ai dit: «Je veux avoir une maison de désintoxication, ça presse.» Fait qu'[elle] m'a envoyée à L'invité.*

... J'ai passé deux mois... à travailler, à travailler, à travailler comme un diable dans l'eau bénite pour m'en sortir... j'ai commencé une thérapie à L'alternative... pis je m'en allais sur le bon chemin, j'avais réappris à vivre, pis j'avais même accepté de vivre sans mes enfants pour un certain temps, j'avais accepté ça moi... Pis je m'étais loué un logement, je m'étais organisée, j'avais un compte en banque: dans deux mois de désintox. Je m'étais ramassé presque mille piasses. Fait que je m'en allais sur un bon chemin, sauf qu'au mois d'octobre qu'est-ce qui m'apparaît dans face? Mon mari, mon chum Johnny, y s'était évadé.

... oui, mais c'était avant que réapparaisse Johnny dans le décor

Fait que là tout s'est écroulé, parce que moi j'avais tout fait mon horaire autour de mes visites au pénitencier, autour de mes visites de mes enfants... là le fait qu'y soit là, à maison, recherché par la police, ben là... tout s'écroulait, parce que j'avais pus de visites au pénitencier,

donc j'avais lundi, mercredi, vendredi vides. Le dimanche j'allais pus
voir le petit, parce que j'avais peur que... la police arrive à maison
en fou... parce qu'y est considéré comme dangereux, fait que là j'avais
pu, en tout cas, j'ai tout perdu mon équilibre. ... Au lieu d'être centrée
sur mes affaires à moi, j'étais centrée sur sa vie à lui avec moi, pis
là on avait des beaux projets style : dans un an et demi, lui y disait...
« J'irai me relivrer... Au moins, tu seras établie, t'auras des meubles...
pis on aura pu vivre un peu ensemble. » Sauf que vingt et un jours
après, y l'ont retrouvé. Là, ben je me suis retrouvée chez nous, un
samedi soir pus de Johnny dans maison, pus d'argent, pus d'enfants,
pus d'équilibre... Pis je [trouvais] ça archi-platte, archi-platte de rester
chez nous. Autant j'avais acquis à aimer ça, autant là... y avait pus
rien qui me retenait. Fait que le dimanche, ben j'ai retourné dans
H.-M., pis j'ai retombé dans rechute. Mais là j'ai appris que j'étais
encore enceinte [rire] ; ce cas-là, je pensais pas que c'était une maladie,
je te le jure. C'était mon... Johnny.

La rue, la police... tout en ayant le « contrôle »

Mes consommations étaient beaucoup beaucoup moindres, j'essayais
toujours de me réchapper. Mais un moment donné bon, j'ai pas payé
un loyer, ça fait que je me suis retrouvée encore dans rue. Pis ç'a
resté de même là, fin décembre-janvier. Au mois de janvier, j'ai dit :
« Tiens, tiens, tiens, moi j'arrête de me piquer, j'va me mettre à faire
de la free-base. » Fait que j'ai faite de la free-base, janvier, février...
février, bon j'ai dit : « C'est ça, j'arrête la coke, j'en fais pus. » Fait
que février, j'ai arrêté un boute, j'ai rechuté en mars sur l'intraveineuse. Bon là en mars j'en avais mon osti de voyage, j'en pouvais
pus pantoute pantoute : c'était là, c'était l'enfer, là, là. J'en pouvais
pus moi de ce monde-là, ce monde ridicule-là, qui te volait, qui te
crossait, qui t'écœurait... Pis là je faisais du « 24 sur 24 » pas du 24
sur 24 sans dormir, « 24 sur 24 » aux manchettes à télévision, trois
fois dans le même mois, une fois « 911 ». [« 24 sur 24 » et « 911 » sont
deux émissions de télévision consacrées aux affaires policières.]
Pis c'était : ç'a pas d'allure. [?] Je me faisais pogner tout le temps
dans les piqueries. Ben chanceuse, parce que ces cons-là y crient
« police » en ouvrant la porte [rire]. Fait que tu jettes, tu garoches

tout, comprends-tu, tu te fais jamais prendre, hein! Fait que un moment donné le poste 52, y m'accostait souvent, pis y m'appelait toujours...: «Madame Sanschagrin [pseudonyme], vous êtes bien habillée aujourd'hui; Madame Sanschagrin qu'est-ce que vous faites sur notre shift, vous connaissez nos, nos... bon c'est ça, c'est pas grave.» Fait que [inaudible]..., j'avais comme formé, je m'étais habituée à eux autres, toute la gang du 52... Pis je partais des conversations souvent avec eux autres, t'sé là: «Ben, qu'est-ce que vous faites icitte? C'est pas votre place, vous êtes pas comme les autres.» «Pas comme les autres?» «Je suis pire que les autres moi.» Ç'a pas d'allure, t'sé, j'avais pas une estime de moi ben ben effrayante... C'est quand je leur ai appris que j'étais enceinte, et ben là ç'a été la guerre, là y m'ont faite la guerre. Y m'ont faite la guerre dans le sens: «Là, là, cette semaine, c'est vous qu'on pogne.» «Vous allez me lâcher, y est pas question de ça.» Pis, y s'essayaient juste de s'organiser pour que je sois de moins en moins là. Pis à un moment donné... j'ai dit à un de la gang: «Là, là, tu m'embarques dans ton crisse de char, pis tu m'amènes à Maison L'invité.» Pis lui, ben y pouvait pas, y pouvait pas m'amener là. Fait que un moment donné, ben y est venu, là ben à chaque fois qu'y me voyait, ben y venait me faire pleurer à chaque fois, y venait me donner des remords de conscience: «T'as un bébé dans le ventre, qu'est-ce que tu penses crisse, qu'est-ce que tu fais icitte... qu'est-ce que tu fais, tu te gèles avec ton enfant?», pis là y me lâchait pas. Fait que j'ai remonté la côte, j'ai retourné à Maison L'invité.

[À l'époque gérais-tu encore tes consommations avec le placenta?] *Non, j'étais pus capable, j'étais pas capable de gérer... Je les gérais dans le fond parce que je consommais beaucoup moins... parce que je pouvais pus travailler autant. J'étais pus aussi forte... y reste quand même que quand je me gelais, je me gelais à planche, mes hits, j'é faisais en conséquence que ça gèle...* [Les clients, ça les dérangeait pas que tu sois enceinte?] *Ben ça faisait quatre ans que j'avais les mêmes clients, ça fait qu'y sont habitués de me voir enceinte [rire]. Ça faisait trois ans en ligne que j'étais enceinte. Ben r'garde, j'va te dire une affaire, c'est que moi à fin de six mois, je* portais encore des 27 de jeans. C'est pas gros ça, j'étais pas grosse dans mes culottes, j'étais vraiment pas grosse... j'avais peut-être quoi, une dizaine de livres de pris... ça paraissait pas. Ça a commencé à paraître quand j'ai arrêté de consommer.

Fait que là j'me suis en allée à Maison L'invité ; pis là y a eu un doute de consommation après une semaine ; j'ai crissé le camp et je m'en suis en allée chez nous. [Un doute ?] C'est qu'y ont trouvé des accessoires, des ustensiles... style seringues, toute ça, dans les toilettes. Pis y avait trois intraveineuses dans place, ça fait que ç'a pas été dur de choisir qui s'en irait : y ont mis les trois filles à porte.

Mais moi j'ai persisté, au lieu de descendre la côte Sherbrooke, je m'en suis retournée, je m'en suis en allée au Chaînon. Mais ce qui m'a faite retourner faire ma rechute, parce que j'ai faite une petite rechute de cinq jours depuis le mois d'avril, c'est que moi j'ai eu une aventure là-bas, à Hochelaga-Maisonneuve ; un crisse de beau bonhomme qui a des problèmes de consommation de free-base. C'est d'ailleurs une des raisons pour lesquelles j'arrêtais au mois de janvier l'intraveineuse, je m'en allais en free-base parce que lui y était contre l'intraveineuse, c'est pas ben ben mieux remarque, mais pour lui l'intraveineuse c'est pire.

J'ai su bon qu'y était rétabli. Fait que ça faisait mon affaire, je voulais le voir, j'étais contente... fait que j'va aller le voir. Mais le p'tit crisse y avait rechuté. Fait que moi j'ai fait une rechute de cinq jours, mais j'ai remonté tout de suite à Maison [L'invité]. Je me souviens, t'sé, à chaque fois que j'ai arrêté de consommer, à chaque fois je me suis souvenue du bien-être que j'avais : le «pink cloud» qu'on a les deux-trois premières semaines ; ça m'a toujours resté ça. Fait que c'était facile après... les dernières rechutes après... ç'a été donc facile de remonter la côte.

C'était l'enfer dans ce monde-là, plus ça va, pire que c'est. Plus les gens sont jeunes, plus qu'y sont malades, pas physiquement mais mentalement. [?] Moi, j'étais Cuvillier pis Sainte-Catherine... Valois aussi... c'était entre Bourbonnière et Préfontaine pis sur Sainte-Catherine. Je montais jamais plus haut qu'Adam, j'avais peur

[rire], *j'avais peur de me perdre... Moi je m'en allais d'un char, pis si y montait jusqu'à Rouen, je disais: «Hey, wow!, reviens-là, on est trop loin», t'sé.*

J'avais pus de jus moi, j'avais pus rien. Moi, c'était dehors-client-consommation, dehors-client-consommation. Pis j'avais mes heures. Moi j'avais préparé un horaire épouvantable; pour mes clients; je savais que tel client arrivait à telle heure, pis que y me donnait tant d'argent; fait que je préparais mon temps en fonction de... celui le plus payant pour que je sois le plus longtemps sans retourner travailler, pis toujours en fonction à ce que je repogne un autre «shift» où c'était payant, pis un autre shift aussi... Hey! J'avais même été au poste 52 voir les chars comment qu'y fonctionnaient, t'sé, quand qu'y partaient de l'est à l'ouest, y en a un qui part de l'est, l'autre y s'en va à l'ouest, pendant qu'y reviennent y a un laps de temps où y en n'a pas de char dehors [rire]. *Bon moi, y a un trois quarts d'heure, une demi-heure où y a pas un crisse de char s'a rue Sainte-Catherine. Fait que je m'arrangeais pour être là, à cette heure-là, pour avoir la clientèle à cette heure-là. Je me suis comme jamais faite pogner, sauf une fois en dernier. Pis j'y ai demandé si y'était dans la police, le gars m'a dit oui, pis je l'ai pas cru... «T'es pas dans police toi!», y a dit: «Oui, oui...» C'est lui qui m'a aidée le plus d'ailleurs, y m'a même enlevé mes charges... J'ai été ben ben chanceuse.*

... et les piqueries ?

Tu vois les piqueries, c'est jamais des piqueries au départ. C'est chez des filles qui consomment, pis qui font la rue, ben souvent ça commence comme ça, ou chez les gars qui font pas la rue mais qui consomment. Mais nous autres, étant donné qu'on n'a pas d'endroit pour consommer, on s'installe à leurs dépens — ben, à leur dépendance [rire] *— en leur en donnant. Fait que un moment donné, bon ben... j'va aller* [manger chez vous — inaudible]... [elle] *reste, fait que c'est toutes des belles filles, ben souvent c'est un gars qui reste là, fait que le gars, y a rien contre d'avoir des belles filles chez eux; y'en a une ben souvent,* [elle] *va arriver pis* [elle] *va le sucer, l'autre* [elle] *va y donner de la coke, fait que ça se retrouve au bout d'une semaine* *c'est plein de pitounes là-dedans, pis le gars y est rendu plein plein plein de consommations, y est loadé ben raide, pis ben souvent y va faire des commissions. Fait qu'on l'envoye faire nos commissions, chez des dealers; automatiquement y se fait un nom. Pis y peut avoir après, c'est des quarts chez eux à vendre pour les filles. Fait que c'est de même, nous autres, on s'sert des piqueries, les piqueries ça s'sert par nous autres: c'est nous autres qui les met au monde... si on appelle ça «mettre au monde» ça va toute les «mettre à mort» là...*

[Qu'est-ce qu'il arrive quand il y en a une qui ferme?] *Normalement, le dealer où est-ce qu'on envoye chercher la coke, lui c'est un vendeur pour un autre dealer qui a établi déjà les normes de piquerie [...] Moi je connais un gars qui a quatre locations de logement dans Hochelaga-Maisonneuve, entre Préfontaine et Joliette, toujours entre Adam et Sainte-Catherine, pis qui a quatre logements à louer à l'année, pis ça varie, y se promène; au bout de vingt et un, de vingt et un à trente jours là, ça change, ça déménage. Y en a qui sont toffes, bon ben j'ai connu deux-trois, deux entre autres que... eux autres y a fallu que «24 sur 24» rentre là-dedans, parce que sinon ça fermait jamais! Comprends-tu, c'était 24-24, c'était ouvert, pis ça a duré de même des mois, la police les achalait pas, t'sé, fait qu'y continuaient, «osti envoye donc» ben un moment donné on s'est [fait] ramassés, hey! Pis aussi une place y avait vingt et une pièces dans cette maison-là. Fait que des coins pour se geler y'en avait, de la coke y en avait dans place: y avait deux vendeurs dans... même crisse de piaule, comprends-tu! Tu rentrais, y avait le bureau des vendeurs, l'autre pièce c'était pour les piqueries, l'autre pièce c'était ceux qui fumaient, en arrière c'était la cuisine, à côté, oups! c'était une autre sorte de poudre que tu pouvais avoir là, ben là tu revenais sur l'autre bord pis c'était encore des chambres différentes... Y avait pas de prix d'entrée, c'était ben juste. Y avait une place où toutes les filles dormaient, y avait une place où les filles, bon, faisaient des clients; bon ben tu descendais dans cave, c'était le bunker; y avait à peu près douze chats dans place...*

D'abord les filles amenaient des clients, les clients y consommaient, fait que ça faisait d'autres... acheteurs. Fait qu'à un moment donné ça se ramassait, moi je me souviens dans descente, y avait une quarantaine de personnes dans place. [?] Moi j'étais là, moi c'est moi qui a passé à la une le plus, parce que bon, dans ma chambre, moi je m'avais loué une chambre là-dedans, j'avais... c'était la seule place qui était propre dans cette piaule-là. Y avait un futon, pis y avait une table, pis s'a table quand y m'ont filmée, y avait quatre seringues... la poudre, y avait tout ce qu'y fallait pour la free-base, des pipes en veux-tu en v'là, parce que moi y avait pas personne qui entrait chez nous, dans ma place, sauf mes invités, pis chaque invité avait leur pipe parce que moi les affaires de mélangeage... de salive, y en était pas question. Fait que [?], ah, non! à ce moment-là, j'étais sur l'intraveineuse [pipes = invités], oui, parce que y en avait qui se mélangeaient avec moi; j'étais une des seules intraveineuses qui faisait ses consommations de façon enrichissante [rire]. Moi je faisais mes consommations mesurées; je faisais jamais d'overdose, je faisais ben attention; j'étais pas le genre de fille à me mettre les mains en-dessous du prélart à voir si y avait peut-être de quoi à terre; c'était plus: on jasait, on riait, on faisait des farces; je me disais toujours: «Au prix que ça coûte tabarnac, on va rire», t'sé. Fait qu'on riait, on riait mais à un moment donné, à force de rester à des endroits aussi sales, ce qui m'est arrivé, je me suis mise à voir des bébites [À voir des bébites?] Ah, oui! J'ai faite une psychose épouvantable, toute était sale autour de moi; fait que je lavais toute à l'eau de Javel, je me lavais à l'eau de Javel; c'était...

À propos de Cactus...

Cactus, j'allais chercher mes seringues là. On se mettait trois filles, moi Loulou pis Nathalie à l'époque, pis on ramassait les seringues, parce qu'on était les trois seules filles, je pense, qui prêtaient pas leurs seringues... Fait que j'en avais toujours une trentaine serrées, toujours, toujours. Pis quand j'en avais pas sur moi, Serge [pseudonyme] y en avait toujours une boîte de cent chez eux [Serge?] (Serge, c'était mon vieux bonhomme qui m'aide toujours, je t'en parlerai un jour de lui.) Serge y avait toujours une boîte de cent chez eux, pis je l'appelais, y venait me porter mes seringues jour et nuit, jour et nuit.

Bon Cactus, c'est là qu'on allait changer nos seringues, y ont mon nom eux autres, y ont toute... [Les seringues?] [Celles] *que je trouvais des filles, t'sé, quand je voyais que la fille était là pis a zigonnait avec sa seringue, je disais: «Donne-moi ta seringue», j'y en donnais une neuve, je prenais sa vieille, pis à un moment donné à longue, on se ramassait avec plusieurs seringues, pis t'as le droit à un maximun de quinze seringues à Cactus, pis y t'en donnent seize. Fait que nous autres on en ramassait quinze-seize chaque, à trois filles; fait qu'on se ramassait avec une belle quantité de seringues. Pis on sortait ça à coup de dix. Fait que quand on en sortait dix, on en rentrait dix, plus les autres qu'on trouvait ailleurs, pis on allait en chercher d'autres.* [?] *Non, j'ai jamais vendu ça, moi j'ai jamais vendu ça. Parce que je me suis dit: «Non, une fille... va se passer de seringue pour une piastre; [elle] va en emprunter à place.» C'est bête de même. Moi j'é donne, si t'en manque: «Tiens, en v'là une, viens en chercher n'importe quand, j'va en avoir pour toi.» J'ai vu une fille se maganer assez, c'est incroyable; j'en ai vu mourir du sida moi là. J'en ai deux de mes chums qui ont le sida, j'en ai une qui est morte, Manon... qui est décédée. Ça s'attrape vite, pis ça meurt vite quand tu consommes.*

À propos du sida...

Tu deviens vite sidéen, en l'espace de très peu de temps. Normalement, quand t'as le sida, tu peux avoir... bon sept à quatorze ans de vie sans devenir sidéen, t'as le virus mais avant de mourir... d'atteindre... la maladie, de sept à quatorze ans de vie qui peut se passer; y a ben des affaires qui peut se passer entre-temps... mais une intraveineuse qui a le sida, elle, ben décide pas de refaire sa vie d'une autre manière, pour pouvoir vivre, en tout cas avec une qualité de vie un peu meilleure. Fait qu'au bout de deux ans y sont mortes, y commencent par des pneumonies ben souvent... de pneumonie en pneumonie... Ben, les filles eux autres y ont beau dire: «Le sida, ben, j'va l'avoir moi aussi», pis t'sé, ben souvent, y en a qui l'ont pas, qui l'ont attrapé en pensant l'avoir, c'est bête de même: au lieu d'aller passer un test, convaincues qu'y l'ont... y se crissent de [de le donner — inaudible], [?] en échangeant les seringues, en échangeant les clients. [Parce que les clients l'ont?] *Ah! écoute, moi je connais des filles qui ont faite des clients pendant des mois de temps et sans protection et pis y ont le sida, ces filles-là... Moi je peux considérer que si une fille en a pas contaminé mille,* [elle n']*en a pas contaminé un...* [?] *Sans protection et est très au courant de son problème la fille* [?] *Elle était comme inconsciente, simplement inconsciente* [?] *Moi,* [elle] *me l'a dit à moi qu'a l'avait le sida, moi je l'ai vue en train de prendre une de mes seringues et* [elle] *l'a redéposée à l'endroit initial où j'avais mis ma seringue. J'ai été chanceuse ce jour-là de la pogner, parce que j'aurais probablement le sida moi avec.* [Les tests?] *J'ai toute passé mes tests, le dernier a été passé au mois de juin. J'ai eu le résultat, une semaine avant la naissance de la petite... Je vais sûrement en passer un autre d'icitte le mois de septembre, ça va être le dernier. Parce que j'ai eu un comportement à risque, à la naissance de la p'tite. Entre le résultat et la naissance de la p'tite... dans cette semaine-là, c'est là que j'ai eu ma rechute, j'ai eu un comportement à risque, c'est pas un gros risque que j'ai eu, c'est pas à travers les seringues, en tout cas... sauf que c'est évident que si j'aurais le sida, la p'tite l'aurait maintenant, on le saurait; c'est juste pour me rassurer que je fais ça. Moi ça fait à peu près cinq tests de sida que je passe depuis deux ans.*

Denise parle ici de ses projets familiaux avec son «mari» en prison et ses enfants dont elle espère très bientôt avoir la garde légale:

J'ai la chance de correspondre avec Johnny qui consomme pas... Je suis rendue avec cinq p'tits monstres, quatre qui sont placés, j'en ai une qui est avec moi; la plus vieille [elle] *a quatorze ans... mon fils de douze ans est avec son père... ma petite fille de deux ans et deux mois est chez sa grand-mère... je m'attends ben à aller chercher ma fille en cour supérieure l'année prochaine...* [Le dernier — son prénom] *va rester à maison au mois de mars... Johnny sort au mois de juin... en mai... J'ai encore jusqu'au mois de mars à travailler sur moi.*

Un dernier mot sur Hochelaga-Maisonneuve et les piqueries...

[Dans Hochelaga-Maisonneuve] *les piqueries, ça pousse comme des champignons. C'est ça, quand qu'y en a une qui ferme, y en a deux qui ouvrent. Pis c'est tout le même groupe de vendeurs, y faut pas se leurrer, y a deux têtes là-dedans, y n'a pas tant que ça. Y a deux têtes et pis ces deux têtes-là y font des p'tits, des p'tits vendeurs partout, comme moi quand je travaillais dans les clubs là, t'sé. Tous les vendeurs de piqueries sont des consommateurs acharnés... archanés pis qui volent, pis les filles [ce sont] des prostituées qui sont payantes; quand tu dis qu'une fille peut acheter vingt quarts par jour, mets-en dix comme ça; ça fait un crisse de tas d'argent, tu peux t'imaginer.*

La piquerie, c'est ce qu'y a de plus payant dans Hochelaga-Maisonneuve, pis [c'est] ce qui rapporte le moins. Mais c'est ce qu'y a de plus payant comme commerce dans dope. Fait que c'est pire qu'avant, pis la demande est là. [?] ... La dernière fois que j'y suis allée: non! Ça va en diminuant, c'est peut-être à cause du 350e... y a une couple de descentes qui se fait, un grand nettoyage qui s'est faite s'a rue Sainte-Catherine. [?] ... Ça va juste les changer de place, les diminuer de consommer. C'est pas... de nettoyer la rue Sainte-Catherine, pis les piqueries qui va diminuer le monde de consommer... moi, quand même qu'y m'auraient arrêtée cinquante fois, j'ai décidé d'arrêter quand j'ai décidé d'arrêter, pas avant [Au moment de l'entrevue, elle n'avait pas consommé depuis environ un mois.]

Les piqueries, c'est quasiment nécessaire parce qu'y faut quand même des endroits au moins où est-ce qu'y a pas d'enfants; qu'y ait des endroits où est-ce que les filles sont en sécurité; qu'y se font pas violer non plus par personne. Veut veut pas là, même si [ce sont] des gelées, [ce sont] quand même des êtres humains, pis quand qu'y avait pas de piqueries, moi je me souviens du temps où est-ce qu'y en avait pas beaucoup de piqueries... eh ben, c'était dans les parcs qu'[elles] allaient, c'était partout: dans les escaliers des immeubles, c'était n'importe où; pis c'est peut-être là que le sida s'est développé le plus, c'est peut-être là qu'y a eu le plus d'overdose aussi parce que les filles se reposaient pas, y pouvaient pas dormir, y pouvaient pas manger... [?] Dans les piqueries... écoute, c'est un logement... moi j'étais le genre de fille qui mangeait pis qui dormait le plus souvent possible pour avoir des highs les meilleurs. Fait que quand j'arrivais avec mon lunch, y en avait toujours une ou deux qui avaient faim, pis j'é faisais manger... Si j'avais pas eu ces places-là pour dormir, je serais morte. C'est quand même un repère pour les itinérants. C'est ben dommage que ça soit des piqueries, mais qu'est-ce que tu veux faire, les filles consomment, y ont besoin... y vont consommer dans des places où est-ce qu'y peuvent se reposer. Sinon y consommeraient dans le milieu de la rue, y consommeraient pareil, veut veut pas, t'sé, y vont consommer. [Ce sont] des droguées, pis tant aussi longtemps qu'y se font pas soigner y vont être comme ça.

À propos du condom...

J'ai toujours mis le condom... [Ton comportement à risque c'était sans condom?] Oui, parce que c'était avec mon petit bébé d'amour que j'aimais tant... je l'aimais beaucoup lui, ç'a été le seul avec qui j'ai pas mis de condom. Non! non! c'est pas vrai, j'ai eu un contact à risque à part ça avec Gaston [pseudonyme], c'est là qu'est venu le p'tit bébé...; mais lui c'était un homme marié, qui sortait jamais, mais moi je l'avais décroché, ben comme il faut. C'était même pas un client, c'était un amant. [...] Quand t'as un amant là, tu prends-tu des condoms stables toi? Moi non plus! Ah! un client, c'est un client, y passait par les autres filles, pis les autres filles avaient le sida... la majorité des filles, y ont même pas une piasse pour s'acheter un lighter, tu comprends-tu? Fait comment veux-tu qu'y aille un cinq pour s'acheter des condoms. [?] Les clients vont payer plus cher pour pas en mettre [de condom]...

INTRODUCTION

VOICI POUR COMMENCER, ou mieux pour prolonger le récit troublant que nous venons de lire, quelques images: des souvenirs, des anecdotes qui surgissent en fin de parcours, quand il s'est agi de mettre le point final à cet ouvrage, mais qui appartiennent de fait aux premiers moments de notre enquête, alors que, fascinés et inquiets à la fois, nous nous apprêtions à explorer les mondes des piqueries et de la prostitution de rue. C'était une nuit déjà fraîche de l'automne 1991: l'équipe des anthropologues chercheurs a été cette nuit-là introduite dans un des envers de Montréal par un chauffeur de taxi que plus de vingt ans de conduite nocturne dans les quartiers chauds de la ville avaient familiarisé avec la géographie des salons de massage, des *tourist rooms,* des bars pour différentes clientèles, des appartements louches, des rues et des lieux de la drogue et de la prostitution. Toute la nuit, ce chauffeur de taxi a partagé avec nous sa vision de ce monde, en s'appuyant sur ses souvenirs et en nous aidant à décrypter certaines scènes qui se déroulaient là, sous nos yeux: il nous a fait découvrir des projets plus ou moins précis sous l'apparente errance des personnes, une intentionnalité dans la circulation entre les différents espaces, entre les bars et autres lieux publics de divertissement et les appartements clandestins destinés à la drogue ou à la prostitution, entre le conciliabule de passants dans la rue et le brusque démarrage de taxis emportant des clients pressés vers cet autre espace difficilement accessible que sont les maisons et les appartements privés. Le maillage du public et du privé, du clandestin et du normal ou de l'ordinaire, prenait forme devant nos yeux.

À toutes les heures du jour en effet, et durant la nuit encore plus, une population mobile suit des itinéraires sinueux et complexes qui s'organisent le plus souvent autour de la quête de «quelque chose» ou de «quelqu'un», qui se déroulent au sein de périmètres limités en superficie et bien délimités par des frontières assez peu poreuses : ainsi, les habitué(e)s du *red light* possèdent leurs propres bars, leurs hôtels de passage et leurs piqueries ; le «village gay», qui prolonge le *red light* vers l'est, fonctionne lui aussi de manière quasi autonome avec sa topographie de lieux publics et d'espaces clandestins, avec ses piqueries massées entre les rues Ontario et Sainte-Catherine ; plus loin à l'est, en continuité-discontinuité avec le centre-ville et le «village gay», le quadrilatère sud du quartier Hochelaga-Maisonneuve présente un profil tout à fait spécifique : pas d'homosexualité, très peu de bars (aucun *topless* par exemple), pas mal de tavernes, une prostitution de bas de gamme avec sollicitation dans la rue, et un réseau de piqueries très concentrées dans quelques rues. D'emblée, les comportements des «habitués» de ces trois milieux nous ont paru fortement structurés sur le principe de la territorialité, allant jusqu'à la répétition compulsive dans plusieurs cas des mêmes itinéraires, comme nous avons pu le découvrir par la suite. Il s'est avéré que les frontières de ces territoires, bien qu'en théorie potentiellement ouvertes à toute cette population mobile, délimitent dans les faits des espaces autonomes hautement différenciés. La suite de la recherche nous a permis de comprendre pourquoi il en est ainsi.

Notre itinéraire a commencé cette nuit-là au local de Cactus, rue Saint-Dominique, en plein cœur du *red light* où nous sommes allés nous approvisionner en seringues et en aiguilles. Le rituel de remise du matériel d'injection y est bref, courtois et peu inquisiteur : on se borne à vous faire remplir une petite fiche sur laquelle figurent trois questions au sujet de votre âge, de la fréquence de vos injections de drogue et du nombre de vos visites à Cactus ; une fois le questionnaire rempli, les seringues vous sont remises. Le petit local était à demi plein de personnes d'âges divers apparemment aussi pressées les unes que les autres, et retournant vite, comme nous, à leur taxi, sans qu'aucune parole soit échangée entre les clients. Après avoir arpenté les rues du *red light* et du «village gay», nous avons pris la voie surélevée passant au-dessus des rails du CP (Canadian Pacific) qui nous a conduits dans Hochelaga, dans une rue Sainte-Catherine dont la physionomie est profondément transformée au-delà de cette puissante frontière artificielle que constitue la voie ferrée. Nous avons ensuite systématiquement sillonné toutes les rues transversales s'articulant aux quatre principales rues parallèles qui donnent son architecture au quartier : les rues Ontario au nord et Sainte-Catherine au sud, avec La Fontaine et Adam entre les deux, le chauffeur de taxi nous indiquant au passage des lieux connus pour avoir été ou être des piqueries, nous racontant des événements associés à l'un ou l'autre bâtiment ou à l'une ou l'autre famille du quartier.

Au cours de ce voyage de familiarisation avec la géographie locale, nous avons successivement engagé la conversation avec deux femmes en attente sur le trottoir, manifestement à la recherche de clients : ces brèves rencontres furent pour nous les moments les plus bouleversants de cette nuit, les plus riches aussi sur le plan anthropologique. La première femme à nous interpeller était jeune, nerveuse, hésitante ; elle présentait ostensiblement des bras couverts de tatouages et de traces de multiples injections : elle a vite vu des seringues qui sortaient d'une des poches de nos vestes et elle en a demandé une, d'abord aimablement, ensuite avec insistance, puis avec urgence comme en état de panique, sans faire aucune offre sexuelle, décampant aussitôt qu'une seringue lui fut remise pour aller vraisemblablement rejoindre un homme qui semblait l'attendre au coin de la rue. La seconde femme, plus âgée, amaigrie et au corps abîmé, était manifestement sous l'effet d'une drogue puissante ou en manque : elle ne cessait de bouger, traversant et retraversant la rue, nous répétant que quelqu'un était à sa poursuite, implorant protection et abri... Elle nous a dit connaître beaucoup de gens et, pour le prouver, elle a fait défiler devant nous les cartes de visite que ses meilleurs clients lui avaient remises. Ces deux conversations rapides nous ont d'emblée fait prendre conscience de la profonde intrication dans Hochelaga-Maisonneuve de la prostitution et de la toxicomanie, des liens directs entre la rue et les piqueries, et par-dessus tout de la position centrale que les femmes prostituées occupent dans cette économie marginale et clandestine dont elles constituent en quelque sorte la face visible, l'émergence publique et la seule porte d'entrée susceptible de donner accès au monde secret des piqueries et de la drogue.

Cette flânerie ou ce vagabondage pendant cette première nuit peut apparaître à certains comme du voyeurisme, et à d'autres comme une espèce de patrouille policière. Nous reconnaissons n'avoir alors été que les spectateurs de bribes d'itinéraires, de moments dans des trajectoires dont la logique nous échappait, nous maintenant à l'extérieur des drames humains que nous devinions, à distance de ces lieux où se jouent la vie et la mort de bien des personnes. Nous n'en étions en effet qu'à une première approche superficielle mais incontournable, dans la mesure où elle visait à nous permettre de localiser et d'appréhender dans sa globalité un phénomène aux ramifications complexes et aux drames cachés que seules des recherches ultérieures, «du dedans» celles-là, allaient progressivement nous révéler. Les itinéraires douloureux entr'aperçus sur le visage et le corps de certaines personnes allaient prendre sens lorsqu'on écouterait l'histoire de leur vie, qu'on découvrirait leurs conditions quotidiennes d'existence et les blessures profondes (souvent impossibles à cicatriser) que plusieurs portent dans leur corps et leur âme. Pour y arriver, il a fallu deux ans de travail dans l'écoute, la proximité et la sympathie.

Que ce soit à New York, à Boston, à Toronto ou à Montréal, on constate depuis une dizaine d'années que la prévalence de l'infection par le virus du sida augmente de manière constante dans la population des toxicomanes utilisateurs de drogues injectables[1]. Certains quartiers résidentiels de ces métropoles, surtout ceux dans lesquels se concentrent les piqueries comme dans le cas du quadrilatère sud d'Hochelaga, apparaissent d'autant plus vulnérables et potentiellement dangereux dans une perspective de santé publique que la consommation de drogues, par voie intraveineuse, y est associée à une prostitution de

---

[1] Chez les *udi* (utilisateurs de drogues injectables) de Montréal, le taux de séropositivité semble avoir franchi le seuil des 10 % dès 1990, ce qui représentait déjà à ce moment un seuil critique quant aux possibilités de contrôle de l'épidémie. Le taux observé à Montréal en 1990 était plus élevé qu'à Toronto ou à Vancouver, mais plus faible que ceux de New York ou de Boston. La rapidité de la transmission du VIH chez les *udi* des grandes villes américaines a été signalée dans de nombreuses études, et on peut légitimement craindre pour Montréal une expansion de l'épidémie du VIH aussi dramatique que celles observées ailleurs. Il est plus difficile pour les épidémiologistes de connaître avec précision les taux de prévalence et d'incidence de séropositivité chez les prostituées toxicomanes, et quasi impossible de fournir des statistiques fiables quant au niveau d'infection chez les partenaires sexuels des *udi* et des prostituées toxicomanes. On sait néanmoins de manière certaine que l'augmentation des taux suit dans ces groupes la courbe signalée dans le cas des *udi*.

bas de gamme dans laquelle des femmes prostituées toxicomanes ont des relations sexuelles plus ou moins protégées non seulement avec leurs «chums», «pimps», souteneurs et autres *udi* mais aussi avec des clients passagers ou réguliers, de différents milieux et qui ne s'injectent pas nécessairement des drogues. L'augmentation importante et continue de la séropositivité (VIH+) chez les prostituées toxicomanes et chez les utilisateurs de drogues injectables (*udi*) a conduit les spécialistes des sciences sociales à chercher à mieux comprendre les mécanismes de contagion et les comportements qui contribuent à la diffusion de l'infection au sein de ces groupes; de plus, dans la mesure où ces groupes de personnes ne forment pas un univers clos sur lui-même, que les *udi* sont marié(e)s ou ont des partenaires sexuels qui ne sont pas forcement des utilisateurs de drogues, que les prostituées toxicomanes ont souvent Monsieur Tout-le-Monde comme client, les spécialistes de la santé publique ont de leur côté été amenés à s'interroger sur les manières les plus efficaces de faire barrage à l'extension de l'épidémie, cherchant à protéger de la contamination non seulement les prostituées toxicomanes, les *udi* et leurs partenaires sexuels réguliers, mais également toute personne avec qui ils ou elles entrent directement en contact sexuel intime.

Le projet Pic-Atouts (Programme d'intervention communautaire auprès des toxicomanes utilisant des seringues), lancé par la Direction de la santé publique de l'hôpital Maisonneuve-Rosemont, a précisément été mis sur pied dans le but de réduire dans Hochelaga-Maisonneuve les risques de transmission du VIH associés, d'une part, au partage, par prêt et emprunt, de seringues déjà utilisées et, d'autre part, aux contacts sexuels non protégés, se concentrant exclusivement sur les toxicomanes *udi* et les prostituées du quartier, leurs partenaires sexuels étant dans les faits très difficiles à atteindre[2]. Ce projet s'est organisé autour de quatre registres d'activités: 1) la transmission

---

[2] Le Dr Carole Morissette a conçu le programme Pic-Atouts et en assure la coordination dans le cadre des activités de la Direction de la santé publique, à l'hôpital Maisonneuve-Rosemont. Ce programme a été financé conjointement durant les quinze premiers mois (avril 1991 à juin 1992) par le CQCS (Conseil québécois de coordination sur le sida) du ministère de la Santé et des Services sociaux (MSSS), et par le Centre fédéral sur le sida (CBES). Depuis juillet 1992, le CQCS assume seul les frais d'opération de Pic-Atouts.

d'informations au sujet du sida (modalités de contagion, comportements à risque...) ; 2) l'initiation à diverses techniques (désinfection des aiguilles avec une solution d'eau de Javel par exemple) et l'appui aux personnes afin qu'elles adoptent et gardent des pratiques sécuritaires en matière d'injection et de relations sexuelles ; 3) la facilitation de l'accès au matériel de protection (seringues stériles, condoms) et l'information au sujet des ressources sociales, psychologiques et médicales (dépistage, suivi, réadaptation) disponibles pour les personnes le souhaitant ; et 4) l'aide à la création d'environnements, au sein des piqueries elles-mêmes, qui favorisent la mise sur pied de normes sécuritaires d'injection et qui encouragent l'usage du condom dans les comportements sexuels à risque. Tous ces services furent, et sont encore, offerts directement aux *udi* et aux prostituées toxicomanes, soit à l'intérieur des piqueries elles-mêmes et dans la rue, soit encore dans le local du projet Pic-Atouts, les travailleuses de rue s'engageant elles-mêmes dans une démarche visant à joindre les *udi* et les prostituées plutôt que d'attendre que ces personnes viennent à elles. Parallèlement aux interventions des travailleuses de rue, les responsables du projet ont cherché, d'une part, à organiser un réseau local de pharmacies qui acceptent de vendre des seringues aux *udi* et, d'autre part, à faire participer les organismes communautaires et les services sociosanitaires du quartier afin que tous travaillent au sein d'une stratégie relativement intégrée[3] ; enfin, et c'est là un point beaucoup plus délicat, ils ont veillé à s'assurer une certaine collaboration de la part des fournisseurs de drogues

---

[3] En se bornant simplement à chercher à diminuer les dangers d'infection associés à certaines pratiques, on passerait à côté de la dimension proprement humaine, psychologique et sociale à la fois des phénomènes de la drogue et de la prostitution. La concertation entre tous les acteurs engagés dans le travail auprès des toxicomanes, répressif aussi bien que thérapeutique ou simplement d'appui, a conduit les policiers, les professionnels du CLSC local et ceux d'autres établissements ainsi que les membres d'organismes communautaires, à prendre davantage conscience de la spécificité des problèmes de ces personnes et à agir de manière à renforcer les activités du projet Pic-Atouts. Il s'agissait globalement de créer un environnement qui soutienne véritablement les personnes désirant s'en sortir. Ainsi, par exemple, les policiers qui patrouillent de jour et de nuit (poste 52), ainsi que les membres des escouades spécialisées de la moralité et des stupéfiants et de la brigade-jeunesse, ont été sensibilisés à l'esprit du projet Pic-Atouts, et plusieurs professionnels, travaillant dans le quartier, ont reçu une formation en intervention auprès des toxicomanes.

(*dealers*) et des gérants de piqueries pour qu'ils facilitent la distribution de seringues stériles dans les piqueries.

Des programmes relativement semblables de prévention du sida sont en cours dans la plupart des grandes villes du Canada et des États-Unis, chacun ayant cependant ses propres caractéristiques ; ainsi pour Pic-Atouts, les services ne sont pas organisés à partir d'un point fixe, et les travailleuses de rue ne sont pas directement engagées dans un processus d'échange de seringues comme cela se fait par exemple au local de Cactus. Étant donné qu'il est fort difficile de savoir *a priori* quelles interventions sont les mieux adaptées aux conditions de vie quotidienne des *udi* et des prostituées toxicomanes, le projet a été assorti d'activités d'évaluation : il s'est agi d'abord de décrire en détail tout le processus d'implantation du programme, en identifiant les résistances et les points d'appui de manière à corriger éventuellement les directions prises et à réadapter la forme des activités inadéquates[4]. En complément, les responsables ont mis sur pied une étude qui visait à mesurer la contribution de Pic-Atouts à la réduction des « comportements à risque » dans les groupes d'*udi* et de prostituées du quartier, travail d'évaluation des plus complexes qui ne pouvait en effet se faire qu'en comparant des personnes qui ont, de fait, été en contact avec Pic-Atouts à des personnes qui n'ont jamais reçu aucune aide de la part des travailleuses de rue. Enfin, une étude anthropologique a été adjointe à toutes ces activités d'intervention et d'évaluation : il était demandé aux anthropologues de présenter une ethnographie au moins sommaire du milieu des piqueries et de la prostitution de rue, en dégageant plus particulièrement les normes qui ont cours dans ce milieu et en décrivant le contexte quotidien dans lequel vivent ces personnes et dans lequel elles ont à prendre diverses décisions, dont

---

[4] Jean Beauchemin est le chercheur principal responsable de l'ensemble du projet dans lequel s'insérait le volet spécifiquement anthropologique, qui était sous la responsabilité des auteurs de cette monographie. Une subvention du PNRDS (#6605-3847-AIDS) a rendu possible la réalisation des trois volets de l'évaluation. Pour ce qui touche à l'étude d'impact, on peut consulter le texte de J. Beauchemin, N. Brière, C. Morissette, G. Desjardins et C. Bernard qui a été présenté en mai 1993 au Congrès de l'ACFAS sous le titre : « Évaluation de Pic-Atouts, un programme de prévention du VIH-SIDA chez les toxicomanes utilisateurs de drogues injectables du quartier Hochelaga-Maisonneuve » et qui devrait paraître dans les Actes du Colloque « Le sida au Québec : l'éducation et la prévention » qu'éditeront N. Chevalier et J. Otis.

celles qui sont relatives à l'utilisation de seringues stériles et de condoms. Ce sont les résultats de cette étude que nous présentons dans les pages qui suivent.

Les six chapitres du présent ouvrage s'organisent en trois blocs de deux chapitres. Dans un premier bloc (chapitres 1 et 2), nous parlons principalement de méthodologie, nous interrogeant (chapitre 1) sur le statut des histoires de vie, leur représentativité et leur fiabilité et sur la manière dont il convient d'interpréter ces récits de fiction que nous avons, quant à nous, lus comme autant de versions différentes du même mythe de la drogue ; puis nous nous penchons sur les conditions qui rendent possibles non seulement la *street ethnography* mais également la recherche dans des espaces clandestins comme le sont les piqueries[5]. Dans le chapitre 2, nous présentons d'abord le territoire d'Hochelaga-Maisonneuve avec son paysage urbain typique, sa morphologie, sa précarité socio-économique, la mobilité de ses habitants, indiquant ensuite comment ce territoire est parcouru par des circuits complexes de circulation et de consommation des drogues, circuits d'autant plus difficiles à appréhender qu'ils sont directement articulés à l'espace domestique.

Dans le bloc des deux chapitres (3 et 4) qui forment le cœur de ce travail, nous présentons nos résultats relativement à la culture des drogues injectables et à la prostitution de rue, nous efforçant dans chaque cas d'insérer notre interprétation des données dans ce que nous croyons être une théorisation proprement anthropologique de la toxicomanie et de la prostitution toxicomane. Sur la base des récits recueillis (et de notre relativement longue familiarisation avec ce domaine de recherche), nous avons adopté un modèle d'orientation phénoménologique centré sur l'existence toxicomane elle-même, sur son «en-soi» en quelque sorte, son inscription dans le temps et dans l'espace, au sein d'une dynamique qui implique l'identité profonde

---

[5] Nous n'avons pas vraiment pris au sérieux l'avertissement d'un des responsables de l'escouade des stupéfiants (que nous sommes un peu naïvement allés interroger, croyant qu'il parlerait du travail effectué par cette escouade dans les piqueries) lorsqu'il nous a dit à peu près textuellement : «Si un de mes hommes vous prend dans les piqueries, on vous coffre... recherche ou pas recherche.» Compte tenu du fait que les piqueries sont remplies d'informateurs au service de la police, il nous fallait être prudents.

d'une personne en tension, en fascination, en dépendance par rapport à un produit chimique, mais aussi par rapport à tout un milieu de vie dans lequel dominent conduites ordaliques et jeux avec la mort. Dans le chapitre 4, nous analysons en détail le récit de Denise, une prostituée toxicomane, que nous avons transcrit en prologue sous le titre « Un voyage en enfer » : ce récit nous permet de jeter quelque lumière sur la lente, mais aussi dans certains cas très rapide, descente dans la prostitution et l'accrochage à la drogue. La voix de plusieurs autres prostituées et toxicomanes se mêle à celle de Denise de telle manière que nous aboutissons à un récit polyphonique.

Le dernier bloc qui est composé des chapitres 5 et 6 s'inscrit dans une perspective plus pragmatique. Nous nous demandons au chapitre 5 dans quelle mesure les phénomènes dits marginaux sont vraiment à situer dans la périphérie de nos sociétés urbaines contemporaines, surtout lorsqu'il s'agit de quartiers qui connaissent une détérioration de leurs conditions générales de vie (chômage et assistance sociale, parc locatif inadéquat, etc.) et une érosion du tissu communautaire et des structures familiales. C'est sur cet horizon d'une redéfinition de la marge comme centre que nous proposons de réinterpréter un certain nombre de notions (celle de comportement à risque, entre autres) communément utilisées dans les programmes de prévention du sida. Dans notre dernier chapitre, nous invitons les concepteurs de programmes à un décentrement radical, à un autre recadrage de leurs approches précisément dans la ligne de ce qui a été amorcé par Pic-Atouts : trois pistes sont balisées pour guider un tant soit peu les concepteurs de programmes qui souhaiteraient s'orienter dans cette nouvelle direction. Nous entrevoyons ce que pourrait être une approche culturellement adaptée des interventions préventives dans les milieux de la toxicomanie et de la prostitution de rue. Cependant, de nombreuses expériences devront encore être tentées avant que les services publics, leurs professionnels et leur bureaucratie surtout, soient capables d'acquérir la souplesse et la créativité indispensables à une réorientation majeure.

CHAPITRE 1

Entre confession, témoignage et fiction

PAR PROFESSION, l'anthropologue recueille des récits, des discours et des paroles qui lui sont donnés ou, mieux encore, qui lui sont prêtés et mis en gage chez lui. Généralement, il tend à s'approprier les grands textes fondateurs que chaque groupe humain invente pour donner sens à son histoire et, dans la mesure même où la communauté est collectivement l'auteur de ces grands récits, l'anthropologue explore en les écoutant ou en les lisant des chemins qui conduisent vers l'identité profonde de la société qui les a produits. Ces grands récits se donnent surtout sous la forme de mythes dans lesquels l'action des dieux s'enroule dans les faits et gestes des êtres humains, ou encore sous la forme de contes mettant en scène la vie sociale à travers des personnages d'animaux qui représentent les humains dans leur fidélité, leur ruse et leur jeu avec les règles du groupe. Bardes, griots, troubadours et poètes chantent rituellement les mythes et récitent publiquement les contes afin que tous les membres de la communauté se les approprient vraiment, que chaque nouvelle génération puisse apprendre la sagesse des ancêtres, identifier ses héros et reconnaître le caractère tragique de l'histoire collective. Tous les enfants du monde, quel que soit leur pays d'origine, peuvent s'identifier avec les hauts faits de Rama dans le *Mahabharata* indien ou compatir avec les souffrances d'Ulysse dans l'*Odyssée* grecque, comme ils le font avec les récits et les héros que leur culture d'origine leur a appris à aimer. Les grands textes fondateurs qui ont la communauté pour auteur et qui sont publiquement mis en scène peuvent légitimement être considérés comme faisant partie du patrimoine commun de l'humanité et, à ce titre, toute personne, fût-elle totalement étrangère, peut se mettre à leur écoute ou à leur étude pour éventuellement en dévoiler des sens qui ont pu échapper à ceux-là mêmes qui les ont créés et répétés à travers les âges.

Paroles données, paroles prêtées?

L'anthropologue ne s'intéresse cependant pas qu'aux grands récits ou à l'histoire collective des groupes. Par profession, il recueille tout autant les petits récits qui ont pour auteurs des personnes singulières, des biographies ou des tranches de vie, qui se disent à la première personne du singulier, qui s'énoncent le plus souvent dans le privé, et qui sont toujours formulés dans un texte provisoire, jamais achevé. L'anthropologue peut certes observer des comportements, être le témoin d'interactions entre des personnes ou décrire des pratiques spécifiques, mais il reste néanmoins à l'extérieur de la réalité appréhendée aussi longtemps qu'il ne recueille pas en parallèle les commentaires, les gloses et les interprétations que les acteurs sociaux élaborent eux-mêmes relativement à leurs comportements et pratiques. Comme le sens n'est jamais spontanément lisible à la surface d'une réalité qui reste donc muette ou, mieux, qui déborde constamment d'un surplus de sens, l'anthropologue ne peut lever l'ambiguïté qui accompagne toute action humaine qu'en se mettant à l'écoute du discours des acteurs sociaux eux-mêmes. Il le fait, entre autres, en recueillant des biographies qui lui permettent de pénétrer dans l'univers singulier des personnes, de découvrir les éléments centraux du projet dont elles sont porteuses et d'identifier les contraintes passées et présentes qui s'imposent à elles dans la conduite de leur existence. Cette quête du sens, qui constitue le cœur du travail de l'anthropologue, le conduit en quelque sorte à entrer par effraction dans le monde des autres, à violer parfois leur identité privée et enfin à risquer de parler en leur nom, comme si le fait de détenir des bribes de leur histoire de vie l'autorisait à dégager la logique de ces vies ou à se prononcer sur les conditions de formation de certains cheminements particuliers. La violation des intimités que toute biographie implique ne peut cependant légitimement se faire que si le «je» du narrateur a constamment préséance sur le «je» de celui qui restitue l'histoire, et qui la donne éventuellement à lire dans un texte ouvert, accessible à n'importe qui. Or, précisément, la transformation du récit oral en un texte imprimé forcément remanié pose, comme nous le verrons, certains problèmes d'éthique professionnelle à l'anthropologue.

En demandant à certaines personnes de devenir les narrateurs ou les auteurs de leur propre histoire, l'anthropologue les invite à un exercice souvent douloureux, surtout lorsqu'il s'agit de personnes que la vie a mutilées ou qui ont basculé dans une forme ou l'autre de marginalité. Le récit les force en effet à revivre certains événements, parfois des drames, que le temps chez certaines a partiellement effacés, à ressusciter aussi pour un moment des morts oubliés, à faire défiler une succession de visages, à réhabiter par le souvenir des espaces et des lieux, et enfin, au cœur de ce retour sur leur vie propre, à identifier les personnes ou les moments les plus significatifs, les expériences les plus marquantes qui ont contribué à orienter d'une certaine manière la trajectoire suivie, la «ligne de la vie» comme disent certains. Chez plusieurs, l'autobiographie semble constituer le prétexte qui leur permet de réécrire à la fois l'histoire et le roman de leur propre vie, en construisant une fiction qui révèle sans doute plus de choses sur la personne que ne le ferait une chronique, fût-elle extrêmement précise, de ce qui a été vécu. Les traces que le passé a laissées dans le corps et dans l'esprit se substituent en effet, tout au cours du récit, aux faits objectifs eux-mêmes, comme si ces derniers perdaient de leur consistance lorsqu'ils sont évalués dans la longue durée et du point de vue du sens de la vie.

La confession et le témoignage, dont toute autobiographie est assortie, s'accompagnent généralement d'un processus paradoxal d'intériorisation et de mise à distance, relativement à la vie vécue; c'est comme si, en se coulant dans des mots et en se donnant une trame, le récit de la vie devenait en quelque sorte extérieur à la personne, tout en restant néanmoins ce qui lui est le plus proche et le plus intime. En effet, ce n'est que dans la mesure où l'histoire est racontée puis transformée ou transformable en un texte qu'elle devient détachable des personnes, constituant un matériau quasi physique qui peut se prêter à diverses manipulations. En notant qu'il existe trois moments indissociables dans toute histoire de vie, Bruner rappelle opportunément les dangers de déconnecter la «vie racontée» de la «vie vécue» et, par-delà celle-ci, de la «vie expérimentée[1]». Bien que ces trois dimensions soient théoriquement désarticulables l'une de l'autre, on trouve toujours, sous le récit et sous les mots pour le dire, des événements concrets ayant laissé des cicatrices souvent encore visibles, et auxquels continuent souvent à être associées souffrance et douleur. En lisant le récit autobiographique uniquement comme un texte autonome (détaché des personnes), on court le risque de transformer son auteur en une espèce de figurant dans une histoire, dans sa propre histoire, dont il est en quelque sorte dépossédé.

Toute personne qui raconte son histoire est, dans les faits, toujours coincée, étranglée même dans certains cas, entre un dehors et un dedans, entre la masse des événements passés et présents qui s'imposent à elle comme de l'extérieur, et l'urgence qu'elle ressent de faire surgir une conscience de soi, un moi ou une identité, au cœur d'une intériorité dont les contours apparaissent souvent difficiles à délimiter. Les récits sont en effet généralement bavards lorsqu'il s'agit

---

[1] Les anthropologues insistent de plus en plus aujourd'hui, à la suite de Victor Turner qui a lancé ce courant, sur ce qu'il est convenu d'appeler l'anthropologie de l'expérience : s'opposant au statisme des systèmes sociaux formels et aux idéologies fonctionnaliste et structuraliste, ils réaffirment avec vigueur le fait que ce sont toujours des personnes singulières qui mettent en œuvre la culture (en effet celle-ci n'existe pas en dehors des individus qui en sont les porteurs et qui construisent leur existence quotidienne en référence aux paramètres mis à leur disposition par la culture). Pour systématiser leur approche, les anthropologues ont emprunté au courant kantien, plus précisément à Dilthey, le concept d'*erlebnis* qui connote aussi indirectement l'idée d'émotions et d'expérience affective intérieure entraînant par ce biais tout ce courant de pensée vers la subjectivité et l'authenticité, et ultimement vers la mise en valeur du «je» de l'ethnographe en tant qu'il expérimente le monde de l'autre. Malgré les dangers de psychologisation de ce courant anti-objectiviste, nous l'avons mis à la base de toute notre démarche: avec Bruner nous reconnaissons qu'une personne ne peut vraiment expérimenter que sa propre vie, de sorte qu'aucun chercheur ni clinicien ne peut vraiment prétendre avoir accès à la totalité de l'expérience de l'autre. Censure, dissimulation, refoulement et silence se liguent en effet pour créer des vides dans la narration, vides que l'anthropologue interprète et essaie de combler de diverses manières. Les trois niveaux distingués par Bruner nous ont guidés : il y a la vie vécue ou la réalité, et à côté, imbriquée en elle, il y a l'expérience que la personne a de cette réalité, puis, au-delà, il y a l'expression, le discours, le récit que la personne fait de la réalité et de son expérience, les mêlant le plus souvent l'une à l'autre. Bruner écrit adroitement : *« Only a naive positivist would believe that expressions are equivalent to reality.»* Edward M. Bruner, «Experience and its expressions» dans Victor W. Turner et E. M. Bruner (dir.), *The Anthropology of experience,* Chicago, University of Chicago Press, 1986. p.7.

de décrire la famille et le voisinage dans lesquels la personne a grandi, ou quand ils rappellent de manière factuelle des accidents ou des événements qui ont marqué la personne à différents âges de la vie. En revanche, le moi intérieur fait rarement l'objet d'une même élaboration, comme si les motivations et les bouleversements de la vie du dedans tendaient à échapper au travail de la mémoire. Il ne s'agit pourtant ici ni d'amnésie ni de dissimulation : le récit parle bel et bien de l'intériorité de la personne, mais il le fait à travers des détours, dans un style indirect et dans un sous-texte dont le sens ne se donne pas en première lecture. Derrière l'histoire factuelle se profile donc une seconde histoire qui concerne la personne, comme si le «moi» du narrateur ne pouvait se dire qu'à travers le détour de ses rapports aux autres, et par la médiation des événements qui sont racontés. L'auteur du récit avance constamment masqué, laissant deviner plus qu'il ne les dévoile son véritable visage, son monde intérieur et son espace privé personnel. Dans l'autobiographie, le discours sur soi s'exprime le plus souvent de biais, à la manière d'un récit sous-jacent au texte social et à la chronique des événements.

Raconter sa vie suggère, chez la plupart des personnes, l'idée d'une pause réflexive et d'un exercice dynamique de la mémoire, qui est recouvrement ou, davantage encore, ressaisissement. Dans le travail anthropologique comme dans la pratique clinique, rien ne permet cependant d'authentifier un récit comme étant bien l'histoire d'un tel ou d'une telle, de sorte que la personne qui écoute ne peut jamais mettre en doute ce qui se donne pour vrai. Certaines vérifications sont évidemment possibles dans quelques cas, mais elles ne peuvent porter ni sur l'architecture même du récit ni sur la mise en série des faits que le narrateur ou la narratrice impose à son récit. C'est qu'il n'y a pas une histoire pour une vie, mais plusieurs histoires ; celle qui est racontée doit toujours être prise au sérieux et être reçue comme un récit authentique, même si certains faits (éventuellement vérifiés par ailleurs) ne sont pas mentionnés, et même si ce qui est narré semble constituer une dramatisation de la réalité vécue. De cette amplification, de ces oublis sélectifs et des creux du non-dit, surgit un texte qui est souvent aussi riche que celui formé par les phrases qui furent effectivement prononcées. L'autorité d'un récit lui vient du fait même qu'il est présenté comme une histoire authentique par un narrateur ou une narratrice, et non de sa plus ou moins grande adéquation par rapport à des critères de vérité ou de vérification des faits objectifs.

L'autobiographie appartient à un genre oral voisin du témoignage et de la confession; comme eux, elle a recours à une rhétorique proche de celle de la vie quotidienne et du langage populaire. Ces récits spontanés que des personnes toxicomanes et prostituées font sortir de leur corps, de leurs tripes, sommes-nous tentés d'écrire, sont étrangement parcourus par un mélange d'ironie et de douleur, comme si le rire constituait le meilleur mécanisme pour exorciser le mal dont leur vie a été porteuse : ces personnes ironisent face au père abuseur, elles banalisent les échecs accumulés, les trahisons des amis et les rejets répétés dont elles ont été victimes. Elles rient (tout en tremblant de peur) de la violence du milieu, des dangers de l'ivresse des *trips* du vertige du besoin irrépressible de drogue... Parallèlement, les récits mêlent révolte et soumission, comme si la personne tentait constamment de se distancier du vécu de sa propre vie, comme si tout cela lui semblait s'être passé dans un autre corps, dans une autre vie et dans une autre histoire : les blessures encore vives sont pourtant toujours là, prêtes à rappeler la douleur d'avoir été mal aimé et à crier le mal qui accompagne la vie de tous les jours. Par endroits dans leur récit, narrateurs et narratrices sont emportés par l'ivresse du rêve qui les projette dans un futur libérateur et qui leur fait imaginer une autre vie. L'autobiographie sert à conjuguer les rêves avec la réalité, ouvrant dans l'épaisse obscurité du quotidien quelques percées de lumière.

C'est à cette ironie, à cette révolte et à ces rêves que la personne s'accroche sans doute le plus fermement lorsqu'elle entreprend de s'en sortir, à un moment ou à un autre de son tragique itinéraire. Bien des coups de cœur accompagnent de fait l'errance des personnes qui nous ont parlé : elles ne cessent de répondre au long et répétitif rite de passage qui les a progressivement fait basculer dans l'au-delà des conduites normales, dans la marge et la déviance comme on dit généralement, par un autre rite de passage, de réintégration celui-là, dont les étapes sont nombreuses et sans cesse reparcourues le long d'un chemin où rien n'est jamais définitivement acquis et où se succèdent cures et rechutes, jeux avec la mort et désir de vie, projets de s'en sortir et promesses non tenues. Les récits nous mettent souvent en face de vies segmentées, fractionnées et *clivées,* comme si les personnes vivaient en parallèle plusieurs existences sans pouvoir les intégrer. Nous nous référerons plus loin à cette multiplicité des modes d'être en parlant du feuilletage ou du laminage des identités, phénomène qui permet, entre autres, à la personne toxicomane et prostituée, de disposer de plusieurs «cartes de visite» qu'elle joue sélectivement en fonction des situations.

Même dans les cas où le consentement a été librement donné, l'acte qui consiste à enregistrer le récit de vie d'une personne constitue potentiellement une violation de son intimité. Et lorsque les paroles données sont transcrites sous la forme d'un texte qui peut potentiellement être lu par n'importe qui, les problèmes d'éthique se multiplient. L'oral et l'écrit sont en effet deux langues différentes; il n'est pas étonnant, pour cette raison, que la plupart des personnes reconnaissent difficilement dans le texte imprimé les paroles qu'elles ont prononcées. De plus, les paroles confiées dans le secret et sous le signe de la confiance ne sont-elles pas perverties lorsqu'elles sont proclamées publiquement? L'anthropologue aura beau garantir l'anonymat et la confidentialité, maquiller éventuellement le récit pour dissimuler l'identité et montrer la plus grande empathie possible à l'égard des narrateurs et narratrices, ce n'est dans tous les cas qu'avec beaucoup d'hésitation qu'il livrera publiquement les paroles qu'il a accueillies comme des dons mais qu'il reçoit en fait comme des prêts dont il n'est que le dépositaire provisoire.

En publiant la parole des autres, l'anthropologue prend un risque qui est central à la pratique de son métier, lequel l'invite en priorité à «discourir» (*logos*) sur l'homme (*anthropos*), à faire écho aux gestes et paroles qu'il a vus et entendus ailleurs, et dont il témoigne auprès des siens. Dans sa réflexion sur les *Confessions* de J.-J. Rousseau, Lévi-Strauss s'interrogeait précisément sur la nature du travail anthropologique, lui qui n'a pas craint de révéler dans *Tristes Tropiques* les conditions dans lesquelles il a recueilli ses informations auprès des Indiens nambikwara; prolongeant en quelque sorte ses confidences, il se demande: «L'ethnologue écrit-il autre chose que des confessions[2]?» À cette question, nous trouvons légitime de répondre dans l'esprit même de Lévi-Strauss que l'ethnologue ne fait indéfiniment qu'écrire ses propres confessions, celles que les autres lui ont faites, mêlant souvent d'ailleurs les unes et les autres dans un récit unique. Et Roland Barthes prolongeait sans doute cette même réflexion lorsqu'il écrivait à son tour dans son autobiographie: «Enfin, de tous les discours savants, l'ethnologique [lui] apparaît comme le plus proche d'une Fiction[3].»

Espaces clandestins et pratiques publiques

Dans l'accomplissement de son travail, l'anthropologue se maintient constamment, à la manière d'un équilibriste sans cesse en train de corriger sa position, sur cette frontière, cette ligne étroite qui sépare le même et le différent, le prochain et le lointain, le dedans et le dehors, le local et le global. Il arrive à se situer avec quelque solidité dans cette zone d'instabilité grâce à des méthodes de terrain elles-mêmes hybrides dans la mesure où elles combinent participation et observation, neutralité et approche empathique, refusant en quelque sorte d'emblée la distinction factice entre objectivité et subjectivité lorsqu'il s'agit d'interpréter les phénomènes humains. Bien que l'anthropologue reconnaisse la nécessité d'une démarche méthodologique rigoureuse pour recueillir des données fiables et valides, il est convaincu que c'est à travers une expérience personnelle de coappartenance au monde de l'autre — en maîtrisant le plus parfaitement possible les codes de communication qui ont cours dans ce monde et en devenant en quelque sorte un acteur dans les drames locaux — qu'il peut profondément entrer dans l'univers de ceux et de celles qui lui sont étrangers. Ultimement, on trouve dans le projet anthropologique la prétention — abusive sans doute — de croire qu'il est possible de devenir «native», c'est-à-dire d'adopter une seconde identité, celle de l'autre, sans pour autant se dépouiller de son identité première. La participation est ici le maître mot; les entrevues en profondeur et la longue durée dans la

---

[2] Claude Lévi-Strauss, «Jean-Jacques Rosseau, fondateur des sciences de l'homme, *Anthropologie structurale deux,* Paris, Plon, 1973, p. 51.
[3] Roland Barthes, *Roland Barthes par Roland Barthes,* Paris, coll.: «Écrivains de toujours», Le Seuil, 1975, p. 87.

présence constituent les techniques de base d'une méthode qui accorde peu de crédibilité aux questionnaires contraignant à l'avance les comportements dans des codes fermés ou à la seule comptabilisation de conduites humaines détachées de l'intentionnalité des acteurs.

Tout cela nous ramène à la question du témoignage. En effet, il s'agit en bonne partie de cela puisque l'autorité de l'anthropologue lui vient du fait qu'il prend des personnes à témoin lorsqu'il affirme : «J'étais là, j'ai vu comment les choses se passaient» ou encore lorsqu'il écrit : «J'ai longuement discuté avec des gens qui étaient là, qui sont eux-mêmes de ce monde et qui m'ont permis, à travers eux, de devenir le témoin de manières de vivre différentes.» L'anthropologue a recours à cette médiation des informateurs privilégiés issus des milieux étudiés, principalement lorsque ces milieux s'opposent ou résistent à toute pénétration par un étranger, comme peuvent le faire par exemple certaines sociétés secrètes ou certains groupes clandestins qui vivent en marge de la légalité. Dans ces cas, les textes anthropologiques ne peuvent que répercuter les discours et observations des informateurs du dedans, la seule vérification possible consistant à confronter les contenus de plusieurs dépositions indépendamment recueillies. Les questions de fiabilité et de vérifiabilité se formulent en anthropologie dans des termes originaux : c'est en effet l'autorité du témoignage de l'ethnologue lui-même et de celui des informateurs avec lesquels il a établi des liens de confiance qui fournit l'ultime garantie de vérité.

La coappartenance ou la pleine participation au monde de l'autre n'étant pas toujours possible, on ne peut pas, dans certains cas, faire progresser les recherches en suivant les critères classiques de la méthode anthropologique, qui implique précisément présence et participation. L'anthropologue se doit alors de négocier une position qui soit la meilleure possible, à une distance optimale, entre le dedans et le dehors, entre un minimum de participation personnelle dans le milieu et un travail à distance, à travers la médiation de collaborateurs qui acceptent de parler de leur vie dans ce milieu. C'est exactement ce que nous avons essayé de faire puisqu'il nous était demandé d'examiner dans notre propre société quelques problèmes particulièrement chauds de l'actualité — les drogues injectables, la prostitution de rue et le sida — problèmes qui sont difficiles à observer et face auxquels les connaissances sont encore lacunaires et inadéquates, ce qui accentue d'autant plus la dramatisation des faits par les journalistes et la manipulation du grand public. La démarche suivie dans notre travail peut se résumer de la manière suivante : « Quelque part dans le quartier Hochelaga-Maisonneuve, au cœur de la ville, sur les terrains incertains de la drogue et de la prostitution, en suivant la piste du sida. » Spécifiquement, nous avons cherché à mieux comprendre comment il se fait que certains comportements de toxicomanes s'injectant des drogues et certaines pratiques sexuelles persistent même lorsque les personnes savent très bien qu'elles risquent, en ne prenant pas les précautions adéquates, d'être conta-minées par différents agents pathogènes, plus particulièrement par le virus (VIH) du sida.

Pour éclairer de manière anthropologique cette question des liens entre drogue, prostitution et sida, nous avons suivi deux voies complé-mentaires. Nous avons d'abord dressé une ethnographie de ce que l'on peut appeler momentanément, bien que le terme soit inadéquat, des sous-cultures de la drogue et de la prostitution, en nous inspirant, d'une part, des travaux ethnologiques axés principalement sur les contextes sociaux entourant l'injection de drogues, de ceux portant sur le sens que les usagers « accrochés » donnent aux drogues dans leur vie, ainsi que de ceux se rapportant à la « sous-culture » qui se met en place dans les piqueries et autour d'elles, et en nous appuyant, d'autre part, sur les nombreuses études relatives à la commercialisation (à la commodification) de l'offre sexuelle et à la vie quotidienne des femmes prostituées.

Une contrainte territoriale nous était toutefois imposée : nous devions limiter nos investigations au quartier Hochelaga-Maisonneuve, même si nous savions pertinemment que ces phénomènes se déploient dans des espaces beaucoup plus larges. Dans le cas de la drogue par exemple, Hochelaga-Maisonneuve n'est qu'un petit maillon dans l'ensemble d'un marché clandestin nord-américain qui fixe les normes, édicte la « loi du milieu » et lance les modes, lesquelles finissent généralement par s'imposer à Montréal, après être apparues à New York et avoir transité par Boston. De même, le phénomène récent d'une prostitution de bas de gamme dans Hochelaga-Maisonneuve s'explique, entre autres, par certaines décisions judiciaires qui interdisent à certaines prostituées le racolage dans le centre-ville, les poussant vers le *pink light* lorsqu'elles ont à faire une probation.

Dans notre approche de ces phénomènes marginaux, nous avons d'emblée refusé d'adopter des méthodes assimilables aux investigations policières. En effet, nous ne voyions aucun intérêt ni à identifier nommément les *dealers,* ni à localiser avec précision les piqueries, ni à évaluer les volumes ou les catégories de drogues consommées, ni à remonter les réseaux de fournisseurs pour cartographier les zones d'influence des diverses «gangs», ni davantage à évaluer la quantité d'argent gagné par les professionnelles du sexe ou circulant dans les circuits de l'économie illégale de la drogue, ni à suivre les errances des prostituées ou leur circuit de la rue à la piquerie. Au fil de nos entrevues et observations, nous avons bien sûr recueilli des informations, souvent d'ailleurs assez précises, sur tous ces points, mais il ne s'agissait là que de retombées indirectes relativement à notre préoccupation centrale: nous avons d'abord et avant tout cherché à identifier les principales filières ou trajectoires qui conduisent des personnes vers la prostitution, vers l'utilisation de drogues injectables ou vers les deux à la fois comme cela se trouve dans la majorité des cas chez les prostituées d'Hochelaga-Maisonneuve avec qui nous avons pu collaborer. À chacun de ces itinéraires ou profils correspondent une ou des logiques de consommation, des contextes sociaux d'usage et de prise de risque spécifiques, traduisant ainsi la variation interindividuelle que la drogue, la sexualité et la «déviance» occupent dans la vie des personnes, certaines engagées dans un jeu constant avec la mort et dans des conduites ordaliques compulsives, alors que d'autres semblent garder une certaine maîtrise sur les choix qu'elles font[4].

---

[4] On parle ici de marginalité parce qu'en effet la toxicomanie suppose toujours un comportement déviant, qu'on l'examine dans ses aspects criminels ou sous l'angle médical. La pharmacodépendance est définie comme un problème (psycho) pathologique par la classification internationale des maladies (CIM-9) de l'OMS, et la possession même minime de stupéfiants est de son côté condamnable criminellement (tolérance Zéro). Quant à la prostitution de rue, elle est plus ou moins régulièrement réprimée par la police en raison du fait que la sollicitation ouverte à la sexualité constitue un délit.

Notre recherche sur les liens entre l'injection de drogue, la non-protection dans les pratiques sexuelles des *udi* et des prostituées, et l'infection par le VIH, a été en réalité facilitée par trois faits dont nous avions mal évalué au départ la portée. Signalons d'abord que le fait de travailler dans les limites d'un quartier bien circonscrit (ce qui allait, avions-nous cru, défigurer partiellement le phénomène global à l'étude) s'est transformé en un avantage dans la mesure où il devenait possible, à l'échelle de cet espace local, d'entrer en contact, dans une période de temps relativement limitée, avec une bonne partie des personnes directement engagées dans les réseaux de la drogue et de la prostitution, tout en nous faisant parallèlement reconnaître de ce milieu dans lequel la rumeur et la «radio-trottoir» constituent les principaux véhicules de l'information. De plus, nous avons vite découvert qu'une porte d'entrée dans ce milieu marginal nous était largement ouverte par les prostituées du quartier et qu'il suffisait de l'ouvrir pour avoir accès au monde clandestin des piqueries : en effet, la femme prostituée représente dans le quartier Hochelaga-Maisonneuve le personnage clé qui fait communiquer l'univers de la drogue, des piqueries surtout, et celui du sexe, constituant en quelque sorte le centre de gravité de cette dynamique marginale. Or, il se trouve que les femmes prostituées sont plus faciles à identifier du fait que leur travail (l'étape de la sollicitation tout au moins) est public et aussi qu'elles autorisent, favorisent et même souhaitent le contact. Une fois que certaines d'entre elles furent convaincues de l'utilité du projet et des avantages qu'elles pourraient en tirer pour elles-mêmes, de l'absence de danger pour leurs camarades, elles ont accepté de collaborer et ont contribué à déverrouiller des portes qui seraient autrement restées hermétiquement fermées, celles des piqueries entre autres, allant même jusqu'à susciter un certain intérêt pour la recherche auprès de leurs *pimps* et souteneurs, chez les tenanciers de piquerie et jusque chez les *dealers*. Des femmes prostituées toxicomanes sont donc devenues nos partenaires et nous ont assez librement, dans certains cas, ouvert leur réseau de connaissances et d'amis, nous permettant par leur médiation d'établir des contacts avec une soixantaine de personnes directement liées à ces milieux fort emmêlés de la drogue et de la prostitution. Enfin, une troisième carte de visite s'est transformée en un laissez-passer des plus utiles : nos liens, qui sont toujours restés indirects et limités avec le projet Pic-Atouts et avec les travailleurs de rue, nous ont permis de légitimer nos recherches en leur donnant une dimension appliquée aux connaissances acquises, lesquelles favoriseraient la lutte contre la transmission de l'infection par le VIH et, éventuellement, la mise sur pied de programmes d'intervention adaptés aux besoins spécifiques des utilisateurs de drogues injectables, des professionnelles du sexe ainsi que des partenaires sexuels des uns et des autres.

Compte tenu des différents profils de toxicomanes que nous avons pu observer, nous avons réalisé des entrevues en profondeur avec une trentaine de personnes, recueillant des histoires de vie auprès de vingt d'entre elles. L'âge de ces personnes varie entre dix-neuf et cinquante et un ans, et les problèmes de drogues qu'elles présentent sont divers, allant du « simple » fumeur de marijuana au *junky* héroïnomane. Entre ces deux extrêmes, nous retrouvons toute la panoplie possible des formes de consommation allant de « l'inhalateur » de cocaïne, au fumeur de *crack*, au *udi* qui s'injecte du *speedball* plusieurs fois par jour, jusqu'au consommateur de drogues psychédéliques. Ces personnes qui prennent régulièrement des drogues ne se situent pas toutes dans la marge sociale ou dans les franges de la criminalité ; certaines continuent à être parfaitement fonctionnelles et à assumer leurs rôles et statuts dans la société. À côté de ceux et celles qui travaillent légalement pour se payer des *trips* on trouve, outre les prostituées qui constituent une clientèle de choix des piqueries, des *pushers*, des petits ou grands voleurs, des souteneurs et des tenanciers de piquerie. Une telle diversité des profils montre clairement qu'il n'est pas aisé de trancher entre marge et norme, entre espaces clandestins et pratiques publiques, entre des personnes qui semblent dominer leur consommation, leur mode d'insertion dans la vie des piqueries, et celles qui sont indissociablement accrochées au *crack*, à la *free base*, au *speedball* et, par-dessus tout peut-être, au *fix* de l'aiguille qui infuse dans la veine un puissant produit procurant pendant de courts instants une exaltation ressentie comme peu commune. On trouve juxtaposés dans l'univers des piqueries des individus aux itinéraires très disparates, dont la vie est plus ou moins directement aspirée par la logique des réseaux polymorphes de la drogue et de la prostitution. Sans que l'on puisse prétendre posséder une vue panoptique des phénomènes de la drogue et de la prostitution dans Hochelaga-Maisonneuve, nous pensons que les discours recueillis auprès de certains habitués de ces milieux nous permettent de présenter avec une relative fiabilité les sous-cultures de la drogue, celle des piqueries principalement, et de la prostitution, du moins telles qu'elles fonctionnent dans ce quartier.

Ce premier travail extensif et de surface, descriptif et factuel dans plusieurs de ses aspects, a été complété par une recherche en profondeur qui visait, au moyen d'histoires de vie, à faire émerger le monde intérieur personnel de toxicomanes et de prostituées, à dégager en quelque sorte autant de versions propres de ce monde et de cette vie que ces personnes partagent plus ou moins en commun. On a vite découvert que les itinéraires aboutissant aux drogues injectables sont multiples, qu'ils s'enroulent constamment dans la spécificité d'histoires individuelles fort diverses qui possèdent évidemment un certain nombre de traits communs, mais qui n'en demeurent pas moins autant de trajectoires singulières hautement idiosyncrasiques. Les récits qui nous furent racontés nous permettaient de dépasser la simple description factuelle des mondes de la drogue et de la prostitution; ils nous donnaient aussi accès à l'intériorité des personnes, au temps subjectif, à leurs motivations, à leur expérience et, enfin, pour exprimer cela sous une forme abrégée, au sens dont sont investies certaines conduites associées aux drogues injectables et à la commercialisation de la sexualité.

Nous avons fait du recueil du discours explicite des acteurs eux-mêmes le centre de gravité de notre méthode. Mais se pose ici une question qui ne peut être écartée: combien de récits faut-il recueillir pour faire valablement le tour de phénomènes aussi fluides et labiles que les sous-cultures de la drogue et de la sexualité, qui se présentent sous différents visages, qui se vivent toujours dans des histoires de vie singulières? En faut-il cinq, dix ou bien cent? Ou un seul récit d'un informateur particulièrement typique serait-il suffisant? La réponse à ces questions dépend en bonne partie du genre de sciences sociales que le chercheur compte pratiquer; cependant, quelles que soient les positions tenues, entre l'exigence d'un échantillon représentatif et la méthode clinique d'analyse approfondie d'un seul cas, les chercheurs font l'unanimité autour de la notion de saturation, indiquant par là que les informations au sujet d'un phénomène social, fût-il des plus complexes, peuvent «saturer», après quelques dépositions d'informateurs particulièrement bien structurés, les dépositions complémentaires n'apportant alors que des nuances ou des particularités non essentielles à la compréhension du phénomène étudié. En pratique, il appartient donc aux chercheurs de déterminer quand il y a saturation.

Les positions contrastées qui ont récemment été prises sur ce point méthodologique par l'équipe de Pierre Bourdieu, en France, et par celle de Pino Arlacchi, en Italie, nous permettent de mieux situer notre propre approche. Lorsqu'on a récemment demandé à Bourdieu de réaliser une vaste enquête pour rendre compte de la montée de la pauvreté en France, cet ethnologue s'est refusé à travailler avec des questionnaires que des enquêteurs auraient fait remplir à un échantillon de personnes représentant les différentes catégories sociales qu'on trouve en France. Il a préféré que des sociologues aguerris et bien au fait des problèmes associés à la pauvreté mènent des entretiens approfondis avec un nombre limité de personnes à qui ils poseraient les bonnes questions: soixante Français et Françaises de tous les milieux, ceux surtout (immigrés, clochards, chômeurs) dont on écoute rarement la parole, ont parlé à des professionnels, qui sont allés les rencontrer dans leur milieu et qui ont pris le temps de les écouter. Les discours de ces soixante personnes, dont on retrouve les mots dans *La Misère du monde*[5], forment en s'additionnant le *miserere* de la France d'aujourd'hui: la souffrance, la détresse se retrouvent partout, dans toutes les catégories sociales, sous la forme d'une «misère de condition» chez les exclus, et d'une «misère de position» dans la classe moyenne et chez des gens de milieu aisé qui disent être en train de revivre, mais à rebours cette fois, ce que leur avait coûté l'ascension dans l'échelle sociale. En plus de leur récit souvent dramatique, ces soixante personnes ont fourni leur point de vue sur la montée incoercible de la souffrance sociale dans la France d'aujourd'hui,

---

[5] Pierre Bourdieu, *La Misère du monde*, Paris, Le Seuil, 1993.

apportant à l'équipe de Bourdieu les éléments centraux d'une interprétation qui n'avait plus qu'à être traduite dans le langage de l'ethnosociologie. La maladie sociale qui produit cette misère généralisée proviendrait d'une rupture radicale entre les générations et des contradictions que pose l'héritage familial : les parents sont malades de l'échec que constitue pour eux l'incapacité de voir leurs enfants prolonger le projet familial (son mythe aussi), et les jeunes souffrent de leur incapacité à «faire face» à cette obligation malgré tous leurs efforts, ainsi que de la déception qu'ils causent à leur famille. L'école et les institutions publiques se sont démocratisées en offrant à un plus grand nombre de personnes une égalité de chances, mais le monde du travail a changé et n'offre plus, de son côté, qu'un nombre de places limité pour la conquête desquelles la lutte est devenue féroce. Finalement, c'est donc l'accès au marché du travail pour les jeunes générations qui est venu lézarder l'édifice social, et qui en menace aujourd'hui la solidité. Les sociologues et anthropologues réunis autour de P. Bourdieu ne font sur ce point que répercuter le discours des soixante personnes avec lesquelles ils se sont longuement entretenus[6].

Pino Arlacchi, un sociologue spécialiste de la mafia italienne sur laquelle il avait déjà amplement publié, a été forcé de revoir certaines de ses explications et théories à la suite du récit que lui a fait un seul homme, le repenti Antonio Calderone, qui a dressé pour la première fois un tableau complet de la mafia à partir de la position qu'il occupait au sommet de la Cosa Nostra de Catane. «Cet objet que,

---

[6] Au Québec, l'équipe du sociologue-prêtre Jacques Grand-Maison s'est de son côté attelée, depuis 1989, à la réalisation d'une étude régionale visant à mieux connaître les orientations culturelles, sociales et religieuses dans les différentes classes d'âge, et dans les différentes catégories sociales de la population habitant les Basses-Laurentides au nord de Montréal. Un total de quatre-vingt-douze entrevues individuelles, spécifiquement dédiées au recueil d'histoires de vie et à un entretien structuré autour de quelques thèmes, ainsi que trente-quatre entrevues de groupes organisées autour de thématiques voisines, ont servi de base à la publication de trois livres, qui font une large place aux extraits de discours des personnes rencontrées. Cette méthode de recherche s'inspire de principes méthodologiques voisins de ceux de Bourdieu. L'analyse reste néanmoins dans l'équipe de Grand-Maison encore beaucoup trop proche des discours mêmes des gens. Jacques Grand-Maison (dir.), *Le Drame spirituel des adolescents. Profils sociaux et religieux*, Montréal, Fides, 1992 ; ainsi que (en collaboration avec Solange Lefebvre), *Une génération bouc-émissaire. Enquête sur les baby-boomers*, Montréal, Fides, 1993.

jusque-là, je n'avais observé et analysé que de manière indirecte», écrit Pino Arlacchi[7], a soudainement été raconté de l'intérieur à travers la voix d'un puissant mafioso qui ne s'est pas contenté de dresser une carte détaillée de la mafia avec quelque deux mille noms de personnes issues d'une soixantaine de familles différentes, ni de simplement décrire la structure du pouvoir ou la manière dont les décisions sont prises au sein de la Cosa Nostra. Le repenti Calderone, le délateur, diront certains, est allé beaucoup plus loin dans ses longs entretiens avec le sociologue informé qu'est Arlacchi: «Peu à peu, son récit ouvre des gouffres sous nos pas. À cela d'ailleurs, la personnalité même de Calderone, homme simple et modeste, parlant avec ses mots à lui, tantôt terribles, tantôt drôles et touchants, n'est peut-être pas indifférente[8].» On découvre un homme sympathique attaché à sa femme et à ses enfants sous le visage du criminel directement impliqué dans au moins une dizaine d'assassinats. Mais il y a plus que le seul aspect humain dans son témoignage: il force en effet Pino Arlacchi à revoir substantiellement ses théories sociologiques au sujet de la Cosa Nostra et, plus globalement, en racontant l'histoire politique italienne récente à partir des coulisses, il a amené l'ensemble des Italiens à mieux comprendre les dessous de la complicité que les politiciens ont entretenue au fil des ans avec le capitalisme italien, anticipant en cela l'avalanche des confessions que les juges viennent d'arracher à des personnes apparemment au-dessus de tout soupçon. Une seule voix parlant du cœur même de la Cosa Nostra a fait basculer la vision qu'Arlacchi s'en était faite: il existe sans doute, comme il le pensait, une organisation pyramidale et centralisée aux règles inflexibles, ou même une organisation secrète possédant ses rites d'initiation et sa loi — c'est ainsi qu'on aime à se représenter la Cosa Nostra. La réalité que dépeint Calderone est cependant tout autre: sa Cosa Nostra est plutôt «un univers dédoublé, schizophrénique et halluciné, dans lequel tout le monde est à la fois l'ami et l'ennemi de tout le monde; un univers où chacun professe et affiche la plus extrême loyauté et fidélité, nouant et dénouant pactes et fédérations, alors même qu'il ment, trompe, complote et prépare des

---

[7] Pino Arlacchi, *Les Hommes du déshonneur. La stupéfiante confession du repenti Antonio Calderone,* Paris, Albin Michel, 1992, p. 15.

[8] *Ibid.,* p. 8.

embuscades, trahissant ses amis et tuant ceux qu'il aime. Et sur tout cela ne cessent de planer la peur et le danger de la mort violente[9]». Il aura suffi d'une seule voix pour que Pino Arlacchi abandonne ses échafaudages théoriques et amorce, comme il l'écrit, des «théories nouvelles plus étayées».

L'anthropologue reconnaît aisément dans les méthodes de Bourdieu et d'Arlacchi une version contemporaine, adaptée à nos sociétés, de la pratique de l'informateur clé à laquelle il a régulièrement recours lorsqu'il travaille dans les sociétés non occidentales. Cette pratique méthodologique s'est maintenue en anthropologie non pas parce qu'elle donne davantage accès à l'ensemble des faits ou qu'elle permet de compléter des observations faites du dehors, mais parce que les informations révélées sont assorties de leur sens et que le récit est constamment émaillé d'esquisses d'explications que l'anthropologue n'a plus qu'à valider, à partir de dépositions émanant d'autres personnes, pour ensuite les systématiser dans le langage de sa discipline. C'est ce qu'un livre comme *Les Enfants de Sanchez*[10] a amplement démontré: on peut sans doute légitimement critiquer les idées de Lewis au sujet de l'existence d'une «culture de la pauvreté» qui se reproduirait génération après génération dans certaines familles à la manière d'un héritage maudit, mais ce n'est pas vraiment dans cette théorie, qui continue à revêtir néanmoins quelque sens pour nous, que réside la vraie contribution de Lewis. Quiconque a lu *Les Enfants de Sanchez* ne peut en effet avoir oublié la douleur de la petite fille lorsqu'elle raconte la mort de sa grand-mère: c'est la voix d'une enfant mutilée ayant perdu son principal soutien que l'on entend vraiment, ce qui nous éloigne infiniment des écrits socioanthropologiques nous parlant de catégories sociales ou de conflits de rôle, en les expurgeant de toute épaisseur d'humanité. C'est dans cette tradition d'Oscar Lewis que le Bourdieu de *La Misère du monde* et le Pino Arlacchi des *Hommes du déshonneur* se situent, et dans ce même sillage que nous avons placé notre propre travail avec les toxicomanes et les prostituées du quartier Hochelaga-Maisonneuve: les voix de vingt d'entre eux se répercuteront

---

[9] P. Arlacchi, *op. cit.*, p. 14-15.
[10] Oscar Lewis, *Les Enfants de Sanchez*, Paris, Le Seuil, 1963.

tout au long de notre texte, s'emmêlant et se répondant en contrepoint, comme dans une vaste polyphonie.

Déchiffrement d'un texte polyphonique

Bien que profondément personnel, le récit autobiographique constitue le texte dialogal par excellence : il est une coconstruction, une entreprise coopérative au sein de laquelle la personne qui reçoit le récit et qui pose les questions est pleinement engagée dans une position en quelque sorte vicaire, comme représentante d'un groupe particulier de personnes ou même peut-être à l'horizon de toute la société à laquelle la narration est sans doute finalement destinée. En se racontant, la personne parle en effet aux autres ; elle est guidée dans ce difficile exercice de dévoilement par une autre voix, un autre visage qui relance le flux du discours, des souvenirs, lorsqu'il y a pauses, hésitations ou interruptions, qui remet sur les rails lorsque la personne dérive ou bifurque, qui la soutient constamment à travers une écoute chaleureuse et ouverte, se refusant à enfermer l'itinéraire du narrateur ou de la narratrice dans des catégories préétablies.

Notre collaboratrice s'est contentée de proposer aux personnes un canevas qui s'organisait autour de trois grands thèmes : 1) les principaux événements et les souvenirs les plus marquants de la période précédant le début de la consommation de drogues ; 2) la manière dont l'initiation aux drogues et à la sexualité s'est faite, en indiquant les différentes étapes et la progression ; 3) les principaux aspects de la vie quotidienne d'aujourd'hui dans ses rapports à la drogue, à la sexualité et au sida. Un tel canevas s'appuyait sur l'incontournable linéarité du récit biographique avec le parcours obligé du cycle de vie et des grandes périodisations (enfance, adolescence, entrée dans le monde du travail, mariage, mort des proches), mais, par-delà cette stratégie énonciative et narrative, c'est la signification attachée aux différents personnages, aux âges successifs et aux grands événements que nous voulions voir surgir. Dans les creux de ces trajets biographiques, nous avons cherché à lire l'appréhension du «vécu», la représentation de la temporalité, les traces des premières années, les projets relatifs au futur, en un mot le sens donné à la vie. Et ce sens, c'est l'une des leurs, toxicomane elle aussi, qui l'a recueilli ; elle qui était à notre place, qui nous remplaçait dans une position que nous n'aurions de toute façon pas pu occuper aussi bien qu'elle l'a fait.

Une fois ces récits retranscrits, nous avons à notre tour reçu ces vingt textes comme une partition unique qu'il nous fallait décrypter, comme autant de voix qui s'additionnaient pour former un chant polyphonique. Du croisement des vingt récits a en effet surgi un récit unique qui n'est cependant ni un résumé attiédi de tous les récits, ni encore moins un recollage de pièces découpées et prélevées dans chacun d'eux. Il aurait certes été possible de façonner ce grand texte, comme nous y invitent les analyses classiques de contenu, en opérant des coupes transversales dans les récits, en regroupant les principaux thèmes dont parlent narrateurs et narratrices, et en reconstituant de manière exemplaire une histoire de vie standard, une sorte de synthèse de multiples vies. Une telle quête de totalisation risquait de gommer, par des procédures de découpage-recollage, les singularités et l'épaisseur de vie que nous donnaient précisément les récits.

Nous avons préféré nous engager dans une démarche d'analyse sémiologique qui s'est faite en trois étapes. Nous avons d'abord réuni l'ensemble des récits en un seul corpus, les lisant les uns à côté des autres de manière synoptique et comparative, et les appréhendant comme autant de versions différentes d'un même «mythe», celui de la drogue. Parmi les vingt récits, nous en avons choisi un qui nous a paru constituer le texte primaire de référence, une sorte de version canonique dans le langage structuraliste de Lévi-Strauss, laquelle version présente la trame narrative, la structure actantielle et les formes rhétoriques qu'on retrouve dans l'ensemble des autres récits. On pourrait certes dire que ce texte de référence constitue un récit typique, particulièrement représentatif, mais nous croyons néanmoins préférable de le considérer dans une perspective analytique comme une version canonique à partir de laquelle les autres versions sont lues et interprétées.

Nous avons, à un deuxième niveau, soumis le texte primaire de référence qui est reproduit dans le prologue, ainsi que toutes les autres versions de ce «mythe», à une analyse proprement sémiologique visant à dégager les enchaînements et les arrangements reliant les systèmes de sens aux pratiques concrètes des personnes et à l'univers plus large dans lequel elles se situent. «Ces enchaînements, écrivions-nous dans une présentation de cette méthode, s'expriment par des liaisons et des connexions qui forment des cartes, des diagrammes et des réseaux. La topographie de ces relations indique les catégories organisatrices et les nœuds à partir desquels s'organise la trame[11]». Sans chercher à imposer une supercohérence à des récits de vie forcément éclatés, nous avons tout fait pour dégager les points forts, les nœuds qui permettent de relier les éléments entre eux et de les agréger dans des unités de sens. Nous l'avons fait en retranscrivant de nombreux extraits.

Enfin, c'est sous la forme d'un mythe que nous avons reçu ces récits, plus spécifiquement comme un mythe de la drogue. Non pas que la drogue soit un mythe au sens où on lui nierait toute existence: au contraire, la conception du mythe à laquelle nous nous sommes ralliés amplifie la place que la drogue peut prendre dans la vie des personnes, allant jusqu'à l'envahir totalement dans certains cas. Avec Barthes, nous pensons que «le mythe ne cache rien et n'affiche rien: il déforme; le mythe n'est ni un mensonge ni un aveu: c'est une inflexion[12]». Le mythe de la drogue qui nous a été raconté ne cache rien, en ce sens qu'il exprime tout ce qui est enfoui derrière la drogue, le non-dit et le silence; et s'il déforme, c'est par un trop-plein de sens, comme si ce sens ne pouvait être contenu et qu'il débordait de partout. Le recours au mythe permet justement de mettre à distance les vérités brûlantes du monde de la drogue dans lequel sont plongées la majorité des personnes qui nous ont parlé. Ce mythe, nous le savons autant que Barthes, «est une parole volée et rendue[13]». Nous la restituons dans cet ouvrage, mais ce n'est plus tout à fait la parole que nous avions dérobée: elle est rendue sous un autre visage, remise ailleurs et partagée avec plusieurs.

---

[11] Ellen Corin, G. Bibeau, J.-C. Martin et R. Laplante, *Comprendre pour soigner autrement. Repères pour régionaliser les services de santé mentale*, Montréal, Les Presses de l'Université de Montréal, 1990, p. 23.

[12] Roland Barthes, op. cit., p. 215.

[13] *Ibid.*, p. 211.

CHAPITRE 2

Les espaces
de la recherche
ethnographique

FAUT-IL LE PRÉCISER, il ne s'agit pas ici d'une ethnographie générale du quartier Hochelaga-Maisonneuve. L'erreur d'une lecture superficielle consisterait à établir une relation de cause à effet entre le quartier et les problèmes qui seront tour à tour examinés. La toxicomanie, le sida, la prostitution, les piqueries, pour ne nommer que ceux-là, ne sont pas des phénomènes spécifiques à une seule réalité; au contraire, leur complexité respective exige qu'on les aborde dans leurs multiples dimensions. Cela signifie donc que, en choisissant de combiner ces différents «problèmes» dans un même ensemble dynamique, délimité par surcroît par les frontières artificielles d'un quartier, nous réduisons arbitrairement nos investigations à un champ limité d'interprétations possibles. Aussi, toute la question de la territorialité doit être posée comme une donnée relative parmi les autres espaces et réseaux qui entrent ici en jeu. Hochelaga-Maisonneuve constitue un point de repère à partir duquel nous essayons de comprendre la problématique du sida et de la toxicomanie; jamais il ne saurait en être l'explication ou la cause. Les problèmes que nous étudierons au cours de ce travail débordent de leur ancrage dans un territoire quoique, comme nous comptons le démontrer, ils s'y rattachent toujours sur un plan quelconque, plus ou moins déterminant.

On ne répétera jamais assez cette mise en garde: Hochelaga-Maisonneuve n'est pas uniquement peuplé de criminels *junkies* ou de prostituées sidéennes. Le monde que nous sommes invités à découvrir se situe en marge de la vie courante de la population, même si, comme nous le verrons, cette «marge» n'est pas fixe mais plutôt fluctuante, dans un espace-temps de signes, de sens et d'actions. Ainsi, il est légitime de croire que les dynamiques ressortant de notre enquête et de notre analyse ne sont pas spécifiques au seul quartier Hochelaga-Maisonneuve; néanmoins, celles-ci se révélent dans des particularités locales qui ne sont pas, elles, tout à fait transposables à d'autres milieux. Il importe de comprendre la situation qui prévaut dans Hochelaga-Maisonneuve comme une manifestation locale de phénomènes (problèmes) plus globaux par leur ampleur sociale et leur développement individuel.

L'élaboration d'une problématique de recherche à partir d'un quartier bien précis (alors qu'elle n'y est, comme c'est le cas ici, qu'accessoirement liée), implique pour nous, anthropologues, que nous puissions articuler une sémiotique de la ville et de ses territoires selon des réseaux complexes de sens et d'action. C'est ainsi que cette étude sur la toxicomanie et le sida dans Hochelaga-Maisonneuve nous a amenés à réfléchir tout autant sur les notions de dépendance et de comportement à risque que sur les fondements d'une anthropologie urbaine des formes symboliques de la «surmodernité[1]».

Avant même donc de nous rendre sur le «terrain» qui, comme on le verra, est proprement celui de la «drogue», il a fallu situer Hochelaga-Maisonneuve dans sa spécificité sociohistorique au sein de l'environnement urbain montréalais. Cette brève incursion dans l'histoire nous a permis, entre autres, de retracer les origines ouvrières du quartier, en plus de démasquer les différents visages de la pauvreté. Il s'agit essentiellement de donner au «territoire» Hochelaga-Maisonneuve une profondeur historique et un relief socioéconomique qui nous autorisent à le dégager du reste de la mosaïque urbaine et à l'envisager comme une variable indépendante.

---

[1] Pour éviter la confusion que suscitent des termes comme «modernité» et «postmodernité», souvent utilisés à tort et à travers, Marc Augé propose l'utilisation, qui nous paraît ici plus juste, de «surmodernité». La surmodernité se caractérise selon cet auteur par trois «figures de l'excès»: «la surabondance événementielle, la surabondance spatiale et l'individualisation des références». M. Augé, *Non-lieux. Introduction à une anthropologie de la surmodernité*, Paris, Le Seuil, La librairie du XXᵉ siècle, 1992, p. 55. Toute la démarche originale, pour ne pas dire inusitée, d'Augé, l'amène à conclure son essai en disant qu'il est possible, malgré l'apparente contradiction, de penser à une «ethnologie de la solitude». Dans la réédition de son livre *Le Pouvoir sur scènes* (Paris, Balland, 1992), Georges Balandier utilise également l'expression «surmodernité» comme qualificatif général pour caractériser nos sociétés (qu'il appelle incidemment «surmodernes»).

Hochelaga-Maisonneuve: histoire et territoire[2]

La petite histoire d'Hochelaga-Maisonneuve[3] débute vers le milieu du siècle dernier. À l'époque, Montréal est en majorité anglophone et avant tout un centre commercial étroitement lié à l'import-export. Une première concentration d'industries a d'abord surgi sur les berges du canal Lachine. Les campagnes sont alors surpeuplées (conséquence de ce qu'on a appelé la «revanche des berceaux») et plusieurs doivent quitter la terre familiale pour la ville ou sa banlieue; il s'ensuit un véritable exode rural (beaucoup se dirigent vers la Nouvelle-Angleterre). Ces nouveaux citadins vont alors constituer une main-d'œuvre bon marché pour les quartiers industriels de Sainte-Anne, à l'ouest, et de Sainte-Marie, à l'est. Rapidement, le «territoire de base» est occupé et on doit étendre l'espace urbain vers les terres avoisinantes. C'est dans ce contexte que naît le village d'Hochelaga. Plusieurs hommes d'affaires, prévoyant cette expansion, achètent des terres agricoles dans l'intention de les subdiviser en terrains publics. En attendant la vente de leurs terres en lots, les propriétaires les louent à des agriculteurs concessionnaires; si bien qu'au moment de sa fondation, Hochelaga compte près de la moitié de son territoire en culture maraîchère. Aujourd'hui encore, des rues comme Bourbonnière, Desjardins, Létourneux, Bennet, Morgan, Viau rappellent, par leur tracé, l'emplacement de ces grandes fermes, vestiges de l'époque seigneuriale, ainsi que le nom de leurs derniers grands propriétaires.

Lorsque vient le temps d'urbaniser et d'industrialiser la région à l'est de Sainte-Marie, propriétaires et promoteurs se regroupent pour fonder le village d'Hochelaga en se dotant, en 1870, d'une charte

---

[2] L'ensemble des références de cette partie historique est tiré de différents documents et brochures produits par L'Atelier d'histoire Hochelaga-Maisonneuve ainsi que du livre de Paul-André Linteau, *Maisonneuve ou comment des promoteurs fabriquent une ville*, Montréal, Boréal Express, 1981.

[3] Les anthropologues que nous sommes ne peuvent que sourire en entendant le toponyme Hochelaga-Maisonneuve. En fait, cela sonne comme une sorte de formule aporétique des vestiges de la colonisation française: Hochelaga était le nom de la bourgade iroquoise sise au flanc du mont Royal que découvrit Jacques Cartier en 1535, tandis que le nom de Maisonneuve, Sieur Paul de Chomedey de Maisonneuve, fondateur de Ville-Marie en 1642, rappelle celui du militaire dévot qui fut appelé à contrer et à anéantir les invasions de ces mêmes Iroquois, devenus alliés des «hérétiques» de New York et qui essayaient de reconquérir leurs terres.

pour administrer le développement du territoire. Celui-ci s'étend à l'époque de la rue Iberville à l'ouest (ancienne limite des fortifications) jusqu'à la rue Viau à l'est, et de la côte de la Visitation au nord (aujourd'hui la rue Rosemont) jusqu'au fleuve Saint-Laurent comme bordure au sud. Aucune industrie encore n'occupe ce territoire, et seuls les ateliers de réparation de la compagnie des «p'tits chars» réunissent un nombre important d'ouvriers. Les nouveaux dirigeants municipaux instituent donc une série de stratégies de promotion et d'attraits fiscaux invitant les investisseurs à s'installer dans Hochelaga. La filature de coton Hudon Co. (qui sera vendue plus tard à la Dominion Textile) est la première à profiter de ces avantages en s'établissant en 1874 rue Notre-Dame, au coin de Dézéry. Plusieurs industries lui emboîtent le pas, stimulées notamment par l'arrivée du chemin de fer. En dix ans, la population d'Hochelaga quadruple en passant de 1 011 habitants en 1871 à 4 111 en 1881. Aussi, pour s'assurer d'une disponibilité de main-d'œuvre, certains employeurs, comme la Hudon Co., ont construit des «résidences privées» qu'ils louent à leurs ouvriers. Des 46 maisons bâties par la Hudon en 1881, 22 se trouvent du côté ouest de la rue Saint-Germain, entre les rues Provost et Adam, et 24 du côté est, entre les rues Rouville et Adam.

Le 30 mars 1883, Hochelaga accède au statut de «ville» avec l'adoption d'une loi par l'Assemblée législative du Québec. La ville d'Hochelaga a toutefois une courte existence. Ne possédant pas les ressources suffisantes pour développer ses infrastructures, le conseil municipal est contraint, en décembre de la même année, de s'annexer à la ville de Montréal. Quelques jours plus tard, soit le 27 décembre 1883, un groupe de grands propriétaires de la partie est du territoire, qui ne compte à l'époque que 250 habitants, dépose l'acte de naissance juridique de la ville de Maisonneuve. Ces propriétaires voient peu d'avantages dans l'annexion car, même s'ils doivent en partager les coûts, les plans de développement des infrastructures prévus par Montréal ne concernent d'abord que la partie ouest d'Hochelaga. Pour résoudre le problème des services publics, les nouveaux dirigeants de Maisonneuve se tournent vers l'entreprise privée.

Un système d'exemption de taxes ou d'octrois d'argent aux

industries permet à la ville de connaître une croissance fulgurante et de devenir la «Pittsburgh du Canada». Cinq ans après sa fondation, la population de Maisonneuve totalise déjà 2 000 habitants, et en 1918 elle en compte 35 000. Les projets des promoteurs deviennent cependant de plus en plus ambitieux : on veut faire de la ville une sorte de «Westmount de l'Est». Plusieurs réalisations, dont l'Hôtel de Ville (l'actuelle bibliothèque municipale), le Marché public, le Bain et Gymnase (la rue Morgan), la maison Dufrenne (petite réplique du château de Versailles), l'aménagement du boulevard Pie IX avec ses maisons de pierre, etc. témoignent encore aujourd'hui de cette époque florissante. Croulant sous les dettes, la ville de Maisonneuve est annexée à Montréal le 9 février 1918.

L'actuel quartier Hochelaga-Maisonneuve occupe une superficie réduite par rapport au territoire d'origine. Il est ceinturé à l'est de la rue Moreau et à l'ouest de la rue Viau par les voies ferrées du CP et du CN, au nord-est par la rue Rachel et le terrain des anciennes usines Angus, au nord-ouest par la rue Sherbrooke et le Parc olympique, et au sud par le fleuve Saint-Laurent[4] (cf. cartes 1 et 2). Ces «frontières naturelles» contribuent à renforcer le sentiment d'identification au quartier. Cependant, pour notre enquête sur le terrain, nous avons considéré les anciennes limites des villes d'Hochelaga et de Maisonneuve comme les véritables «frontières symboliques» du territoire[5].

Hochelaga-Maisonneuve a été l'un des quartiers de Montréal les plus durement frappés par les différentes récessions des dernières décennies. Durant la crise des années 30, les taux de chômage, de mortalité infantile et de tuberculose y sont parmi les plus élevés au Canada. L'industrie de guerre va permettre une relance de l'économie, mais à partir des années 50 les fermetures d'usines se succèdent. Dé

---

[4] Précisons également que le territoire est traversé d'est en ouest, presque en son centre, par une autre voie ferrée du CP. Cette démarcation est significative car presque tout notre «terrain» de recherche a eu lieu au sud de celle-ci.

[5] Cette extension nous est apparue nécessaire surtout pour la zone est d'Hochelaga, car il nous a semblé déceler une contiguïté, dans la mobilité et les dynamiques, avec le secteur entourant les rues Frontenac et Ontario. On verra plus loin que cette logique de circulation de la population correspond au phénomène d'attraction vers le «centre-ville» qu'activent les grands axes de la consommation («ostentatoire»).

leur côté, les familles s'agrandissent toujours et la population atteint sa plus forte concentration en 1961 avec 82 470 habitants. Une véritable crise du logement sévit alors, entraînant un dépeuplement progressif du quartier. L'expropriation, au début des années 70, de plus de 1 200 logements dans les environs de la rue Notre-Dame, pour la construction d'une autoroute qui ne sera jamais réalisée, contribue à cet exode. De 1976 à 1981, la population décline de 62 666 à 53 593 habitants. Elle n'est plus, aujourd'hui, que de 44 962 habitants.

Malgré des apparences trompeuses, la pauvreté s'accentue dans le quartier durant les années 80. La construction du Parc olympique, le prolongement du métro, la transformation de logements en «condos» et le développement du Nouveau-Rosemont ont amené dans le quartier une couche de résidents un peu plus à l'aise, tout en provoquant aussi une éclosion des coûts du logement. La situation de l'emploi se détériore avec d'autres fermetures, qui viennent grossir le nombre de chômeurs et d'assistés sociaux (certains évaluent actuellement à 60 % le nombre de sans-emploi parmi les jeunes du quartier). Pour contrer l'institution de la pauvreté, des ressources d'aide communautaire s'organisent, dont le «chic» *Resto-Pop* et le *Café Osanam*. Signe de désolation, on peut constater en marchant dans les rues, surtout dans le secteur sud d'Hochelaga, qu'un nombre impressionnant d'appartements (environ un sur quatre) sont inhabités ou à louer. Cette disponibilité constante de logements joue, comme on le verra, un rôle important dans le lucratif commerce des «piqueries» (*shooting gallery*).

Un article paru dans *La Presse* du 20 février 1993, sous la plume d'Yvon Laberge, intitulé «La planche de salut d'Hochelaga-Maisonneuve: son réseau communautaire», trace un bilan alarmant de la situation qui prévaut dans le quartier. Nous nous permettons ici d'en citer de longs extraits:

> *Hochelaga-Maisonneuve, c'est le quartier montréalais de tous les records: chômage, assistance sociale, décrochage scolaire, familles monoparentales. Le seul record qui fait la fierté du quartier, c'est celui du plus grand nombre d'organismes communautaires par habitants!*
> *[...] Le taux de chômage atteint les 20 p. cent. Chez les 15-24 ans,*

on estime généralement qu'il frise les 30 p. cent. Côté assistance sociale, c'est 25 p. cent des 47 642 résidents du quartier qui en dépendent! En fait, il y a aujourd'hui dans Hochelaga-Maisonneuve des enfants qui n'ont jamais vu leur père quitter la maison une boîte à lunch à la main. Et les pères de ses enfants n'avaient jamais vu leur père le faire... [...] Dans Hochelaga-Maisonneuve, dieu sait si le stock de logements aurait besoin d'être amélioré puisque 55 p. cent des immeubles résidentiels ont été construits avant 1946! Les plus mal en point sont situés dans le sud-ouest du quartier, dans le quadrilatère formé des rues de Rouen, Bourbonnière, Notre-Dame et Moreau. Le sud-ouest, c'est le maillon faible d'Hochelaga-Maisonneuve et un milieu défavorisé depuis presque toujours, admet-on. La détérioration des logements est essentiellement due au fait que les propriétaires n'habitent que rarement Hochelaga-Maisonneuve, qui compte 87 p. cent de locataires. Bon nombre des propriétaires — on les surnomme volontiers les requins — sont peu intéressés dans la rénovation. [...] Les loyers sont chers dans Hochelaga-Maisonneuve. Parfois trop même; c'est pour ça que les locataires ont, comme on dit, la bougeotte. [...] C'est aussi dans le sud-ouest d'Hochelaga-Maisonneuve qu'est concentré le plus grand nombre de maisons barricadées du quartier. Barricadées parce que non conformes au Code municipal du logement ou barricadées parce que condamnées pour cause de piqueries et autres occupations illicites. C'est là aussi que la prostitution a installé ses pénates amenant dealers et drogues dans son sillage. Une prostitution juvénile qui s'exerce au vu et au su de tous: rues Sainte-Catherine et Dézéry, dans le parc du même nom (où les enfants trouvent des seringues usagées et des condoms), derrière un buisson pour une «p'tite vite», dans la ruelle, sous un escalier ou jusque dans la piquerie voisine...

Les tableaux de 1 à 4 (*cf.* infra) présentent une synthèse générale de la situation démographique, familiale, socioéconomique du logement et linguistique dans le quartier — situation qui, depuis 1991, n'a cessé de se détériorer.

Carte 1 — Le quartier Hochelaga-Maisonneuve

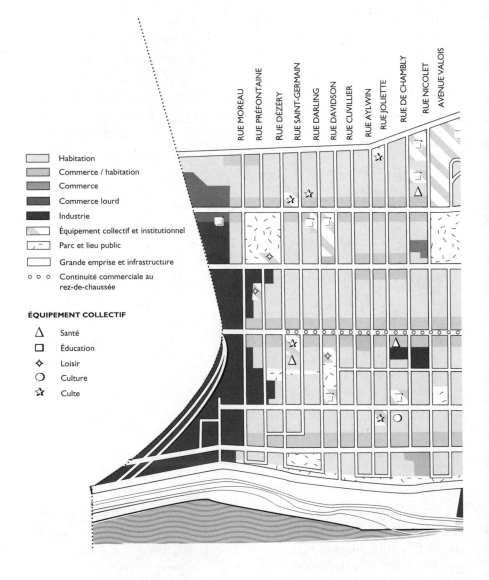

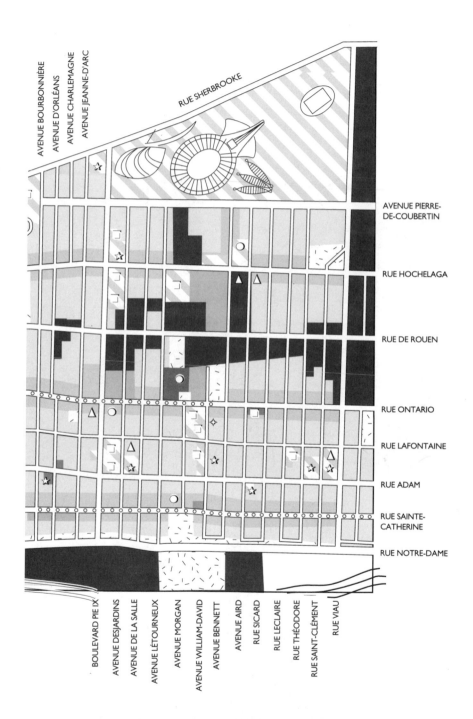

Carte 2 — Ville de Montréal, arrondissements municipaux

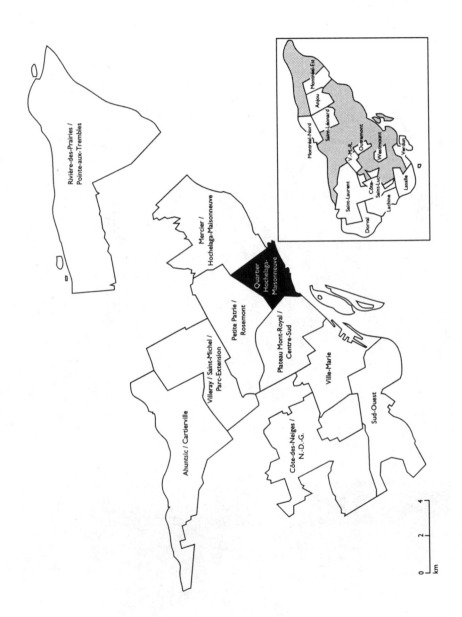

Tableau 1 — Données démographiques du quartier Hochelaga-Maisonneuve

	Hochelaga	Maisonneuve
Superficie (km²)	2,39	3,26
Densité (habitants/km²)	1 326,5	547
Population		
Population: variation 1986-1991 (%)	-6,1	-4,2
Groupes d'âges 0-19 ans: variation 1986-1991 (%)	-9,85	-9,6
Indice de concentration	1,02	1,25
Groupes d'âges 20-64 ans: variation 1986-1991 (%)	0,8	-0,7
Indice de concentration	1	0,99
Groupes d'âges 65 ans et plus: variation 1986-1991 (%)	-76,05	-73,3
Indice de concentration	0,93	1,02
Ratio de dépendance groupes d'âges 0-19 ans et 65 ans et plus	2,6	2,63
Ensemble de familles		
Total: variation 1986-1991 (%)	-9,75	-8,2
2 et 3 personnes: % par rapport au total	81,05	80,45
Indice de concentration	1,07	1,06
4 personnes ou plus: % par rapport au total	18,8	1,06
Indice de concentration	0,79	19,32
Familles époux/épouse		
Total: variation 1986-1991 (%)	-11,65	-8,1
% par rapport au total des familles	75,1	71,85
Indice de concentration	0,87	0,9
Avec enfants: % des familles époux/épouse	47,58	47,05
Indice de concentration	0,94	0,93
1 et 2 enfants : % des familles avec enfants	87,39	86,06
Indice de concentration	1,05	1,03
3 enfants ou plus: % des familles avec enfants	13,37	12,89
Indice de concentration	0,81	0,78
Familles monoparentales		
Total: variation 1986-1991 (%)	-6,45	-9,8
% par rapport au total des familles	30,89	28,27
Indice de concentration	1,51	1,38
3 enfants ou plus: % des familles mono.	9,2	9,58
Parent masculin: % de familles mono.	13,82	14,17
Enfants à la maison		
Total: variation 1986-1991 (%)	-14,65	-17,1
Moins de 18 ans: % par rapport au total	70,63	71,57
Indice de concentration	1,05	1,06
18 ans et plus: % par rapport au total	29,77	27,95
Indice de concentration	0,92	0,86

Tableau 2 — Structures des familles du quartier Hochelaga-Maisonneuve

Ensemble des familles	Hochelaga	Maisonneuve
Total	6 540	4 245
2 personnes	3 650	2 380
3 personnes	1 600	1 035
4 personnes	870	615
5 personnes et plus	320	205
Familles époux/épouse		
Total	4 490	3 050
Sans enfant	2 400	1 625
Total, avec enfant	2 150	1 435
1 enfant	1 095	725
2 enfants	750	510
3 enfants ou plus	275	185
Familles monoparentales		
Total	1 955	1 200
Parent masculin	270	170
1 enfant	190	110
2 enfants	65	45
3 enfants ou plus	20	10
Parent féminin	1 680	1 015
1 enfant	1 070	635
2 enfants	450	275
3 enfants ou plus	160	105
Enfants à la maison		
Total	6 340	4 150
Moins de 6 ans	1 740	1 135
6 à 14 ans	2 015	1 400
15 à 17 ans	620	435
18 à 24 ans	1 025	625
25 ans et plus	865	535
Nombre moyen d'enfants par famille	0,99	1

Tableau 3 — Logements et ménages

Logements privés occupés	Hochelaga	Maisonneuve
Total	13 045	8 635
Possédés	1 630	1 160
Loués	11 440	7 195
Maisons individuelles non attenantes	70	140
Maisons jumelées	75	20
Maisons en rangée	500	120
Appartements, duplex non attenants	135	105
Immeubles d'appartements de 5 étages ou plus	300	270
Immeubles d'appartements de moins de 5 étages	11 885	7 725
Autres maisons individuelles attenantes	100	15

Ménages privés	Hochelaga	Maisonneuve
Total	13 060	8 635
1 personne	5 405	3 475
2 personnes	4 195	2 680
3 personnes	1 945	1 195
4 et 5 personnes	1 365	920
6 personnes et plus	150	110
Ménages privés non familiaux	6 665	4 165
1 famille de recensement	6 340	4 170
2 familles de recensement et plus	50	35
Nombre total de personnes dans les ménages privés	36 405	17 005
Nombre moyen de personnes par ménage privé	2,05	2,03

Tableau 4 — Langues maternelles

	Hochelaga	Maisonneuve
Réponses uniques	26 515	17 285
Française	24 240	15 625
Anglaise	705	795
Total, langues maternelles non officielles	1 560	875
Italienne	100	75
Grecque	75	25
Espagnole	375	200
Portugaise	45	60
Chinoise	160	125
Arabe	140	75
Vietnamienne	195	50
Autres langues maternelles	455	275
Réponses multiples	700	470

Il serait long et fastidieux de commenter ces tableaux dont les chiffres parlent d'eux-mêmes. Néanmoins, nous tenons à attirer l'attention des lecteurs sur certaines données qui sont pour le moins surprenantes. Nous avons déjà signalé la diminution constante de la population depuis au moins deux décennies, diminution qui touche surtout les personnes âgées (plus de soixante-cinq ans) et les moins de dix-neuf ans qui ont quitté en très grand nombre le quartier. De plus, 80 % de la population est formée de ménages comptant deux ou trois personnes, ce qui indique un taux de fécondité extrêmement bas (il n'y a presque pas de jeunes enfants) et un pourcentage de familles monoparentales (près de 30 %) très élevé. Sur le plan du logement, on peut noter que la très forte majorité des gens sont locataires et qu'ils vivent dans des appartements d'immeubles ayant moins de cinq étages, les maisons individuelles n'existant pratiquement pas (soixante-dix) à Hochelaga, par exemple. Enfin, signalons à titre de rappel que nous sommes dans un quartier à extrême concentration francophone.

Territoire et trafic de stupéfiants

Toute notre recherche a gravité autour du problème de la drogue. Il s'agissait d'un point de référence constant autant dans la collecte de données sur le terrain que dans la constitution d'un modèle général d'analyse. Le sida s'intégrait à cette orbite de recherche, tel un satellite qui se révèle parfois sous une face réelle et/ou fantasmatique. Quant au complexe drogue, sexe et sida, nous l'avons abordé comme une sorte de trilogie moderne de la marginalité sociale, dont le pivot central d'articulation (et d'expression) demeure néanmoins la drogue.

Dans cette perspective de recherche, tout le rapport au territoire doit être pensé dans ses dynamiques avec la consommation et la vente de stupéfiants; plus précisément, en premier lieu, selon les règles des milieux criminels qui se disputent chaque portion de territoire pour le contrôle de ce lucratif marché. Cette violence inhérente au monde de la drogue infiltre également plusieurs autres sphères d'activités. L'emprise de ces réseaux (criminels) se resserre autour de ces deux pôles extrêmes que sont les individus et le territoire : ainsi, à différents échelons, établir un contact avec un milieu clandestin de la drogue signifie, même si on peut ne pas en être conscient (?), que l'on accepte de jouer le jeu de la violence qui est délimité par l'espace de la transaction (ou des activités).

Pour comprendre la situation du trafic de stupéfiants qui prévaut dans Hochelaga-Maisonneuve, il faut considérer le contexte de la grande région montréalaise et, à la limite, l'ensemble du marché nord-américain. Car les modèles de consommation de psychotropes correspondent dans le temps et l'espace à de véritables modes qui s'expriment par une (sous-) culture et des valeurs spécifiques[6].

Ce qui se passe dans Hochelaga-Maisonneuve est donc susceptible de se retrouver dans des endroits où les conditions culturelles et socio-économiques sont semblables. En fait, seules les têtes dirigeantes qui ont la mainmise sur le territoire peuvent changer. Alors que les usagers peuvent «allégrement» se promener d'un territoire à l'autre, les trafiquants sont confinés à des aires d'activités, où, souvent, l'on n'hésite pas à liquider les intrus gênants.

Manifestation locale d'un phénomène global

Le paysage nord-américain de la drogue se transforme radicalement au début des années 80 avec l'introduction de la cocaïne sur le marché de la rue. Récemment, par exemple, une seule saisie de cocaïne au Québec (Casey) a atteint un record de plus de 4 tonnes; tandis que, durant l'année 1971-1972, la récolte totale de la GRC se chiffrait à 2,65 livres pour le Canada entier. On estimait à l'époque à environ 140 livres par an la consommation canadienne de cocaïne[7]. L'usage de cette drogue était alors réservé à un groupe restreint d'initiés. Associée à des images de production (intellectuelle, professionnelle, artistique, etc.), la cocaïne va se révéler être la drogue «in» des années 80, marquées, entre autres, par l'idéologie individualiste et le culte de la performance[8]. La création d'une demande pour la précieuse poudre

---

[6] Les références bibliographiques sur les rapports entre drogue et culture sont nombreuses. Ceux et celles qui s'intéressent particulièrement à cette problématique peuvent consulter la revue *Psychotropes* qui y consacre plusieurs numéros ou articles (par exemple le n° 3 de l'année 1991 [V. 6], sous-titré «Psychotropes, culture et sociétés: intégration sociale ou désintégration»).

[7] Voir *Rapport final de la Commission d'enquête sur l'usage des drogues à des fins non médicales* (Rapport Le Dain), Ottawa, 1973, p. 614.

[8] Voir Louis Dumont, *Essais sur l'individualisme. Une perspective anthropologique sur l'idéologie moderne*, Paris, Le Seuil, 1983; et Alain Ehrenberg, *Le Culte de la performance*, Paris, Calmann-Lévy, 1991.

blanche a permis la constitution de puissants «cartels» dans les pays sud-américains producteurs, qui sont alors passés d'une production «artisanale» à une transformation «industrielle» (dont témoignent avec éloquence les récentes saisies). Cette production massive ainsi que l'effet de la concurrence entre fournisseurs ont entraîné au milieu des années 80 une baisse dramatique des prix de revente[9], laquelle s'est également reflétée dans l'augmentation du degré de pureté de la drogue sur le marché de la rue[10].

Le milieu des années 80 coïncide également avec la percée du *crack* dans les grandes métropoles américaines (New York, Washington, Detroit...). Cette «nouvelle» drogue (produite à une échelle commerciale) dérivée de la cocaïne se situe dans la lignée des drogues de rue sud-américaines comme le *bazooka* et le *base (pasta)* que l'on fume et dont la nocivité et la dépendance sont plus immédiates[11]. Vendu en petite quantité à un prix qui défie alors toute concurrence, le *crack* atteint une clientèle plus démunie et de plus en plus jeune, qui ne pouvait auparavant se payer de la *coke*. Les effets rapides et courts de la drogue entraînent un phénomène de va-et-vient constant chez les «accros». C'est dans ce contexte, pour satisfaire à la demande,

---

[9] Par exemple, 1 once de cocaïne de première qualité qui se négociait aux environs de 2 400 $ à Montréal en 1985 (à la fin des années 70, c'était plus de 3 000 $), se vendait à moins de 1 200 $ en 1988.

[10] On verra plus loin que le marché de la rue a connu dans les dernières années un «gel de prix», chaque augmentation réelle du fournisseur étant compensée par une plus grande altération du produit par le revendeur.

[11] Ce n'est pas tant la nouveauté du *crack* que sa disponibilité sur le marché de la rue qui devait faire des ravages, surtout dans les grandes métropoles américaines. La fabrication du *free-base* était à l'époque relativement connue et répandue mais n'était pas donnée à tous, étant complexe et nécessitant de l'éther. La fabrication du *crack* est quant à elle assez simple et ne requiert que du bicarbonate de soude. Les premières formes de *crack* commercial semblent cependant avoir été extraites à partir de résidus de production de cocaïne (ce qui augmentait sa toxicité). Ce sont ces mêmes résidus qui sont vendus en Amérique du Sud sous le nom de *bazooka* et de *base* ou *pasta* (le premier étant moins raffiné et donc plus nocif que les deux autres, qui correspondent à la dernière étape de la fabrication de la cocaïne, avant que celle-ci ne soit «lavée»). Le *crack* est fabriqué aujourd'hui essentiellement à partir de cocaïne, préalablement adultérée avec des produits qui en augmentent le poids et le volume. Pour avoir un aperçu du monde des revendeurs de *crack* à New York, on peut consulter le livre de Terry Williams, *Cocaïne kids. Un ethnologue chez des dealers adolescents*, Paris, Gallimard (éd. ang.: 1989), 1990.

qu'est apparu le *crack-house*: la plupart du temps un *squat* où logent en permanence un ou plusieurs revendeurs. En consommant la drogue sur place, le client évite, lorsqu'il en a les moyens, d'avoir à revenir pour s'en procurer. Certains usagers s'y installent en permanence, des prostituées échangeant leurs services pour quelques consommations; le *crack-house* devient le lieu de plusieurs scénarios de criminalité[12].

Le phénomène du *crack* et des *crack-houses* n'a pas connu au Québec le même essor qu'aux États-Unis. Plusieurs raisons peuvent expliquer cela: grand battage publicitaire sur la nocivité de la drogue, peines de prison plus sévères pour les revendeurs; mais il semble que l'absence de véritables ghettos de la pauvreté, propices à son éclosion, en soit la principale cause. À Montréal, seuls les milieux noirs anglophones (quartiers Côte-des-Neiges, Saint-Laurent et Petite Bourgogne) vont véritablement être touchés par la production (à petite échelle) et le commerce du *crack*; cependant, on n'y voit pas ou peu de *crack-houses* proprement dits. Les *crack-houses* émergent dans différents secteurs de la ville, généralement des appartements défraîchis ou loués à la semaine ou au mois, et où se concentre une population jeune et défavorisée. Le *crack-house* montréalais a ceci de particulier que l'on y vend rarement la drogue prête à être fumée. Les clients achètent la cocaïne en sachet qu'ils doivent eux-mêmes «cuire[13]» mélangée à du bicarbonate de soude («petite vache»), avant de la consommer sur place. La plupart du temps, le «tenancier» (le *pusher*), lui-même un gros consommateur, aura en sa possession pour son usage personnel une «roche» de *crack* de quelques grammes dont il pourra vendre quelques pépites pour «dépanner les amis».

Mais, comme nous l'avons déjà souligné, le phénomène exclusivement *crack-house* reste isolé sur le marché montréalais de la drogue. En effet, nous assistons plutôt à sa transformation graduelle en *shooting gallery* (piquerie), qui connaît une expansion beaucoup

---

[12] Voir T. Williams, *op. cit.*

[13] On utilise l'expression «cuire la *coke*» pour désigner l'étape de la fabrication du *crack,* qui est habituellement appelé, à tort, *free base*. Il s'agit plus précisément du moment où l'on chauffe le mélange de cocaïne et de bicarbonate, généralement dans une cuiller mais parfois dans une éprouvette, avec un briquet ou une autre source de chaleur (rond de cuisinière, chandelle, petit

plus fructueuse. Le *shooting* existait avant le *crack-house*. À Montréal, c'est surtout dans les environs du quartier Parc Extension et de l'avenue du Parc que l'on trouvait, à la fin des années 70, la première concentration de piqueries où se rendaient les usagers d'héroïne. Dans ces appartements, on vendait la drogue en fraction de «point» et on y offrait même, parfois, le «service complet» d'injection. On ne restait habituellement sur les lieux que le temps de «cuver son *flash*». Au milieu des années 80, le *crack-house* contribua à l'éclosion de *shooting galleries* sur toute l'étendue du territoire montréalais. Les quelques fervents défenseurs de «l'aiguille» fréquentant les milieux de *crack* ont su transmettre leur passion aux fumeurs de *crack*, leur montrant que l'injection présentait plus d'avantages que la *poffe*[14]. D'après les gens que nous avons rencontrés, trois raisons principales expliquent cette préférence pour l'injection: tout d'abord la durée de l'effet, ensuite la teneur du *flash* (trop faible, trop court pour le *crack*), puis le *down* terrible et angoissant (les pensées suicidaires sont courantes) que provoque le «manque» de *crack* à la fin de la consommation. On n'abandonne toutefois pas complètement l'usage du *crack* pour «l'aiguille»: certains passent de l'un à l'autre, d'autres même combinent les deux pour augmenter le *buzz*; dans le *shooting*, il est donc courant de voir des individus «cuire» le *crack*; quelques-uns aussi ne consomment que cette drogue.

Les *shooting galleries* vont s'implanter plus facilement à Montréal là où dans les métropoles américaines on retrouvait les *crack-houses*, c'est-à-dire les milieux plus défavorisés où se concentrent des «poches» endémiques de pauvreté. Le quartier Hochelaga-Maisonneuve constitue un lieu de prédilection pour le développement de cette économie clandestine. Pour les fournisseurs, mais aussi pour les «accros», le commerce du *shooting* va créer l'illusion d'un véritable Eldorado (les premiers s'en tirant beaucoup mieux que les seconds, comme on peut s'en douter).

Le trafic dans Hochelaga-Maisonneuve : état de la situation

Notre présentation ne se limite dans cette section qu'aux seuls

---

[14] «Prendre une *poffe*», «être sa *poffe*»: expressions communément employées pour dire fumer du *crack*.

aspects externes de l'organisation des réseaux qui contrôlent le marché de la drogue dans Hochelaga-Maisonneuve. En fait, il nous importe peu de savoir qui contrôle quoi, comment et depuis quand. Il est seulement intéressant de rappeler que le trafic de stupéfiants, comme toute autre forme de criminalité organisée, suppose, à l'intérieur d'un territoire donné ou d'un champ d'activité précis, une éthique de violence — *la loi du milieu* — qui transcende, de haut en bas de la pyramide, l'ensemble des interactions individuelles et de groupes. De véritables guerres entre bandes rivales peuvent parfois s'engager pour le contrôle d'un territoire et des activités criminelles. Les informations que nous rapportons ici sont un véritable secret de Polichinelle. Nous n'examinerons que très superficiellement les circonstances dans lesquelles l'actuel réseau (de fournisseurs) qui a la mainmise sur le trafic de stupéfiants dans Hochelaga-Maisonneuve a pu s'implanter et se développer. Aussi, nous reparlerons plus en détail ailleurs (*cf.* chapitre 3) de l'organisation socioéconomique, et même «culturelle», spécifique à la piquerie.

Il nous faut d'abord revenir au début des années 70. Avant cette époque, le trafic de stupéfiants était une activité très marginale, en matière de bénéfices, au sein des milieux criminels. Les deux principales sources de revenus de cette économie clandestine étaient alors le jeu (le *gambling*) et le prêt sur gage (le *shylock*). Gerry[15] nous rappelle ce «bon vieux temps»:

> *Très jeune, je brassais les dés dans des barbotes... ce qui marchait dans ce temps-là c'était le gambling sur les courses et au snooker... Il y avait une table de pool* [dans l'ouest d'Hochelaga près de Sainte-Catherine] *avec des estrades : y fallait pas dire un bruit sinon... on sortait à la pointe du revolver... Pour une seule partie, on pouvait gager jusqu'à 60 000 $* [...] *Le shylock pouvait prêter jusqu'à 100 000 $, ce qui rapportait à peu près 175 000 $...*

Soulignons que, tout récemment encore, une maison de jeu dans

---

[15] Gerry, trente-sept ans, a été un informateur clé pour nous au début de notre recherche sur le terrain. Nous nous sommes rencontrés à plusieurs reprises de façon formelle et informelle. Aucune de ces «entrevues» n'a été enregistrée : ce sont donc des extraits de notes manuscrites que nous reproduisons ici.

ce même secteur fermait après une descente de police. Si le jeu et le prêt sur gage continuent toujours de nos jours, c'est vers 1974 que la drogue est devenue une autre source non négligeable de profits : c'est du moins ce que prétend Gerry qui se targue d'avoir popularisé la drogue dans le quartier en y faisant entrer le «cristal». Après un séjour dans le Plateau Mont-Royal avec son père et après avoir établi des contacts avec une bande de motards célèbre à l'époque (aujourd'hui disparue et «annexée» à une autre bande non moins célèbre — nous y reviendrons), il retourne «dans l'est» avec du *speed* (PCP) à injecter, dit «cristal».

> *Mon frigidaire était plein... Je fournissais tout le quartier : plusieurs vendeurs travaillaient pour moi... Moi je ne faisais que collecter, je pouvais me faire jusqu'à 1 500 $ par jour... Les* [nom d'une autre bande de motards dont on retrouve aujourd'hui un «chapitre» dans l'ouest de Montréal] *ont essayé de s'installer dans place... de prendre le contrôle... deux jours plus tard, deux gars sautaient dans une Trans-Am...*

Tout en nous donnant sa version de l'histoire de la criminalité locale, Gerry nous parlait de cette période fructueuse pour lui en tant que *pusher* et *junky*. Nous rapportons ici quelques bribes de cette conversation, car elles nous éclairent sur le contexte plus particulier de l'époque.

> *J'ai fait mon premier fix à treize ans... à quatorze ans je me shootais du LSD* [il en vendait] : *je suis resté une fois assis soixante-douze heures dans un parc sans bouger... À dix-huit ans j'avais une Camaro flambant neuve, des bagues en or à chaque doigt, des colliers... Le trip du paraître était très important pour moi dans le temps... Je travaillais au chantier du stade olympique, mais c'était juste un frame-up : je payais un gars pour qu'y punche ma carte le matin...*

Sans prendre au pied de la lettre l'importance du rôle de Gerry dans l'introduction de la drogue dans le quartier, on peut toutefois retenir comme significatifs les liens créés avec la bande de motards[16].

---

[16] Au début des années 70, plusieurs de ces bandes hantaient, par le vrombissement de leurs moteurs et leur rivalité meurtrière, les rues et les parcs de Montréal. Aujourd'hui, la plupart

Souvent les contacts s'établissaient avec ces bandes par le biais d'un membre de la famille: un frère ou un cousin, ce qui était le cas de Gerry mais également d'autres personnes que nous avons rencontrées, la «famille» demeurant l'un des gages les plus sûrs de la confiance réciproque. On peut supposer que les relations tissées entre les «clans familiaux» et le «territoire» ont joué un rôle stratégique dans l'implantation de l'actuel réseau de fournisseurs. Tous les informateurs et les personnes concernées que nous avons rencontrés étaient unanimes pour faire remonter la filière de ce réseau en son sommet jusqu'aux Hell's Angels. Précisons que ce groupe de motards n'a aucun pied à terre connu dans le quartier, quoique qu'il possède un local près du pont Jacques-Cartier. Une informatrice nous disait: «Des fois, on en voit un ou deux descendre en limo blanche [chez un fournisseur ou dans une piquerie], y restent un petit moment [quelques heures], pis y repartent...»

Mais comme nous le disions précédemment, notre objectif n'est pas de savoir qui sont les principaux fournisseurs dans Hochelaga-Maisonneuve, ni quelle famille en détient le monopole. Car, et plusieurs nous l'ont confirmé, il semble que deux «frères» avec d'autres membres de la «famille» ont le contrôle du trafic dans tout le quartier. En fait, il s'agit simplement de souligner qu'Hochelaga-Maisonneuve représente une portion d'un marché lucratif que se partagent un petit nombre de groupes, de bandes ou de clans[17].

---

de ces groupes ont disparu et un bon nombre de leurs membres ont été récupérés, entre autres, par une bande principale qui détient une part importante du marché québécois de la drogue, dont celui d'Hochelaga-Maisonneuve.

[17] La distribution géographique du marché montréalais de la drogue est assez connue. Si l'est de l'île semble être sous le contrôle des motards, l'ouest anglophone demeure sous la tutelle d'un groupe baptisé incidemment le «Gang de l'ouest» (le démantèlement des ramifications américaines de ce réseau leur a cependant porté un sévère coup récemment). Les Italiens (surtout le clan sicilien) font main basse sur le centre-nord de la ville. Les Jamaïcains font la pluie et le beau temps dans les secteurs de Côte-des-Neiges et de la Petite Bourgogne. Les Iraniens (pour l'héroïne) ont un pied à terre bien ancré aux abords de l'avenue du Parc jusqu'aux limites du Parc Extension. Mais si on remonte toujours les réseaux de fournisseurs, on constate l'importance que prend la filière colombienne. Celle-ci tient le haut du pavé des importations de cocaïne à Montréal, ainsi que dans toute l'Amérique du Nord, et assure de plus en plus sa propre distribution. La présence croissante des Colombiens dans les réseaux de distribution de drogue expliquerait, du moins en partie, la recrudescence de l'héroïne sur le marché de la rue

Comme nous l'avons mentionné plus haut, il nous importe peu ici de faire l'organigramme des réseaux de fournisseurs et de distributeurs. Ainsi, même si le marché de la drogue dans Hochelaga-Maisonneuve semble être sous le contrôle d'une poignée de personnes unies par des liens familiaux ou des complicités, la partie qui nous intéresse, celle de la base, met en jeu un tout autre registre de relations : les règles de la concurrence y sont poussées aux extrêmes de l'individualisme. Sur le terrain, la dispute de la clientèle est animée par des affinités et des rivalités qui dépendent de la fragile relation existant entre usagers et revendeurs. L'identification du consommateur à la qualité du «service» (et des relations) de son *pusher* est la clé du succès de cette économie souterraine (qui, dans ce sens, ne se distingue aucunement de toute autre forme de commerce). Ce qui explique bien souvent que, lorsque son *pusher* doit déménager ses pénates à cause d'une arrestation policière, par exemple, on préfère «suivre» celui-ci au lieu de se rendre chez le revendeur voisin (bien que cette dernière possibilité ne soit pas exclue). Autour du *pusher*, dans les lieux communs de consommation, se tissent donc généralement des liens d'identité que l'on peut traduire faiblement comme un sentiment d'appartenance à un «groupe».

Dans Hochelaga-Maisonneuve, il semble exister une division par groupe d'âges qui se dévoile dans l'occupation même du territoire. Du moins, c'est ce que révèlent implicitement nos différentes entrevues avec des usagers sur le terrain et, surtout, ce qu'expriment clairement les témoignages des deux travailleurs de rue qui fréquentent assidûment ces milieux. Ainsi, selon ces deux «intervenants» qui se divisent approximativement le terrain en deux, on rencontre surtout dans le secteur sud du quartier (aux limites de la rue Adam et près de la rue Sainte-Catherine) les «vieux de la veille», alors que le secteur

---

à Montréal : ceux-ci auraient choisi de se recycler dans cette «branche» (plus payante étant donné la saturation de la demande de la cocaïne) en devenant eux-mêmes producteurs. Évidemment, cette répartition du territoire et des activités entre les principaux groupes n'est pas aussi tranchée et elle est complexifiée par un système de relations (échange, alliance, rivalité, guerre, etc.) qui mine de l'intérieur la stabilité des réseaux. Est-il également nécessaire de préciser que le «découpage ethnique» des activités et du territoire correspond à une représentation stéréotypée qui n'implique en aucun point l'ensemble des membres de ces communautés ethnoculturelles.

adjacent à la rue Ontario (au nord de la rue Adam) attire une clientèle plus jeune («plus *prime* et plus nerveuse»)[18]. À l'époque de notre enquête sur le terrain, cette division territoriale entre groupes de jeunes et groupes de vieux (on appelle «jeunes» ici les individus au début de la vingtaine ou moins et «vieux» ceux qui sont dans la trentaine et plus!) était marquée par une tension qui engendrait une montée de la violence (armements lourds et massifs, meurtres...). Nous étions alors dans une période de «pénurie» de cocaïne, qui s'était reflétée dans l'augmentation des prix pour les distributeurs et les revendeurs. Comme la filière qui conduit au «sommet» des réseaux est plus proche (en âge et en affinité) des «vieux du sud», les «jeunes du nord» (on parle ici d'une distance de 1 à 2 kilomètres!) n'appréciaient guère de devoir payer la drogue plus cher que leurs rivaux et souhaitaient alors éliminer quelques intermédiaires gênants. Nous n'entrerons pas ici dans le détail de ces luttes pour le contrôle des marchés à la base (luttes inhérentes en fait à ces milieux criminels). Nous aurons toutefois l'occasion de reparler abondamment des différents comportements et attitudes des toxicomanes, «jeunes» ou «vieux».

Pour l'instant, poursuivons quelque peu notre approche «ethno-graphique» du quartier — le territoire — Hochelaga-Maisonneuve.

Approche ethnographique et morphologie du quartier

Nous avons vu, dans un premier temps, qu'il est important de considérer le quartier Hochelaga-Maisonneuve selon les caractéristiques sociohistoriques (notamment ses racines ouvrières et le sous-emploi endémique y sévissant depuis près de quarante ans) qui permettent à la fois de le dégager de l'ensemble de la région montréalaise et de l'y articuler. Dans un deuxième temps, nous avons rappelé la nécessité de comprendre la problématique de consommation de stupéfiants dans le quartier comme une particularité locale d'un

---

[18] Cette division territoriale entre jeunes au «nord» et vieux au «sud» doit être considérée avec réserve. Bien qu'elle puisse correspondre à une certaine réalité, qui a une incidence sur la constitution des groupes et sur les comportements, il ne s'agit pas toutefois d'une division étanche. Aussi, on peut se demander dans quelle mesure cette division n'est pas uniquement le reflet du type de relations que chacun de ces travailleurs de rue a établi avec sa «clientèle» respective. Car le phénomène de la circulation des usagers sur le territoire mêle constamment les cartes.

phénomène complexe propre à une certaine culture urbaine nord-américaine et à certains milieux (surtout défavorisés). Or, au cours de notre enquête ethnographique, nous nous sommes affairés surtout à repérer dans Hochelaga-Maisonneuve les principaux points d'articulation de la dynamique (synchronique) de la consommation de psychotropes. Pour ce faire, nous avons procédé un peu à la manière d'un géographe établissant la carte d'un territoire; ce sont moins cependant les dimensions strictement physiques de cette cartographie qui nous ont intéressées que les rapports à l'espace considéré ici comme un «lieu pratiqué[19]». En fait, l'un ne va pas sans l'autre: «Les conduites expliquent la composition territoriale plus que la composition territoriale ne les fonde: mais au total les deux effets s'additionnent[20].»

L'une de nos tâches sur le terrain a donc consisté en quelque sorte à reconstituer le paysage urbain d'Hochelaga-Maisonneuve selon les principaux axes (de circulation) de la consommation de psychotropes. Par ailleurs, selon Marcel Roncayolo, il serait plus adéquat de remplacer ici la notion de «paysage urbain» par celle de «morphologie»:

> La notion de morphologie *conviendrait mieux, si l'on posait qu'elle ne se réduit pas à la description raisonnée des objets urbains et de leur arrangement (à tous les niveaux, agglomérations, quartier, rue, îlot, maison) mais s'étend aussi à la répartition dans la ville des groupes sociaux et des fonctions*[21].

Pour prendre sens, la morphologie d'Hochelaga-Maisonneuve doit se greffer à celle de la ville (Montréal) qui l'enserre. Ainsi, pour

---

[19] Nous reprenons cette interprétation de Michel de Certeau: «Est un *lieu* l'ordre (quel qu'il soit) selon lequel des éléments sont distribués dans des rapports de coexistence. [...] Un lieu est donc une configuration instantanée de positions. Il implique une indication de stabilité. Il y a espace dès qu'on prend en considération des vecteurs de direction, des quantités de vitesse et la variable de temps. L'espace est un croisement de mobiles. [...] En somme, *l'espace est un lieu pratiqué*. Ainsi la rue géométriquement définie par un urbanisme est transformée en espace par des marcheurs. De même, la lecture est l'espace produit par la pratique du lieu que constitue un systèmes de signe — un écrit.» M. de Certeau, *L'Invention du quotidien. 1. Arts de faire*, Paris, Gallimard, 1990, p. 172-173 (souligné par l'auteur).

[20] Marcel Roncayolo, *La Ville et ses territoires*, Paris, Gallimard, 1990, p. 87.

[21] *Ibid.*, p. 90.

poursuivre avec la métaphore organique, nous avons visualisé la circulation entre les différents tissus urbains d'après les axes d'orientation (nord-sud et est-ouest) des artères de Montréal. Le quadrilatère Hochelaga-Maisonneuve est inscrit dans l'échiquier du territoire montréalais principalement par les voies de circulation est-ouest (le même sens que celui qu'emprunte le métro). Les deux principales rues où se concentre l'activité économique du quartier (Ontario et Sainte-Catherine) sont également parallèles d'est en ouest. Conjuguée au quotidien, la «pratique» des artères est-ouest définit ce que nous avons appelé l'*axe de la dépense*[22]. Le pôle d'attraction de cet axe de circulation de la «consommation ostentatoire» est, comme nous le verrons plus loin, le «centre-ville». Perpendiculairement, dans la direction nord-sud, nous retrouvons plutôt ce que nous avons nommé l'*axe de résidence*, c'est-à-dire de la reproduction domestique. Évidemment, nous sommes conscients que ce découpage arbitraire, en deux axes de circulation, n'est pas aussi rigide dans la réalité. On peut demeurer sur une rue est-ouest, comme on peut «dépenser» sur une rue nord-sud. Cependant, nous croyons que cette division en deux «axes» du territoire résume à gros traits les «sens» de la mobilité (des usagers) en plus de nous amener à penser les modalités de la piquerie dans l'ordre du domestique (et non uniquement de la «consommation ostentatoire»). En termes plus concrets, ces deux «directions» qui orientent la circulation de notre population cible visent entre autres à concilier dans une dynamique complémentaire les logiques qui s'inscrivent sur le territoire entre bar, piquerie, appartement et prostitution.

Arpentant les rues du quartier à différents moments du jour et de la nuit, nous avons essayé de reconstituer quelques-uns des tracés possibles de cette «circulation[23]». Nos deux principaux points de repère (l'un fixe, l'autre mobile) ont été les bars et les prostituées (sauf

---

[21] *Ibid.*, p. 90.

[22] Nous reprenons le terme *dépense*, utilisé ici dans un sens général, de Georges Bataille. Se différenciant des activités minimales nécessaires à la reproduction, les activités de la dépense — le luxe, les jeux, les spectacles, les arts, la sexualité perverse, etc. — ont une forme improductive: «Dans chaque cas l'accent est placé sur la *perte* qui doit être la plus grande possible pour que l'activité prenne son sens véritable.» G. Bataille, «La notion de dépense», *La Part maudite*, Paris, Minuit, 1967, p. 26-27.

quelques exceptions, nous n'avons pas rencontré de prostitué mâle en activité sur le territoire: la prostitution homosexuelle mâle se concentre plutôt un peu plus à l'ouest, dans ce qu'on appelle le *quartier gay*). Les bars sont peu nombreux et principalement concentrés sur les rues Ontario et Sainte-Catherine; la plupart se spécialisent, par leur musique et leur décor, dans le *country-western*. L'enracinement du «phénomène *country*» dans la vie du quartier semble significatif d'une certaine «culture populaire», culture que l'on peut qualifier d'«urbaine régionale» par opposition aux racines plus «métropolitaines» de ce qu'on désigne habituellement par musique «populaire[24]».

Nous insistons sur ces caractéristiques du «phénomène *country*» car les bars, qui sont des «zones intermédiaires» dans le circuit de la consommation, vont souvent devenir, certains soirs de spectacle notamment, des lieux de partage et de communication entre des individus de différentes générations. La musique *country-western* favorise ces échanges entre les plus jeunes et les plus vieux, en raison non seulement de la proximité avec la vedette, mais aussi des thèmes des chansons qui, en quelque sorte, généralisent une expérience individuelle véritablement vécue par l'artiste en lui donnant une dimension collective[25]. On verra plus loin l'importance que peut représenter, dans la consommation et le trafic de psychotropes, cette «complicité» entre les générations.

---

quartier. Il nous est arrivé à plusieurs reprises de croiser des individus, que nous avons vus à différents endroits dans Hochelaga-Maisonneuve, errer dans le secteur entre les rues Sainte-Catherine, Sherbrooke (carré Saint-Louis) et Saint-André, Saint-Laurent. Nous avons surpris un certain nombre d'entre eux en train de mendier de l'argent (pour se payer de la drogue?), alors que cette activité économique semble totalement étrangère au quartier H.-M. C'est également dans ce quadrilatère que se trouve Cactus: un point de repère stratégique pour les usagers de drogues injectables — *udi* Nous aurons l'occasion plus loin de reparler de cette circulation «extraterritoriale»

[24] «Ce qui distingue le milieu des artistes *country-western* de celui des artistes dits «populaires» est le fait qu'ils sont tout à fait *intégrés socialement à leur public*, et que même lorsqu'ils ont une certaine notoriété, leur fonction spécifique d'acteurs culturels ne les distancie pas socialement ni physiquement de ce public. Ils ont d'ailleurs la plupart du temps une double profession, par exemple chanteur et camionneur, ce qui renforce cette proximité et identification au public.» Yves Claudé, «Le country-western au Québec: structures sociales et symboliques», Université de Montréal, travail présenté au cours «Ant 6600: L'anthropologie et l'art du verbe», 1992.

[25] *Ibid.*, p. 4.

Par ailleurs, notons qu'actuellement il n'y a aucun «bar topless» dans le quartier. Il en existait dernièrement un, à l'extrémité ouest d'Hochelaga, rue Sainte-Catherine. Certains nous ont expliqué l'absence (et la faillite) de ce type de commerce du «sexe», qui va souvent de pair avec celui de la drogue, par la présence bien palpable (concurrence?) des prostituées qui sillonnent les rues.

Le phénomène de la prostitution dans le quartier est relativement récent. Son apparition correspond à l'éclosion des piqueries[26]. Ces deux économies (drogue et prostitution) sont, du moins dans le quartier Hochelaga-Maisonneuve, intimement liées (interdépendantes), la prostituée constituant souvent la principale source régulière d'argent des piqueries. En raison du vaste territoire que les prostituées peuvent couvrir (même si elles reviennent généralement à leur point de départ à cause de la forme motorisée de leur approche : tantôt elles font de l'auto-stop, tantôt elles déambulent en bordure de la rue d'une façon repérable par le «client» potentiel), il nous était difficile de reconstituer leurs trajets privilégiés. Nous nous sommes donc bornés à repérer quelques-unes d'entre elles selon les secteurs et à établir à l'occasion un «contact» de type «préarrangement» entre «client» et «professionnelle» (c'est-à-dire que certaines d'entre elles ont pu nous offrir leur service...). Aucune entrevue n'a été donnée à partir de ces contacts dans la rue. Nous préférions conserver un certain anonymat et, à moins de les compenser monétairement, il n'était pas indiqué d'interrompre leurs activités. Ces brèves rencontres nous ont cependant permis de tracer un portrait général des différents «types» de prostituées selon les heures de la journée et les endroits où elles étaient vues. Nous en avons ainsi croisé de tous les genres : quelques-unes (très rares) jeunes et jolies, plusieurs «vieilles» et très peu attirantes (il faudrait parler dans ce cas-ci «d'anti-érotisme») et, il faut le souligner, un bon nombre d'entre elles étaient enceintes et continuaient d'exercer leur «profession» pour se payer de la drogue. Nous aurons l'occasion de reparler du «cas» des prostituées et d'analyser la complexité de leur situation et de leurs

---

[26] Le terme vernaculaire dans le milieu pour «piquerie» est *shooting gallery* ou simplement *shooting*.

démêlés dans les trois «mondes» (cultures) de la drogue, du sexe et de la marginalité.

Nous avons complété notre travail de «cartographe» en repérant les principales concentrations de piqueries dans le quartier. Cette tâche a été rendue possible par la collaboration de nos informateurs clés. Il s'agissait moins cependant de trouver leur adresse exacte que de les localiser approximativement sur une carte. Aussi répertoriions-nous même les piqueries qui avaient cessé leurs activités, sachant bien qu'elles rouvraient habituellement leurs portes ailleurs, pas très loin (plusieurs personnes nous ont confirmé cette information, dont les policiers de la section des stupéfiants au cours d'une entrevue où ils se sont montrés très peu loquaces...). Nous avons repéré une trentaine de ces piqueries, surtout dans le secteur se trouvant au sud d'Ontario et à l'ouest de Létourneux (principalement, donc, sur le territoire d'Hochelaga). Il est toutefois difficile d'évaluer le nombre total de piqueries (et *crack-houses*) dans le quartier. Cela s'explique d'abord par la difficulté à départager une piquerie d'un simple appartement où l'on consomme entre amis et parents. Un des chiffres les plus importants que nous ayons entendu est celui de cinq cents; bien que ce nombre puisse sembler quelque peu exagéré, il reflète bien, selon nous, l'étendue de la situation et l'ampleur du «problème». À lui seul, le principal «distributeur» se targue de fournir la drogue à environ quatre cents piqueries. Un des travailleurs de rue nous a dit en avoir visité plus de soixante, dont une quinzaine dans une même nuit. Tous ces chiffres ont de quoi nous inquiéter car, dans certains de ces lieux, il n'est pas rare de retrouver plus d'une trentaine de personnes réunies à la fois (on en décompte parfois même une cinquantaine!). Une évaluation très approximative, calculée sur aucune base de rigueur scientifique, nous amène à chiffrer à environ deux cent cinquante le nombre de piqueries — actives ou potentielles — dans tout le quartier. Comme la durée d'existence d'une piquerie est relativement courte (environ trois mois — à cause des descentes, des plaintes des voisins, des morts par *overdose*, etc.), les gros «tenanciers» se doivent d'avoir toujours à leur disposition des appartements libres prêts à les accueillir en cas de déplacement forcé de leur commerce (ce sont ces logements que nous appelons ici «piqueries potentielles»).

Outre la justification méthodologique présentée au chapitre 1, nous n'avons pas, pour deux raisons, prolongé de façon systématique nos observations directes jusqu'à l'intérieur des piqueries. Ces deux «excuses», si l'on veut, s'expliquent notamment par le court laps de temps qu'a duré notre «engagement» sur le terrain; la première est simplement une question de «sécurité» car, pour composer avec la violence relative à ces milieux et être admis à titre d'observateur (participant) non-usager, il faut des assises justificatives reconnues à l'intérieur de la piquerie ou par le groupe, sinon on est rapidement perçu comme appartenant à la police[27] (ce qui transforme inévitablement l'ordre habituel des comportements). Seul un point de vue *panoptique* permettrait à un observateur externe de faire un relevé pertinent, ce qui n'est possible que si les individus présents «oublient» sa présence. Après une recherche menée pendant plusieurs années auprès des «*dealers* adolescents» de New York, Terry Williams[28] explique que sa présence a été progressivement admise (et même souhaitée) par le groupe parce qu'on lui reconnaissait en quelque sorte un rôle de «grand frère» confident. Toute présence à l'intérieur des milieux de la drogue se négocie à un niveau ou à un autre. Le succès des travailleurs de rue, comme ceux du projet Pic-Atouts, qui étendent leur champ d'activités jusque dans les piqueries, est attribuable en partie aux différents services (distribution de condoms, soutien moral, etc.) qu'ils offrent à leur clientèle, de même qu'à leurs qualités personnelles (d'écoute, de soutien moral, etc. — nous y reviendrons). Une pareille approche se révélait incompatible avec les objectifs et l'esprit de «neutralité» de la recherche ethnographique. Il nous est arrivé à quelques reprises de visiter des piqueries accompagnés par des clients «informateurs» qui s'attendaient, en échange, à ce qu'on leur paye une (et même parfois plusieurs) «dose». Pour des questions d'éthique, mais surtout à cause de la confusion que chacune de ces situations suscitait, nous avons abandonné cette «stratégie» de contact avec les piqueries.

---

[27] Pour une description assez fidèle des principales difficultés que comporte l'observation participante dans les milieux de toxicomanes, on peut consulter à l'article de Robert Power, «Participant observation and its place in the study of illicit drug abuse», *British Journal of Addiction*, n° 84, 1989, p. 43-52.

[28] Terry Williams, *op. cit.*

La seconde raison pour laquelle nous ne nous sommes pas «installés» dans la piquerie pour faire nos observations à trait à l'*ubiquité* que nécessite l'efficacité d'une telle démarche. En se limitant à une, deux et même (pour le mieux) trois piqueries, on réduit forcément son «regard» à quelques cas particuliers qui ne nous autorisent pas une généralisation. Comme il nous intéressait surtout de relever des comportements à risque, qui ne sont pas, comme nous le verrons, le fait de la régularité mais des cas d'exception, nous avons préféré reconstituer nos descriptions de la piquerie à partir des différents témoignages recueillis. Les clients, les tenanciers de ces lieux et également les travailleurs de rue que nous avons interviewés pouvaient à la fois nous faire partager leurs expériences personnelles dans la piquerie et la vision qu'ils en avaient. Ainsi, au lieu d'une ou deux piqueries, c'est plutôt une centaine qu'il nous a été permis de «visiter» par regard interposé. Les résultats en sont que plus probants, comme nous le verrons dans les chapitres suivants.

CHAPITRE 3

Balises pour une approche anthropologique de la toxicomanie

D ERRIÈRE TOUTE LA PRÉSENTE RECHERCHE, il y a le prétexte du sida. Il s'agit plus précisément d'articuler la problématique du sida avec celle de la toxicomanie. Le principal groupe ciblé : ceux que l'on désigne (à distance) par l'acronyme gentillet d'*udi*, pour «usagers de drogues injectables». Mais, une fois que l'on entre dans le dédale de la toxicomanie, le sida n'est qu'un prétexte d'intro-duction car, nous devons l'admettre, il n'est qu'une goutte de plus qui s'ajoute à une coupe déjà trop pleine de problèmes. Cette vérité, nous y sommes constamment confrontés sur le terrain. Nos sources de financement ne sont-elles pas justifiées au nom du combat contre la terrible maladie! Ce que l'on n'hésite pas à nous rappeler ou à nous faire sentir : «On sait bien, vous vous intéressez à nous [les *junkies*] parce que vous avez peur pour vous [les *straights*] que l'on vous transmette le sida en baisant avec votre femme ou votre mari!» Et pour continuer : «Avant le sida, quand est-ce que l'on se préoccupait des drogués, si ce n'est que pour les arrêter et les enfermer...» Nous devons reconnaître que ces reproches sont en partie fondés; on ne s'est jamais autant intéressé aux toxicomanes que depuis que nous nous sentons individuellement menacés par leurs pratiques répréhensibles. La chaîne invisible et ininterrompue de la contagion du sida par le sperme et le sang a fait renaître, dans une civilisation qui se sentait à l'abri des nouvelles épidémies, le spectre du bouc émissaire. Après les homosexuels, les hémophiles (les transfusés) et les Haïtiens[1], les drogués! Comme on peut dire,

---

[1] En France, on a parlé dans les débuts de la maladie des quatre H pour : «Homosexuels, Héroïnomanes, Haïtiens, Hémophiles auxquels certains ont ajouté les "Hookers" (putains en américain).» Isabelle Rieusset-Lemarié, *Une fin de siècle épidémique,* Arles, Actes Sud, 1992, p. 97.

en ironisant (juste) un peu, que la maladie ne semble pas vouloir leur permettre de s'éliminer entre eux[2] et que les «victimes innocentes» sont de plus en plus nombreuses — les premières en ligne étant les hémophiles et les nouveau-nés —, la société a décidé de se responsabiliser en mettant à l'essai différents «programmes» dont celui de Pic-Atouts, duquel résulte cette étude.

Dire cependant que seuls les chercheurs et les intervenants profitent de ces programmes subventionnés n'est pas réaliste. Tout au long de notre enquête sur le terrain, les *udi* nous ont avoué utiliser les services d'échange de seringues d'un organisme comme Cactus[3] et plusieurs ont même déploré qu'il n'en existe pas plus ou qu'il ne soit pas «ouvert vingt-quatre heures sur vingt-quatre». À cela s'ajoute le soutien que peuvent apporter les quelques travailleurs de rue, toujours pas assez nombreux, engagés au nom de la prévention du sida. Il y a également les ouvertures thérapeutiques en toxicomanie que «la maladie» a créées, pour la raison souvent inavouée de la «protection sociale».

Bref, cela pour dire que, au lieu d'approfondir la «question-prétexte» du sida, notre recherche nous a conduits avant tout à réfléchir sur les dimensions et les logiques de la toxicomanie. C'est le monde de la drogue que nous avons exploré: le quartier Hochelaga-Maisonneuve ne constitue qu'un point de repère à partir duquel s'est élaborée notre réflexion. Évidemment, le choix du quartier ne s'est pas fait arbitrairement: il se révélait être une référence stratégique non seulement parce qu'il est situé à l'intérieur du district couvert par l'organisme (de santé) qui a subventionné la recherche, mais surtout parce que l'importance du «problème de la drogue» du strict point de vue des statistiques policières établit une corrélation avec la

---

[2] Dans «Un essai matraque pour les Beaux, les Blancs, les Propres», Benoit Dutrizac résume dans ces mots crus cette vision «je m'en lave les mains» sur le sida: «Dans le fond, ces marginaux, ces tout croches, ces pseudo-rebelles qui déshonorent notre honorable société, qu'ils baisent, qu'ils se piquent, qu'ils se crèvent le ballon. Bref, qu'ils nous foutent la paix. Qu'est-ce qu'on en a à chier? Plus vite ils crèveront, mois de soins ils demanderont. Et ce sera toujours ça d'épargné au système de santé.» B. Dutrizac, *Sexe, Morgue & Rock'n'roll*, Montréal, Paje, 1992, p. 10.

[3] Cactus Montréal: Centre d'action communautaire auprès des toxicomanes utilisateur-trice-s de seringues, est situé au centre-ville, au 1209 de la rue Saint-Dominique.

précarité des conditions socioéconomiques touchant la population dans son ensemble[4].

Hochelaga-Maisonneuve n'est ici que l'espace physique premier, le lieu d'origine du coup d'envoi qui nous amène dans le camp de la drogue et de la toxicomanie : un espace complexe où la partie se joue entre les deux vécus que sont l'expérience personnelle et la réalité sociale (et culturelle). Chaque pas franchi dans ces zones tortueuses nous a fait comprendre que le sida ne représente qu'une mince part, souvent la dernière, des soucis quotidiens des toxicomanes. Durant notre enquête, une de nos informatrices — prostituée — a été assassinée par un client (lui-même sous l'effet de la drogue !) qui ne voulait pas payer pour les services offerts... Une autre femme que nous avions contactée a connu le même sort. Par ailleurs, les travailleurs de rue nous ont mentionné plusieurs cas de «filles» mortes d'*overdose* aux allures suspectes de suicide. Il y a encore cet homme poignardé à mort parce qu'il avait eu la main trop longue dans le «sac» du *pusher*. Nous connaissons tous, pour en avoir déjà entendu ou lu, des histoires semblables. Il ne sert à rien ici d'allonger la liste. Notre intention est seulement de rappeler que la violence, celle qui conjugue la mort au quotidien, fait partie intégrante du monde des toxicomanes ; elle frappe généralement dur et vite. Le sida avec sa lente agonie — qui va de la séropositivité à la perte d'autonomie, avant «finalement» de faire mourir le «patient» — appartient à une autre réalité dont on évite en général de parler. Il s'ajoute à une série d'autres problèmes chroniques de santé, comme l'hépatite B : on s'est depuis longtemps habitué à «vivre avec». Mais le sida fait encore partie, dans le milieu des *junkies*, de ces sujets tabous qui, lorsqu'on en parle, sont plus souvent qu'autrement tournés en ridicule. Aussi, ceux qui s'en savent atteints ne vont surtout pas le crier sur les toits, de peur d'être rejetés par le groupe. Cette attitude peut parfois

---

[4] Alors que la maladie avait au début des apparences «démocratiques» parce qu'elle semblait frapper indifféremment toutes les couches de la société, il est rapidement apparu que la corrélation entre sida et pauvreté (ou précarité des conditions d'existence) est un facteur déterminant (discriminant) de sa transmission. Voir, par exemple, Gillian Walker et Sippio Small, «AIDS, crack, poverty and race in the African-American community: The need for an ecosystemic approach», *Journal of Independant Social Work*, 5 (3-4), 1991, p. 69-91.

changer lorsqu'un toxicomane décide de «se prendre en main» et essaie de se «sortir» de sa dépendance; alors, paradoxalement, son état de séropositif ou de sidéen devient une force supplémentaire et donne un sens à la «nouvelle vie» (et aux doubles «combats») qu'il amorce.

Pour ces raisons, faire du sida le point central de notre recherche sur le terrain aurait voué d'emblée notre entreprise à l'échec. Pour comprendre, évaluer et analyser l'influence du sida sur les comportements des toxicomanes, il a fallu nous pencher en premier lieu sur ce que représente le fait d'«être toxicomane». Nous avons alors affronté un vide théorique, pour ne pas dire une antinomie, qui existe en anthropologie autour de la «problématique» de la toxicomanie.

Culture et fonction sociale de la drogue: l'expertise de l'anthropologie classique

L'ethnologue Jacques Lizot conclut un article sur «l'espace-temps des usages» par une phrase qui porte à réfléchir: «La vraie toxicomanie, telle que nous la connaissons, a été le fait d'individus isolés placés dans des circonstances particulières; jamais elle n'a été un problème social[5].» Il y a lieu, croyons-nous, de relativiser cette assertion lorsqu'on annonce dans un reportage télévisé que près de 60% des jeunes de dix-huit à trente ans du secteur centre-sud de Montréal (connexe à H.-M.) connaissent des «problèmes de consommation de drogues». Un autre anthropologue poursuit encore plus loin la réflexion de Lizot en affirmant, dans le même numéro consacré à «l'esprit des drogues»: [Puisque] L'usage de la drogue s'est généralisé et démocratisé, donc dévalorisé [...] les nouveaux étudiants et lycéens se détacheront de la drogue, à la recherche de nouveaux signes distinctifs (la possibilité d'une escalade généralisée restant limitée, à moins d'envisager l'hypothèse apocalyptique d'un suicide social!)[6].» En fait, pour Michel Perrin, même si «certains milieux bourgeois adultes sont touchés», ce sont «surtout les jeunes des milieux populaires qui expriment par la toxicomanie, la violence et

---

5 Jacques Lizot, «L'espace-temps des usages», *L'esprit des drogues, Autrement,* n° 106, 1989, p. 27.
6 Michel Perrin, «Anthropos», *L'esprit des drogues, Autrement,* n° 106, 1989, p. 48.

l'alcool leur angoisse face à des difficultés matérielles qui les frappent en priorité». L'auteur déplore finalement qu'aucune statistique n'ait été compilée pour confirmer ce glissement de la toxicomanie «des classes favorisées vers les classes modestes, aux effectifs plus nombreux[7]». La corrélation (significative) entre pauvreté et toxicomanie (et sida...) n'a pas à être mise en question ici. Cependant, il nous semble que c'est là une façon trop simpliste de poser le problème: les chiffres ne montrent-ils pas que la pauvreté est en progression dans la plupart des sociétés occidentales? Sans compter que réduire l'interprétation de la toxicomanie uniquement à des considérations «matérielles» signifierait que l'on supprime la part symbolique (ou strictement psychoémotionnelle) par laquelle s'enracine depuis des millénaires l'utilisation des psychotropes dans les sociétés humaines.

Peut-on en conclure pour autant que les anthropologues ont une mauvaise représentation de la réalité en ce qui concerne la toxicomanie? Non, pas tout à fait. Ainsi, avant d'en arriver à la conclusion que «la toxicomanie n'a jamais été un problème social», Lizot a bien pris soin de souligner que certains peuples ont totalement ignoré l'emploi des stupéfiants; chez les autres, rares sont ceux qui en font un usage quotidien, alors que leur consommation est généralement réservée à une élite religieuse ou à certains rites; sans oublier, par ailleurs, que la moitié féminine de l'humanité en a presque toujours été exclue[8]. Mais est-ce que le primat des statistiques suffit pour ignorer la portée sociale du «problème» de la toxicomanie? Ce à quoi nous pouvons rétorquer, d'une part, que les coûts sociaux engendrés par la surconsommation de psychotropes dans notre société justifient à eux seuls le qualificatif de «problème social» et, d'autre part, que les sociétés étudiées traditionnellement par les anthropologues sont de plus en plus soumises aux pressions de l'acculturation et à des transformations profondes de leurs modes de subsistance qui les rendent tout aussi, sinon plus, vulnérables à la toxicomanie.

À vrai dire, l'anthropologie classique ne s'est jamais penchée

---

[7] M. Perrin, *op cit.*
[8] Lizot, *op. cit.,* p. 26-27.

sérieusement sur le problème de la toxicomanie. En effet, elle cherche surtout à comprendre les structures et les fonctions des différents contextes normatifs d'utilisation des psychotropes. Dans chacun de ces cas, les usages s'inscrivent habituellement dans des espaces-temps culturels socialement intégrés à l'idéologie ou à l'ordre dominant. La substance psychotrope se révèle alors être un moyen parmi d'autres d'assurer la réalisation d'une fin anticipée ou reconnue comme nécessaire par l'ensemble de la communauté. L'exemple le plus familier de la littérature anthropologique est le chamanisme : les propriétés médiumniques — magiques — des hallucinogènes favorisant au cours de certains rites la communication avec les esprits tutélaires[9]. Seul le « chef spirituel » (chaman, *medicine man*, etc.) peut, dans le cadre de sa « pratique », en faire un usage quotidien. La prise collective, ou en groupe, de psychotropes est par ailleurs réservée à des rites bien précis (généralement de purgation) ; quant aux périodes d'excès et de surconsommation collective, elles sont suivies dans le calendrier des fêtes de la plupart des sociétés par de longues périodes d'abstinence (c'est le cas par exemple du Carême qui succède au Carnaval).

Dans ces différents contextes régis par la coutume, il ne saurait être question de toxicomanie, au sens de psychopathologie sociale. Il s'agit de pratiques sanctionnées, voire encouragées, par la majorité au nom de traditions ancestrales. Elles sont normalisées parce que confinées à ces contextes — exceptionnel ou quotidien — d'utilisation qui font de la substance psychotrope un moyen de satisfaire un besoin posé comme finalité socioculturelle. Ces contextes jouent un rôle déterminant non seulement dans l'usage, mais également dans l'effet des psychotropes ; ils sont légitimés par une structure mythico-rituelle qui les articule au sein de l'économie domestique ou communautaire. Cet équilibre structuro-fonctionnel peut toutefois être déstabilisé lorsqu'une société ne réussit pas à s'ajuster efficacement à des changements internes profonds. La perturbation des contextes traditionnels ainsi que l'introduction de nouveaux psychotropes sont

---

[9] Voir Peter T. Furst (dir.), *La Chair des dieux. L'usage rituel des psychédéliques*, Paris, Le Seuil (1re éd. 1972), 1974.

autant d'éléments alors capables d'engendrer des problèmes de toxicomanie. Telles sont les situations typiques que rencontrent les anthropologues chez certains groupes autochtones et dans les pays dits «en voie de développement[10]». Mais généralement, devant de telles marques de dysfonctionnement — d'aliénation —, ceux-ci ont pris l'habitude de céder leur place à des collègues «experts»: criminologues, psychiatres, travailleurs sociaux, etc., appelés à corriger ces problèmes. Ainsi, pour plusieurs, l'anthropologie s'arrête là où commencent les problèmes engendrés par la toxicomanie. Cette attitude motivée par les fondements «positivistes» de la science est toutefois en train de se transformer tranquillement — l'ethno-psychiatrie et l'anthropologie médicale, entre autres, constituant la cheville ouvrière de ce changement de position.

Parallèlement à ces travaux d'anthropologie classique, il existe aux États-Unis des anthropologues qui ont pratiqué ce que l'on appelle la *street ethnography* et qui se sont particulièrement intéressés aux contextes d'utilisation des drogues, allant dans certains cas jusqu'à partager la vie quotidienne des *udi.* C'est le cas, entre autres, de l'équipe de Douglas Goldsmith à Brooklyn, de celle de Michael C. Clatts dans Harlem et de plusieurs autres ethnologues travaillant à Chicago, Philadelphie, Miami et dans les autres grandes villes américaines, qui tous s'inspirent des méthodes de contact direct exposées et appliquées dès le début des années 70 par Mike Agar. Le travail le plus récent de Terry Williams, dans un *crack house* du Harlem hispanique, illustre de manière exemplaire ce que signifie le travail de terrain auprès de toxicomanes[11]. Cet ethnologue afro-américain a partagé la vie de sept personnes habitant dans un taudis à la manière d'une fratrie, tantôt conflictuelle, tantôt solidaire, avec la drogue comme centre de gravité de leur vie. Bien qu'étant d'âge, de sexe et de «race» différents, l'auteur nous montre comment ces personnes entretiennent des liens intimes entre elles ainsi qu'avec les

---

[10] Pour une introduction générale sur les contextes culturels d'utilisation des psychotropes, voir Nicole Cardinal, «Dimension culturelle et historique de l'usage des psychotropes», P. Brisson (dir.), *L'Usage des drogues et la toxicomanie,* Montréal, Gaëtan Morin, 1988, p. 21-34.

[11] L'ouvrage de Terry Williams qui fait suite à *Cocaine Kids* est intitulé: *Crack House. Notes from the end of the line.* Goldsmith a publié en français «La drogue, le sexe, le sida et la survie dans

propriétaires des immeubles des environs, les sans-abri, les toxi-comanes de Brooklyn et du Bronx et des professionnels de divers services. Leur vie, telle que la décrit Williams, nous apparaît comme une infernale poursuite de l'extase de la drogue et de pratiques sexuelles souvent sans garde-fou (dans le cas des filles en quête de poudre blanche, même lorsqu'elles se prostituent). L'autodestruction semble dominer ces vies qui sont encore cependant souvent parcourues, précise Williams, d'élans de tendresse et d'ouverture aux autres — ce qui provoque d'autant plus de compassion chez cet ethnologue qui a partagé pendant plusieurs mois la vie de cette fratrie. Cette approche, que la *street ethnography* a mis de l'avant, nous éloigne des travaux portant exclusivement sur les normes d'utilisation des drogues, la ritualisation de leur usage, dans le cas de certaines sociétés non occidentales.

Notre digression sur les contextes normatifs d'usage des drogues s'avérait cependant nécessaire, non seulement pour souligner le déterminisme relatif de ceux-ci sur les pratiques ainsi que sur l'établissement du rapport de cause à effet, mais également pour rappeler l'inaptitude de l'approche classique en anthropologie à aborder la problématique de la toxicomanie. En effet, avec toutes les ambiguïtés que génère cette notion[12], la toxicomanie suppose un glissement de la tradition vers la modernité. C'est-à-dire, pour reprendre la nomenclature de Louis Dumont[13], qu'elle se manifeste

---

la rue», dans *Anthropologie et Sociétés,* vol. 15, nᵒˢ 2-3, 1991, p. 13-35, et Clatts a fait paraître, «What's in a name?» «La construction sociale du sida chez les consommateurs de drogue à Harlem», dans *Anthropologie et Sociétés,* vol. 15, nᵒˢ 2-3, 1991, p. 37-52.

[12] Bien que nous utilisions sans guillemets ni autre mise en garde les mots «toxicomanie» et «toxicomane», il faut spécifier que leur signification n'est pas aussi évidente qu'elle le paraît. Ainsi, Jean-Louis Chassaing écrit: «La toxicomanie, mot français, est un terme psychiatrique; il tend à ne prendre qu'une acceptation juridique, voire policière de nos jours. Il vient de la réunion, de la suite: ...morphinomanie - héroïnomanie - cocaïnomanie, etc. suite désordonnée mais qui a sa cohérence au niveau des idées.» Jean-Louis Chassaing, «D'Icare au Grand bleu», *L'esprit des drogues, Autrement,* nᵒ 106, 1989, p. 57. Étymologiquement, le mot même pose problème: toxico - poison; manie - folie = «folie du poison», manie (obsession) de s'empoisonner... Nous pensons, en fait, avec Marc Zafiroupoulos, que le toxicomane n'existe pas (Paris, Navarin, 1988): le terme recoupe une multiplicité de sens et d'implications difficilement conciliables avec la spécificité de son étymologie.

[13] Louis Dumont, *op. cit.*

d'abord dans les sociétés qui privilégient l'individu au détriment de la totalité sociale (ce qu'il appelle l'*individualisme* ou *l'idéologie individualiste,* par opposition à l'*holisme* qui caractérise les sociétés traditionnelles), avant de contaminer toutes les autres sociétés. La toxicomanie, comprise comme déviance de surconsommation, se révèle être en rupture avec les modèles sociaux dominants, même si ceux-ci, bien souvent, sont les principaux responsables de sa propagation. Il ne saurait exister de toxicomanie qui soit entièrement sous le contrôle de la société ou de l'individu; cela va à l'encontre même de l'étymologie du mot. Non seulement le lien étroit entre la toxicomanie et l'idéologie moderne s'exprime dans les fondements individualistes de son émancipation, mais il est aussi historiquement confirmé : ainsi, ce n'est qu'avec les grandes conquêtes et la colonisation du monde par les grandes métropoles de l'Occident que l'on verra véritablement se transformer le rapport aux substances psychotropes. D'abord réservées à un usage religieux ou médicinal, ces dernières seront par la suite utilisées pour le plaisir et comme stimulant (aliénant) au travail. Par exemple, avec l'introduction du tabac en Chine par des marins hollandais et portugais au XVIe siècle, l'opium, dès lors fumé, sera consommé de façon récréative[14]. En Amérique du Sud, à la même époque, l'usage quotidien de la coca mastiquée s'est répandu parmi la population afin d'augmenter la capacité de travail (forcé) des autochtones dans les mines d'argent de la couronne espagnole. Autres conséquences du monde moderne sur l'incidence de la toxicomanie : l'industrialisation et les innovations technologiques. Mentionnons, d'une part, à titre informatif, l'essor parallèle de l'alcoolisme dans les classes ouvrières et des industries de distillation, et, d'autre part, l'impact monumental qu'ont eu sur les usages la découverte, au XIXe siècle, des procédés de synthèse et l'utilisation de la seringue.

Notre intention ici n'est pas de poursuivre l'énumération des particularités modernes de la toxicomanie. Pour s'y retrouver, il faudrait également aborder les questions de législation, de répression

---

[14] Jérôme Glorie, «Usage, commerce et contrôle de l'opium dans la Chine du XIXe siècle», *Psychotropes,* 1 (2), 1983, p. 79-86.

et de leurs transformations. Il s'agit donc d'une autre recherche qui ne saurait être entreprise dans le cadre de celle-ci.

En fait, notre démarche implique maintenant que nous tournions le dos à l'approche spécifiquement anthropologique pour aller voir du côté de l'interprétation psychosociologique d'abord développée par les principaux intervenants en toxicomanie, à partir de la fin des années 60. Ainsi, ce n'est que récemment et dans un contexte clinique que s'est élaborée véritablement une approche globale de la toxicomanie; les *sixties* et le mouvement hippy sont à la remorque de ce nouveau «paradigme» interprétatif — il allait de soi, au début des années 70, de penser que «les toxicomanies sont nées avec le mouvement hippy» et qu'«elles en sont indissociables[15]».

Phénomène de «contre-culture», le mouvement hippy faisait la promotion de l'expérience des drogues («douces» et hallucinogènes) qui permettaient d'atteindre les «modifications de l'état de conscience» correspondant à ses idéaux.

> Le moyen *dont le* hippy *se sert pour atteindre les buts qu'il s'est fixés est la* drogue. *Voilà pourquoi nous avons été amenés* [...] *à définir le* hippy *comme un toxicomane de groupe ou communautaire, pour lequel la drogue reste un moyen pour parvenir à ses fins. Ces fins, quelles sont-elles? Ce sont la Non-Violence, l'Amour, la vie communautaire, l'expansion de la conscience intérieure et le refus de l'aliénation matérialiste[16].*

Nous sommes près des horizons classiques de l'anthropologie. Seuls le caractère déviant de ces usages — qui s'oppose à l'ordre dominant en souhaitant son renversement — et l'absence de véritable contrôle sur leurs effets (les «accidents sont fréquents»), nous permettent véritablement de catégoriser la conduite du hippy comme toxicomaniaque. Toutefois, le mouvement hippy n'a jamais vraiment quitté le sol américain[17] ni survécu aux années 70. C'est plutôt autour du *junky,* «un hippy qui a perdu l'espoir», selon J.-M. Oughourlian, que

---

[15] Jean-Michel Oughourlian, *La Personne du toxicomane. Psychosociologie des toxicomanies actuelles dans la jeunesse occidentale,* Toulouse, Privat, 1974, p. 17.

[16] *Ibid.,* p. 202 (souligné par l'auteur).

[17] Voir Claude Olievenstein, *La Drogue suivi de Écrits sur la toxicomanie,* Paris, Gallimard, 1978, p. 246, et J-M. Oughourlian, *op. cit.,* p. 209.

va s'articuler le discours sur les « nouvelles toxicomanies ». Avec le *junky*, la relation à la drogue prend une autre signification. De *moyen*, elle devient *fin de soi*. Les substances changent également, tandis que le recours à l'injection établit entre le *junky* et son corps un rapport complexe et ambigu d'autoplaisir narcissique et de flirt avec la mort. Les analogies avec la relation amoureuse et sexuelle sont aussi nombreuses : certains parlent de «lune de miel» avec le produit. Quant au *fix,* il pénètre le corps pour procurer l'orgasme du *flash* d'autant plus puissant en intensité qu'il se situe à la limite de l'*overdose*. Transgression de la sexualité et de la mort — *éros et thanatos* —: l'univers du *junky* bascule constamment entre l'un et l'autre de ces pôles.

Mais qui sont ces toxicomanes? À cette question, C. Olievenstein répond en 1970 qu'ils «ont tendance à se regrouper dans des communautés d'adolescents»: «Ils ont entre 15 et 25 ans. Ils viennent de tous les milieux sociaux mais se trouvent en rupture de famille, soit au propre, soit au figuré[18].» Pour ces jeunes, la conduite toxicomaniaque prend la forme d'une conduite ordalique[19]. Survivre à l'épreuve de la drogue, défier chaque fois un peu plus la mort procurent paradoxalement un sens à leur vie, dans un monde qui n'en a plus, à leurs yeux.

> *L'ordalie moderne* [...] *n'est plus un rite culturel, mais un recours individuel qui s'ignore comme tel la plupart du temps, une figure inconsciente à travers laquelle un acteur demande à la mort par l'intermédiaire de la prise de risque si son existence a encore un prix. Survivre a valeur de garantie et suscite une intensité d'être provisoire ou durable*[20].

La métaphore ordalique donne un caractère initiatique aux pratiques des toxicomanes. Aussi, elle nous rapproche encore une fois d'une perspective anthropologique traditionnelle. Mais il faut se méfier en contrepartie d'une interprétation simpliste et abusive de la toxicomanie comme ordalie et de la banalisation du «problème» que

---

[18] C. Olievenstein, *op. cit.* p. 23-24.

[19] Voir A. Charles-Nicolas et M. Valleur, «Les conduites ordaliques», *La Vie du toxicomane*, Paris, PUF, 1982, p. 82-99; et Marc Valleur, «Le credo de la mort», *L'esprit des drogues, Autrement*, n° 106, 1989, p. 116-122.

[20] David Le Breton, *Passions du risque*, Paris, Métailié, 1991, p. 14.

cela peut entraîner. Le caractère pathologique du comportement toxicomaniaque nous empêche à tout le moins de le ranger dans la même catégorie que d'autres activités modernes à risque, telles que le saut en *bungy*, l'escalade sans corde, etc. À l'opposé du risque calculé de ces nouveaux défis motivés par le culte de la performance de la société occidentale, le vertige tourbillonnant dans lequel est plongé le narcomane comporte un point de «non-contrôle» qui, une fois franchi, désengage progressivement la volonté individuelle du réel, qui ne dépend plus alors que de l'emprise de la substance psychotrope. Appliquée à la toxicomanie, la notion d'ordalie doit être articulée avec celle du *pharmakon*[21] pour devenir opératoire: la prise de la drogue doit être comprise sous le double aspect du poison et de l'antidote, à la fois dans son potentiel de pouvoir de mort et de pouvoir de vie — en ayant bien en tête que, une fois le processus de la dépendance toxicomaniaque enclenché, le pouvoir de mort prendra toujours un peu plus le dessus sur celui de vie, souvent réduite à un simple espoir mitigé de survie (peu importe s'il y a ou non précarité de la situation socioéconomique). Aussi, dans le désœuvrement et l'automutilation du corps auxquels conduisent les pratiques du toxicomane, la maladie, comme le sida, ne vient qu'ajouter au poids du pouvoir de mort, sans jamais le remettre en question. Laissons à Ph. Le Breton le soin de nous brosser le tableau de cette déchéance du toxicomane — *junky* — vers la mort (tableau qui correspond en tous points à celui que nous avons observé pendant notre propre enquête sur le terrain):

> *Les travaux sur la toxicomanie montrent combien se modifie au fil du temps la relation à la mort chez l'usager. Dans un premier temps de son expérience de la drogue (qui peut durer des mois ou des années), il reste vigilant de sa sécurité: il nettoie sa seringue ou en utilise une nouvelle à chaque fois, veille à la qualité du produit. La conduite du risque n'est pas aveugle, elle demeure dans la ritualisation. L'individu affronte l'ordalie en mettant toutes les chances de son côté, et celle-ci lui est régulièrement favorable. Il semble que les choses soient appelées*

---

[21] À propos de l'«opération du *pharmakon*» telle que conceptualisée par la théorie psychanalytique de la toxicomanie, on peut lire Sylvie Le Poulichet, *Toxicomanie et Psychanalyse. Les narcoses du désir*, Paris, PUF, 1987, p. 41-65.

à durer. Mais au fil du temps, le paysage intérieur se fissure. Les rites intimes que le toxicomane oppose aux rites sociaux où il ne se reconnaît guère se dégradent peu à peu, ils perdent leur puissance de symbolisation personnelle, des brèches s'ouvrent dans le dispositif de la prise du produit par où commence à affleurer le risque de mort. Le contre-monde perd ses vertus d'objet transitionnel. La nécessité du produit ne tolère plus le délai. Le plaisir disparaît au profit de la seule résolution des tensions dues au manque. L'absence peu à peu prend le pas sur l'élation. La fascination de l'effet induit par la drogue se substitue à toute autre considération. Le corps fantôme qu'elle érige dans le provisoire et le sensoriel prend une réalité plus puissante que celle du corps de chair. L'expérience devient désordonnée, elle cède à une surenchère de plus en plus aveugle, les produits sont pris avec moins de discernement. Le rite se dégrade en compulsion et tout devient bon pour retrouver le vertige et l'absence. Les affections somatiques se développent à ce moment à cause de la négligence du sujet pour sa santé, son inconscience des précautions à prendre. L'urgence l'emporte sur le contrôle de la ritualisation. Abcès, infections, hépatites, séropositivité ou sida, drainés par cette indifférence envers le corps, se surajoutent et accentuent le risque. Dans son échange symbolique avec la mort, le toxicomane perd chaque jour du terrain, l'ordalie se fait de moins en moins favorable. L'overdose dans ces conditions n'est pas un accident mais une issue logique, si rien n'est venu briser la progression[22].

En fondant l'interprétation de la toxicomanie avec celle de l'ordalie, nous sommes amenés à considérer le problème sous l'angle de l'identité. Ainsi, «dans une société qui est de plus en plus une société d'individus, qui pousse chacun à construire sa propre liberté, à conquérir son identité: *la logique toxicomaniaque relève d'un mécanisme de l'autoconstruction* qui fait l'économie de l'implication personnelle et délimite l'identité individuelle dans une présence apparente, impersonnelle. L'aspiration de la toxicomanie dans le registre de la socialisation est un indicateur culturel de la passion d'être soi, et n'être que ça[23]». Si, pour paraphraser A. Ehrenberg, le dopage (des athlètes)

---

[22] D. Lebreton, *op. cit.*, p. 112-113.
[23] Alain Ehrenberg, *op. cit.*, p. 276-277.

s'articule sur le mode de l'apparence, ou du paraître, il y a lieu de penser que l'abus des stupéfiants relève, quant à lui, d'une logique du *pare-être*. Moyen d'adaptation et d'affirmation de son individualité, la symbiose avec la drogue se révèle être également un moyen d'autodéfense : une façon de nier (les obligations de) la réalité extérieure tout en composant avec elle.

Toute la question des identités (que ce soit dans le contexte de la toxicomanie ou non) implique un rapport complexe à l'espace — espace social et culturel, privé ou public, territoire réel ou imaginaire : les identités auront tendance à fluctuer selon la variabilité des agencements qui délimitent et définissent chaque espace (lieu/topos) où l'individu interagit, parfois même simultanément. Pour cette raison, il est plus adéquat de parler de plusieurs registres possibles d'identité, et non pas uniquement de l'identité au singulier : chaque individu compose en fait avec différentes «cartes d'identité» — diverses étiquettes — qui changent en fonction des situations et des rapports de forces propres aux enjeux de chaque sphère d'interaction (déterminée par l'activité, l'occupation et la représentation).

Ainsi, il s'avérait pour nous primordial, dans l'élaboration d'un modèle anthropologique pluridimensionnel et dynamique de la toxicomanie, de faire converger ses axes centraux autour de l'articulation espace/identité et drogue/personne, transposable ainsi :

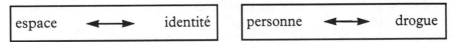

Ce modèle se découpe en trois niveaux de complexité inter-dépendants : le premier tient compte des caractéristiques individuelles de l'histoire de vie ; le deuxième exprime les logiques d'articulation (de mouvement) de la dépendance toxicomaniaque ; le troisième combine les rapports déterminants avec l'espace. Pour mieux représenter les dynamiques interactives de ce modèle, nous avons utilisé l'analogie moléculaire où les différentes composantes de la personne prennent une forme corpusculaire. Les «logiques» de la dé-pendance deviennent leurs mises en mouvement possibles, et les combinaisons à l'espace se comparent aux formules (physico-chimiques) d'agrégation, de désintégration, etc. de ces particules en mouvement... Nous reviendrons plus loin sur l'explication en détail de ce «mouvement».

Auparavant, il nous faut dire un mot sur le statut déterminant et particulier qu'a la substance psychotrope dans l'explication des usages et des comportements. Depuis Lewin et la première édition de *Phantastica* en 1924, mais également bien avant (que l'on pense seulement aux écrits de Baudelaire et de Théophile Gautier sur le haschich et l'opium), la classification des «poisons de l'esprit» selon leurs effets et leurs caractéristiques biochimiques a été le fondement même des études sur les drogues et la toxicomanie. Autant Olievenstein (1978) que Oughourlian (1974) reconnaissent dans la classification de Lewin des substances psychotropes en cinq groupes (soit les *euphorica*, les *phantastica,* les *inebriantia*, les *hypnotica* et les *excitantia*) la première véritable autorité en la matière. Nous ne nous étendrons pas ici sur les caractéristiques de chacune de ces catégories, établies à partir des «substances naturelles» des psychotropes; il s'agit uniquement de concevoir le rôle déterminant que joue la substance dans le complexe (bio-psycho-social) de la consommation (et de la dépendance toxicomaniaque). J.-M. Oughourlian parle plus précisément à ce propos de « personnalité et caractères des drogues ». Aussi, les nouvelles classifications des drogues peuvent tenir compte autant de leurs propriétés psychopharmacologiques que de leurs différents degrés de pharmacodépendance. Il nous importe seulement de retenir que chaque substance psychotrope a son «âme» propre, c'est-à-dire ses principes actifs intrinsèques, en plus d'être porteuse de significations et d'une symbolique qui se manifestent différemment selon les contextes d'usage. Nous parlerons dans ce cas plus spécifiquement de l'expérience (socio-individuelle) de la drogue; ainsi, une compréhension anthropologique (globale) de la toxicomanie suppose une attention spéciale aux liens privilégiés qui se tissent entre l'individu/usager et la (ou les) drogue(s) de son choix. Cette relation personne/drogue constitue le noyau d'articulation de l'ensemble de notre modèle, modèle d'interprétation dynamique de la «dépendance toxicomaniaque» dont nous exposerons maintenant les grandes lignes (à noter que ce modèle n'a pas une prétention d'explication; il doit être perçu comme un guide pour l'analyse globale du «problème»).

Modèle pour la compréhension globale de la dépendance toxicomaniaque

Tout au long de notre recherche, nous avons considéré la complexité des dynamiques sous-jacentes à une «logique» de la dépendance toxicomaniaque. Conscients des particularités propres à chaque cas qui ne se réduisent pas à un seul moule, nous pouvions néanmoins dégager parmi l'ensemble des «histoires de vie» recueillies un certain nombre de dynamiques communes, une certaine cohérence logique dans l'expérience subjective de la dépendance aux substances psychotropes. À partir donc des diverses constantes relevées, nous nous sommes affairés à constituer un modèle général qui nous permettait de comparer nos données dans une perspective analytique. Conformément aux objectifs de la recherche, nous avons établi trois niveaux distincts, mais interdépendants, d'interaction : 1) les caractéristiques individuelles de la personne ; 2) les logiques récurrentes de la dépendance toxicomaniaque ; 3) les rapports déterminants (d'identité) avec l'espace (dans ce cas plus précis avec le quartier H.-M.). L'utilité d'un tel «modèle» est moins sa prétention explicative, comme nous le mentionnions plus haut, que son apport didactique aux discussions et à l'analyse. Bien que sa construction se soit élaborée à partir des observations empiriques accumulées durant plus d'une dizaine d'années passées à côtoyer et à vivre dans différents milieux de toxicomanes, et que notre intention ne soit pas de lui donner une portée «universelle», nous avons vu à ce qu'il soit «compatible» avec une certaine érudition (littérature) anthropologique et psycho-pharmacologique (pour ne pas dire psychanalytique). Il nous importait moins cependant de nous appuyer sur cette littérature, comme preuve de vérité, que d'y recourir afin de nous assurer de la cohérence discursive de notre «modèle».

Plusieurs théories se proposent d'expliquer, du moins en partie, le comportement toxicomaniaque ou la pharmacodépendance. Ne prétendant pas donner une explication absolue, chacune de ces théories rejoint habituellement les autres pour formuler une interprétation «bio-psycho-sociale». Cette compréhension «triaxiale» de la toxicomanie se résume grossièrement ainsi : une prédisposition biogénétique; des rapports conflictuels au sein du tissu familial et notamment avec l'image du «père», des situations de «crise» (non résolues) au niveau du *modus vivendi* de l'identité (socio-affective).

Il nous intéressait moins, dans le cadre de notre recherche, de nous pencher sur cette conceptualisation théorique, dont nous ne contestons pas la validité ni la pertinence, que de trouver des points d'articulation qui nous permettent de conjuguer la problématique de la «toxicomanie» à celle du rapport à l'espace. Il nous fallait donc concevoir un modèle abstrait d'analyse qui puisse schématiser dans ses principaux axes les dynamiques d'interaction entre l'*ego* — sujet d'enquête — et ses principaux milieux de vie (en l'occurrence le quartier Hochelaga-Maisonneuve — objet d'étude). Le pivot organisateur de ces interactions ainsi que leur mise en mouvement demeurent, il va s'en dire, la figuration spatio-temporelle (d'une logique) de la dépendance toxicomaniaque. Il en résulte un modèle pluridimensionnel complexe qui se décompose en trois niveaux d'analyse systématisés autour de l'articulation *ego*/drogue/espace, et dont nous résumerons maintenant les grandes lignes.

L'enveloppe identitaire socio-individuelle de la personne

Comme nous travaillons d'abord et avant tout avec des personnes, des êtres humains avec leurs émotions, leurs expériences propres, leur vision du monde et leurs problèmes, il fallait avant tout éplucher les principales couches (psychoanthropologiques) qui composent théoriquement chaque individu, c'est-à-dire l'*ego* de nos sujets. Pour illustrer cette organisation de la personne, nous avons choisi de lui donner une forme corpusculaire (moléculaire) divisée en différentes couches superposées intriquées les unes aux autres dans une dynamique d'interdépendance, dans les faits indissociables, mais présentées séparément *a posteriori* pour les seules fins de notre interprétation.

Aux deux extrémités de cette schématisation superposée, nous avons situé les pôles de l'identité et de la «bio-logie[24]», tous deux

---

[24] Nous écrivons ici les mots «bio-logie» et «bio-logique» avec un trait d'union pour ne pas les confondre avec leur signification réelle et pour les utiliser dans leur sens étymologique premier de «logique (ou représentation) du vivant» ou de la «vie». Il s'agit donc de la «bio-logie» telle qu'elle est vécue et interprétée par le sujet.

reliés dans un même continuum réversible selon une logique de rapports externes et internes. Arbitrairement, nous localisons la couche du «bio-logique» au centre, comme le noyau dur de la consommation de psychotropes. En fait, nous considérons tout autant la «bio-logie» dans ses limites internes en tant que système organique proprement dit (physiologique et anatomique) que dans ses limites externes, comme «corps socialisé», c'est-à-dire le support à partir duquel se moulent et s'élaborent les marques de l'apparence qui tracent la séparation ultime du rapport aux autres. L'organisation élémentaire de ces «bio-logiques» regroupe le *soma*, ses interconnexions avec la psyché et, comme vecteur des pulsions, la *libido*[25]. Évidemment, seule une étude de cas approfondie nous permettrait de dévoiler et de comprendre l'articulation complexe de la «bio-logie» primaire d'un individu. En réalité, dans le cadre de l'enquête sur le terrain, par l'observation participante et les entrevues, nous accédons généralement à une représentation des «bio-logiques» dérivées ou «secondaires[26]». Nous pouvons par exemple relever pour chaque sujet des «logiques» de consommation de psychotropes qui indiquent, outre le type de substance, les modes (voies) d'absorption et la

---

[25] Bien que nous souhaitions prendre nos distances par rapport à l'interprétation psychanalytique proprement dite, nous avons volontairement pensé notre modèle de manière qu'il puisse s'articuler avec les prémisses freudiennes. Par exemple, pour Freud, toute la question de la consommation des drogues s'intègre au plus profond d'une économie (individuelle ou/et sociale) de la libido : «L'action des stupéfiants est à ce point appréciée, et reconnue comme un tel bienfait dans la lutte pour assurer le bonheur ou éloigner la misère, que les individus et même des peuples entiers leur ont réservé une place permanente dans l'économie de leur libido. On ne leur doit pas seulement une jouissance immédiate mais aussi un degré d'indépendance ardemment souhaité à l'égard du monde extérieur. [...] l'on peut à chaque instant se soustraire au fardeau de la réalité et se réfugier dans un monde à soi qui réserve de meilleures conditions à la sensibilité. Mais on sait aussi que cette propriété des stupéfiants en constitue précisément le danger et la nocivité.» S. Freud, *Malaise dans la civilisation*, Paris, PUF, 1971 [1929], p. 23. Par ailleurs, Freud avait déjà souligné, dans une lettre à Wilhelm Fliess, le caractère supplétif (à la masturbation) des stupéfiants : «J'en suis venu à croire que la masturbation était la seule grande habitude, le "besoin primitif" et que les autres appétits, tels les besoins d'alcool, de morphine, de tabac, n'en sont que les substituts, les produits de remplacements. Id., *La Naissance de la clinique*, Paris, PUF, 1956 [1897], p. 211-212.

[26] On l'aura deviné, il s'agit encore ici d'un clin d'œil aux *processus primaire* et *processus secondaire* dont parle Freud à propos de l'organisation du psychique et de la libido (voir notamment *Abrégé de psychanalyse*, Paris, PUF, 1949 [1938]).

pharmacochronologie; on peut également tracer un bilan sommaire de la condition physique (état de santé) de l'individu : l'accoutumance et les dommages causés par la consommation (est-il «magané»?), les maladies graves découlant de son mode de vie (hépatite B, problème cardiaque, séropositivité, etc.). Il ne faut cependant pas isoler ces «bio-logiques», mais les comprendre dans leurs interactions avec les composantes de l'identité (et les affections qui en découlent sur l'individualité et la personnalité).

La disposition polaire des «bio-logiques» et de l'identité nous paraît fondamentale dans l'interprétation du phénomène de la toxicomanie (figure 1). Les deux interagissent systématiquement, de telle sorte que selon les contextes chacun de ces pôles peut se trouver en situation déterminante (ou dominante) par rapport à l'autre. Ainsi, on peut supposer que, en période de «manque» par exemple, un *udi* recoure à l'une ou l'autre de ses «cartes d'identité» pour se procurer drogue ou argent, tandis qu'à l'instant même de l'injection seule comptera la «bio-logique» de la consommation. (Cet exemple se doit d'être nuancé, la coupure identité/«bio-logique» n'étant pas aussi claire. Notre intention ici est uniquement de montrer les modalités distinctes mais interdépendantes de chacun de ces «pôles». Nous reviendrons plus loin sur la caractéristique de la réversibilité interne/externe de notre schéma.)

Comme nous venons d'y faire allusion, la «couche» de l'identité doit être considérée dans sa pluralité (et sa variabilité). Reprenant l'interprétation goffmanienne des «rites d'interaction» et de «la mise en scène de la vie quotidienne», on peut se représenter l'identité comme une donnée fluctuante selon les contextes et les valeurs qui sont, chaque fois, en jeu. La problématique de l'identité nous renvoie à la relation, parfois ambivalente, entre le «je» et le «on[27]» par laquelle se réalise l'adaptation (ou l'inadaptation) à une situation. Des facteurs tels que les rapports au groupe vont être déterminants non seulement dans la constitution de l'identité, mais également dans l'attribution de rôles distincts selon les contextes. Prenons l'exemple d'une prostituée

---

[27] À un «nous» parfaitement intégré comme le suppose, par exemple, une identité nationale telle que «nous, les Québécois», fait place dans le monde des toxicomanes, mais également ailleurs, un «on» indéfini qui situe le «nous» à l'intersection du «je» et du «il»...

Figure 1 — L'enveloppe identitaire socio-individuelle de la personne

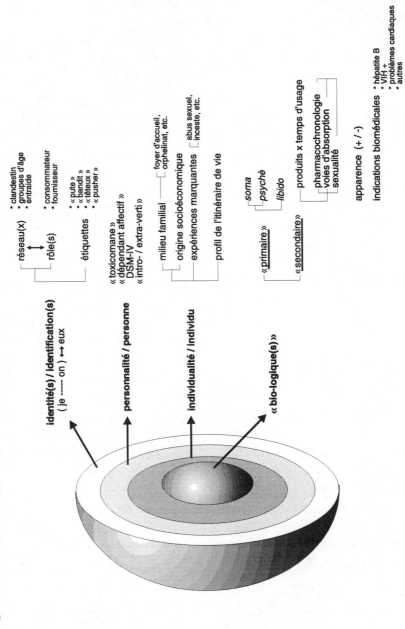

udi: lorsqu'elle exerce son «travail», elle doit s'afficher de telle sorte que le «client» éventuel la reconnaisse (l'identifie) comme prostituée. Mais une fois la *job* terminée, alors qu'elle retourne à la piquerie, sans quitter son étiquette de prostituée, elle redeviendra habituellement X (parfois un surnom): la «blonde» (petite amie) de Y... Le jeu des «cartes» d'identité multiple apparaît fondamental lorsqu'on fréquente un milieu marginal ou illégal. Un certain qui-vive est indispensable lorsqu'on passe de l'illégalité au «monde des *straights*»; chacun, dans la mesure de ses capacités ou de ses intérêts, doit en quelque sorte protéger ses «arrières» s'il veut continuer à fonctionner au sein de cette marginalité.

La recherche ethnographique nous situe habituellement à la charnière de cette double réalité que sont, si l'on peut s'exprimer ainsi, l'*identité intériorisée* ou l'image de soi (dans ses conflits, ses forces et ses faiblesses) et l'*identité extériorisée,* qui constitue l'interface des rapports à autrui. L'observation, mais également l'entrevue, révélera un certain nombre d'étiquettes qui composent l'identité (pour soi) pour autrui. Plus difficile cependant est l'accès à l'identité intériorisée. L'entrevue implique en fait un nivellement de l'identité à la surface la plus lisse du «je», du «moi» (qu'est le nom) dans sa relation au monde. C'est uniquement en approfondissant l'individualité et la personnalité du sujet que l'on pourra faire ressortir l'identité enfouie et parfois camouflée par le «on».

Dans un premier temps, l'entrevue (psycho-) anthropologique travaille principalement au niveau de l'*individualité* (évidemment, nous nous situons ici dans le contexte de la société occidentale «postmoderne»; il en est autrement dans un contexte «traditionnel»). Nous essayons de comprendre l'individu par les caractéristiques qui le distinguent et le rapprochent des autres dans son milieu immédiat et/ou éloigné. L'individualité signifie, entre autres, l'itinéraire particulier, les expériences marquantes et le bagage socioaffectif qui composent l'unicité du sujet. Il serait en fait plus adéquat de parler de l'axe individu/individualité, car si le rapport du moi avec le monde est vécu dans son individuation ou son individualité, seule une infime partie des expériences est retenue sur un plan mnémonique; la majorité est habituellement ignorée, oubliée ou refoulée au niveau de l'«inconscient». L'individu (selon notre interprétation dynamique) représente ainsi la somme «enfouie» des expériences, des distinctions et du bagage «sociohéréditaire» qui affectent les comportements, tandis que l'individualité constitue plutôt la part «active» — ou consciente — par laquelle se démarque la singularité et que jaillit, finalement, la personnalité. En se concentrant sur l'axe individu/individualité, l'entrevue cherche à dégager des données sur l'origine socioéconomique, la famille, les souvenirs de la petite enfance, les contextes d'initiation aux drogues et à la sexualité, la progression de la toxicomanie, etc. Il s'agit de reproduire le profil général de l'itinéraire de vie. Ce n'est en fin de compte qu'en articulant et en confrontant ce «profil» avec les données de l'identité et des «bio-logiques» que l'on peut véritablement ausculter la personnalité («socioindividuelle»).

Par tradition, l'anthropologie ne s'intéresse qu'accessoirement aux personnalités individuelles. Dans le sillage du courant américain «culture et personnalité», A. Kardiner a élaboré la notion de «personnalité de base». Sans entrer sur le terrain polémique de la validité d'une telle notion, nous croyons que l'objet de l'anthropologie consiste à faire ressortir des types déterminants (ou généraux) de «personnalité» dans un groupe de population donné, plutôt que de faire l'analyse de la personnalité spécifique d'un cas individuel. Ainsi, dans le contexte de la présente étude, nous nous sommes surtout attachés à vérifier la pertinence de certains traits de personnalité dans l'explication du comportement toxicomaniaque. Au cours d'une première entrevue (dirigée sur l'axe individu/individualité), il est déjà possible de jauger certains de ces traits; par exemple, la personne se définit comme «intro» ou «extravertie», par l'interprétation de certains épisodes «paranoïdes», par l'expression d'agressivité, etc. Toutefois, seules une ou plusieurs entrevues plus approfondies nous permettent réellement d'explorer cette dimension sensible qu'est la personnalité. Dans ces entrevues, nous questionnons plus particulièrement certains événements de la vie, par exemple une tentative de suicide, en essayant de l'interpréter en regard du «comportement toxicomaniaque»; des exercices de symbolisation, parfois par le dessin, ou même dans certains cas la poésie (l'écriture), peuvent alors être utilisés.

Cette «couche» de la personnalité (pour rester conforme à la dynamique de notre modèle, il serait plus juste de parler de l'axe «personne/personnalité») que nous situons stratégiquement, dans notre schéma, entre celle de l'individualité et celle de l'identité, se révèle avant tout comme le lieu d'ancrage des émotions : une sorte de «filtre émotionnel» par lequel se cristallise, ou s'atomise, le tissu de relations qui interagit dans les rapports — d'identité et d'individualité — avec l'extérieur. Par ailleurs, si nous n'hésitons pas à parler d'identité «multiple», nous ne croyons pas qu'une notion telle que «personnalité multiple» soit applicable dans le contexte, même si une abondante littérature psychiatrique existe sur le sujet (on rappelle que la notion de personnalité a ici une utilité anthropologique et non psychiatrique ou psychanalytique). À l'inverse, nous pensons que la notion de personnalité doit être plutôt abordée dans son fractionnement — ou sa division — en différents «types» possibles.

Ainsi, il nous intéresse de comprendre le sens de tel comportement ou de telle réaction, dans des situations précises, et non de cerner la personnalité globale de l'individu. Par exemple, lorsqu'une personne mentionne qu'elle est «paranoïaque», on essaie d'interpréter les conséquences (ou l'incidence) de ce comportement sur sa consommation ; il ne nous revient pas, en droit, d'établir un diagnostic de «paranoïa». C'est la même chose avec l'étiquette de «personnalité toxicomane». Comme nous l'avons déjà mentionné, ce serait un piège de travailler avec une catégorie aussi globalisante (*cf.* n. 12, p. 112). Aussi, nous considérons toujours la notion de «toxicomane» entre parenthèses (du moins, en la sous-entendant), en sachant qu'elle fait référence à toute une série de problématiques (problèmes) connexes, comme la «dépendance affective[28]».

L'idée d'examiner la personnalité comme étant fractionnée nous autorise à suivre plusieurs pistes d'interprétation qui, en situation de

---

[28] Précisons pour la présente recherche que nous nous sommes intéressés principalement aux traits «déviants» ou «pathologiques» ainsi qu'extrêmes de la personnalité, car il s'agissait essentiellement pour nous de comprendre les logiques motrices de la consommation toxicomaniaque et non d'établir un profil général de la personnalité. Il va de soi donc que l'utilisation de ce modèle pour d'autres types d'analyse exigerait que l'on examine plusieurs autres traits de caractère (ou de personnalité), probablement plus «positifs».

diagnostic, peuvent sembler antinomiques. Les catégories de la psychologie, comme introverti ou extraverti, la dépendance affective, les relations de domination et de soumission, etc., ainsi que la nosographie du DSM-IV, comme paranoïa, personnalité toxicomane, etc., doivent devenir des indices qui permettent d'établir des «types logiques» de comportements et de rôles à l'intérieur de notre population ciblée.

Rappelons encore une dernière fois, avant de clore cette première section, le caractère abstrait de cette division en différentes «couches» superposées car, dans la réalité, l'identité, la personnalité, l'individualité, la «bio-logie» s'interpénètrent les unes les autres et demeurent indissociables.

Les axes spatio-temporels de la consommation toxicomaniaque

Jusqu'à présent, rien de ce que nous avançons dans notre modèle n'est particulier aux seuls toxicomanes. En effet, excepté notre approche de l'axe personne/personnalité qui se concentre davantage sur les aspects «déviants» ou «pathologiques», toute notre conception de ce que nous avons nommé «l'enveloppe identitaire socio-individuelle de la personne» s'applique indifféremment à tous et chacun. Seule l'activation de ce «corpuscule» de base dans ses rapports complexes avec la drogue et la dépendance toxicomaniaque peut permettre vraiment à notre modèle de se singulariser. Cette mise en mouvement des éléments suppose qu'on lui procure une dimension spatio-temporelle, c'est-à-dire que l'on balise les différents axes qui organisent, malgré l'apparence de désordre, les logiques de la consommation toxicomaniaque. Cette perspective spatio-temporelle se dessine dans sa dialectique sous deux plans qui s'affrontent, l'un réel (duquel le toxicomane essaie en quelque sorte de «fuir»), l'autre «irréel[29]» (dans lequel il souhaite cette fois s'installer et être habité...). Les rapports entre un espace-temps réel et un autre «irréel» ne sont

---

[29] Spécifions que le terme «irréel» est utilisé ici comme une notion générale qui en englobe d'autres, parmi lesquelles «imaginaire» ou «surréel». Il s'agit principalement de souligner que toute expérience de la drogue implique, à des niveaux d'importance différents (parfois quelques fractions de seconde), un dégagement (ou du moins une volonté de se dégager) de la réalité matérielle objective pour une autre «réalité» cette fois subjective et idéelle. Ginette (trente-sept ans),

jamais tranchés clairement; ils se juxtaposent de façon fragmentaire dans un ordre continu/discontinu d'opposition qu'alimente le double aspect antinomique du *pharmakon* (*cf.* supra). La transposition de cette dialectique (complémentaire) d'opposition s'exprime dans notre modèle sous la forme de deux sens, deux directions, que prend le mouvement de la consommation toxicomaniaque: le premier, qui se déroule sur le plan réel, constitue le cycle de la «dépendance» et de l'aliénation; le deuxième, qui découle d'un plan «irréel», s'engrène dans un cycle fantasmé et illusoire d'«indépendance» et de «contrôle[30]».

Pour illustrer ce «double mouvement», nous avons choisi d'inscrire les coordonnées de notre modèle à l'intérieur d'un plan cartésien qui s'articule en son centre autour de la «symbiose» drogue/personne. Cette «symbiose» — qui n'est, on s'en doute, jamais totalement réussie —, nous la représentons sous forme de trois «modes» de conjugaison avec l'espace-temps, c'est-à-dire sous le mode de l'*avoir*, de l'*être* et du *faire* (*se faire*). L'objectif d'une telle représentation métaphorique est d'adapter la dynamique spatio-temporelle (et de mouvement) de notre modèle avec la *Weltanschauung* et le langage particulier des toxicomanes. C'est ainsi que l'*avoir* se définit ici sous le mode de la possession; l'*être,* comme objet ultime de l'intoxication (l'état de manque signifiant par conséquent un *non-être*), et le *faire,* sur le double rapport de la consommation («faire de la drogue») et de son résultat (comme le dit bien cette expression populaire: «Je suis faite»...). À l'intérieur de notre modèle, nous localisons arbitrairement ces trois «modes» de conjugaison (de la «symbiose» drogue/personne) dans leurs axes spatio-temporels les plus significatifs: l'*avoir* dans le rapport au temps et à la réalité (l'expression «le temps, c'est de l'argent» résume bien le sens d'un tel rapport); l'*être* dans la relation

---

qui consommait (au moment de l'entrevue elle était abstinente depuis quelques mois) surtout un mélange de barbituriques et d'alcool, exprime bien le niveau de confusion qui souvent caractérise les rapports au réel du toxicomane: «J'étais rendue que je confondais beaucoup ce qui est réel de ce qui l'est pas..., confondue dans l'espace, confondue même avec mes enfants... souvent je me souviens même pas ce que j'ai fait des enfants... c'est bien flou dans ma tête, c'est pas clair, je me souviens pas pantoute...»

[30] L'opposition «aliénation/contrôle» est principalement définie ici par rapport à l'espace-temps (réel ou irréel) et à la substance psychotrope.

Figure 2 — Modèle anthropologique de la consommation toxicomaniaque

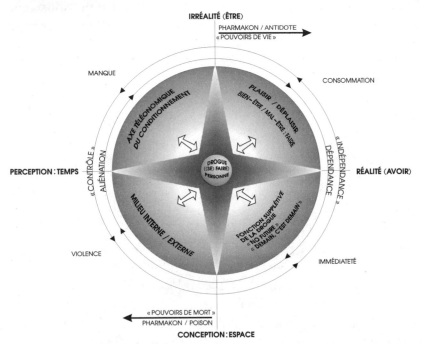

à l'espace et à l'irréalité (l'effet de la drogue plongeant le toxicomane dans un «état second» qui le constitue «en soi», en quelque sorte, comme un espace *irréel* autonome); le (*se*) *faire* comme le croisement, c'est-à-dire le pivot moteur — le point cardinal — de cette articulation spatio-temporelle animée par l'avoir et l'être. En fait, il importe de comprendre que tout ce qui compte, c'est de «faire de la drogue» pour pouvoir «se faire». Et, pour que cela puisse se réaliser, il est indispensable d'abord d'*avoir* pour ensuite *être*. Ainsi, le mode *faire* constitue ici, en quelque sorte, le point d'intersection (phénoméno-logique) des modes *avoir* et *être*.

Nous schématisons en ordonnées et en abscisses cet entrelacement en posant théoriquement comme en contiguïté d'un côté «l'espace et la conception», de l'autre «le temps et la perception». L'association espace/conception/irréalité ainsi que temps/perception/réalité n'est pas ici gratuite: elle vise à souligner, dans le cadre d'une problématique de consommation (pathologique) de stupéfiants, d'une part, toute la dynamique constructive idéelle de l'espace de la consommation et, d'autre part, l'inévitable relation à la réalité que constitue la perception du temps chronologique (le jour et la nuit, le premier du mois = «B.S.», le temps des fêtes, etc.).

On vient tellement déconnecté de la société, tellement déconnecté de la réalité, de la vie... Moi, y a un temps que je croyais même pas qu'y avait des gens à Montréal qui consommaient pas. Pour moi ça existait pas une personne qui consommait pas... excepté ma mère. Pour moi la société complète consommait, pis c'était normal, la seule différence c'est qu'eux autres y consommaient un peu moins que moi...

... y a pus de temps, y a pus d'heure, y a pus de jour... y a pus de lundi ni de dimanche... c'est Noël parce que tu le vois s'a rue, dans les vitrines, sans ça, si ça serait pas marqué dans la vitrine... «fermé: jour de Noël», tu le sais pas que c'est le jour de Noël.

Frank, quarante-six ans, udi.

Maintenant que la structure spatio-temporelle de notre modèle commence à prendre forme, nous arrivons au point stratégique de sa mise en mouvement, en rappelant que nous nous situons ici uniquement sous l'angle de la dépendance toxicomaniaque et non pas du point de vue de la simple consommation (sociale ou ludique) de psychotropes. Quatre pôles d'attraction, constituant autant de quadrants inévitables de la dynamique gravitationnelle de notre modèle, constituent la clé de compréhension de ce mouvement. Ces pôles sont représentés par quatre termes, à caractère notionnel et non pas conceptuel; nous les avons disposés de telle façon que l'on puisse géométriquement les jauger dans notre schéma selon leurs valences positives et/ou négatives. Ceux-ci sont: la *consommation* (+ +), l'*immédiateté* (- +), la *violence* (- -) et le *manque* (+ -). Cette représentation tout à fait arbitraire en signe positif ou négatif vise seulement à mettre en évidence la possibilité de jouer «algébriquement», d'un point de vue strictement qualitatif, avec la représentation de nos notions. Nous pensons principalement ici à la double «négativité» donnée à la «valeur» schématique de la *violence*, qui peut devenir dans certains cas un «plus» (c'est-à-dire positive). Mais cela ne sert à rien de compliquer inutilement un modèle qui n'a pour but que d'offrir un support à la compréhension et non pas une explication, comme nous l'avons déjà maintes fois souligné.

Nous préciserons, en premier lieu, le sens que nous attribuons à chacun de ces pôles d'attraction ou quadrants directionnels du mouvement de notre modèle : d'abord, la *consommation* (plus précisément l'*acte* de consommation), dont l'explication ne pose pas véritablement de problème ; l'instant et la possibilité de consommer sa drogue de choix qui représentent concrètement la valorisation positive extrême du cycle de la dépendance ; la position de l'*immédiateté* qui est cependant un peu plus ambivalente — son engrenage signifie un pas de plus vers la sublimation de la dépendance au produit. Le besoin immédiat de sa dose, le besoin de drogues, engage subrepticement la volonté individuelle dans les pièges de la violence, puis crée l'état de *manque* (qui constitue, toujours selon notre modèle, l'inverse symétrique de l'*immédiateté*).

Un coup qu'on a son quart dans les mains, c'est une obsession...
c'est notre Dieu, on peut plus s'en passer, il nous en faut tout de suite,
aussitôt qu'on l'a, on va se le faire sur place...

Sandra, trente et un ans, *udi*

Ou encore :

Pour aller faire mon hit, j'étais même pas capable d'attendre la
lumière qu'a tombe verte ; j'avais mon quart pis ma seringue dans
ma sacoche, j'm'en câlissais de la couleur de la lumière, je courais
jusqu'à piquerie... même si j'étais sur le boulevard Pie IX et que c'était
achalandé ; je passais s'a rouge...

Cynthia, vingt-quatre ans, *udi*

Quant aux formes de cette *violence,* nous les concevons autant dans le « milieu interne » du toxicomane, c'est-à-dire dans ses rapports avec lui-même, avec son corps, avec sa « bio-logique » (se faire violence), que dans son « milieu externe », c'est-à-dire dans les relations qu'il établit avec le monde environnant ou le monde extérieur (subir et faire violence)[31].

---

[31] Notre conception des milieux interne et externe est ici typiquement freudienne et s'apparente à la distinction que fait Freud entre « monde intérieur » et « monde extérieur ». Voir *op. cit.*

Comme l'*immédiateté*, l'état de *manque* est marqué par une certaine ambivalence. Nous devons distinguer le manque volontaire, que sont les périodes d'abstinence, du *manque* non désiré, ou involontaire, qui occasionne des états de crise physique et/ou psychique. Mais plus déterminant encore est le type de rapport qui s'établit entre le *manque* et la substance psychotrope. Un manque d'héroïne n'est pas un manque de cocaïne : «L'héroïnomane recherche le manque comme ultime rappel de l'existence du produit et de ses effets[32].» Dans le cas de la cocaïne, «le différentiel entre le "high" et le "down" est abyssal[33]», de sorte que le cocaïnomane est continuellement en état (latent ou réel) de manque.

> [...] *parce que le manque est quasiment immédiat... Tu shootes, tu sors ton aiguille, pis tu prépares l'autre,* [...] *pis t'as le shake au boute... t'atteins pu ce que tu veux... On dirait tout le temps que t'es en manque, il vient un temps que t'es toujours en manque.* [...] *Pour moi, personnellement, c'était plus dur le down de la poffe que le down de l'aiguille..., d'abord ton buzz est jamais assez haut et le down y est tout de suite là : au moins l'aiguille t'as un crisse de buzz... au moins t'as une compensation, ton buzz est plus fort.*

> Frank

Les «quadrants» sont fixés de sorte qu'ils indiquent les sens d'activation de la dynamique de mouvement du modèle. Il importe cependant d'ajouter une dernière précision : leur position respective s'explique également par le double axe d'articulation qu'ils composent avec leur inverse symétrique, toujours évidemment selon notre conceptualisation. Ainsi, l'articulation *consommation/violence* constitue un axe transversal représenté par la relation de plaisir/déplaisir (bien-être/mal-être) autant au sein du «milieu interne» que du «milieu externe»; tandis que l'articulation *manque/immédiateté* constitue ce que nous avons nommé l'axe téléonomique du conditionnement; là où la fonction supplétive de la drogue est prédéterminante et qu'illustrent assez bien des slogans comme «*no future*», «demain c'est demain», etc.

La dynamique spatio-temporelle de notre modèle de la dépendance

---

[32] Claude Olievenstein, *L'Homme parano*, Paris, Odile Jacob, 1992, p. 169.
[33] *Ibid.*

toxicomaniaque prend maintenant forme. Rappelons qu'elle n'est qu'une représentation (simplifiée) du mouvement qui active le «corpuscule» premier qu'est «l'enveloppe identitaire socioindividuelle de la personne» que nous posons significativement au centre de notre schéma dans son interaction («symbiotique») avec la drogue. Concrètement, toutefois, une troisième dimension — son nœud gordien — doit s'ajouter à notre modèle afin de donner à l'interaction «drogue/personne» un sens interprétatif véritable : nous pensons ici à l'articulation stratégique que constitue le rapport des identités avec l'espace.

Espaces et identités: l'articulation socio-anthropologique du modèle

Nous venons de situer les «axes spatio-temporels de la dépendance toxicomaniaque»; ces «axes», nous les avons interprétés dans un double plan *réel* et *irréel* afin de nous plier au continuum extrême qu'implique la consommation du produit, symbolisée d'une part par le mode de l'*avoir*, c'est-à-dire principalement par les moyens de posséder des psychotropes, et d'autre part par le mode de l'*être* qui résulte plus particulièrement de l'effet de ces derniers. On doit maintenant attribuer un sens à ce modèle essentiellement abstrait en l'articulant avec l'espace concret de la consommation. Il nous faut donc ajouter à ce modèle une dimension (socioanthropologique) qui nous permet de l'appliquer à un contexte précis, soit, dans le cas qui nous intéresse, le quartier Hochelaga-Maisonneuve. Si on peut, par analogie, représenter la dynamique spatio-temporelle de l'interaction «drogue/personne» comme l'expression du mouvement «atomique» de notre «corpuscule» de base (*cf.* supra), notre objectif actuel consiste plutôt à dégager les «lois» (mécaniques) qui le font interagir avec les autres «corpuscules» dans les contextes de consommation ou autre. En termes plus simples, cela signifie qu'il nous faut ramener notre modèle aux systèmes de relations que le toxicomane établit avec les autres, toxicomanes ou non, ainsi qu'avec ce qu'on appelle «la loi» du milieu. La clé de compréhension de cette troisième dimension se trouve dans l'articulation «espace et identités». «La relation à l'espace est [...] universellement garante de la particularité des identités[34]». Conformément à cette interprétation, toute la dynamique des rapports à l'espace dans les contextes spécifiques de consommation, mais aussi plus généraux, comme avec le quartier (H.-M.), doit être pensée selon des rapports d'identité, c'est-à-dire selon les rôles et les étiquettes qui sont chaque fois en jeu. Il s'agit donc essentiellement de rapports de force et de complicité qui s'établissent entre les individus à partir du double déterminisme de l'espace et de la fonction, rapports entre le *pusher* et le client, entre la prostituée, le client et son *chum*, entre le *junky* qui a les moyens et le *têteux*, etc. Cette troisième dimension de notre modèle est représentée par la figure 3, que l'on doit, pour l'appliquer au contexte d'Hochelaga-Maisonneuve, articuler avec les axes de *résidence* et de *dépense* (*cf.* «Approche ethnographique et morphologique du quartier»).

Au lieu de nous étendre sur l'explication abstraite et théorique de notre modèle et particulièrement sur sa «troisième dimension», il convient maintenant d'aborder, par l'entremise de cas concrets, l'espace carrefour que constitue la piquerie dans les modalités actuelles de la consommation de psychotropes. Dans cette partie, il nous sera à la fois possible de mettre en relief le déterminisme de l'espace et des fonctions, et de faire ressortir la problématique de la «surmodernité» (et, par extension, celle de la solitude) à laquelle nous confronte le monde des toxicomanes *junkies*. Pour ce faire, nous nous tairons le plus possible afin de laisser la parole aux principaux intéressés eux-mêmes.

La piquerie et l'individualisation des repères dans la «co-existence» toxicomaniaque

Qu'elle semble loin ici l'époque du *peace and love* et des *hippies,* de la vie commune et du partage. Entrer dans le monde des piqueries, c'est d'une certaine façon être confronté à une image surréelle, déformante de l'idéologie individualiste à son paroxysme. Au carrefour de plusieurs itinéraires de la toxicomanie, quelque part entre le monde de la rue et de la maison, une étape dans les circuits de la consommation des bars et de la prostitution, un refuge pour les *junkies* itinérants, la piquerie se dévoile comme un lieu de «co-existence» des solitudes.

[34] P.-L. Lévy et M. Segaud, cité par A. Cadoret dans P. Bonte et M. Izard (dir.), *Dictionnaire de l'ethnologie et de l'anthropologie,* Paris, PUF, 1991, p. 235.

Réunis par leurs affinités en matière de substances et de dépendance toxicomaniaque, jamais les gens des piqueries ne sauraient constituer un groupe d'un point de vue sociologique. Tout y est trompe-l'œil et illusion; pour le non-averti, c'est un véritable cauchemar éveillé. Pourtant, cette contre-société qui souligne en caractère gras la perte du sens de la communauté, où l'individualisation dérive vers un égoïsme pathologique, s'organise dans un désordre logique qui répond à une nécessité du milieu. Si les piqueries n'existaient pas, il faudrait en quelque sorte les inventer! Cette constatation, qui peut en faire sursauter plus d'un, ressort clairement des différents témoignages que nous avons recueillis, mais elle s'exprime également à travers une prophylaxie plus efficace du sida auprès des toxicomanes (malgré des attitudes et un discours qui semblent aller à l'encontre de cette prévention, comme nous le verrons dans le chapitre consacré au sida).

Une des exigences premières pour le chercheur qui se penche sur la question des piqueries et des *udi* est de passer par-dessus le mur des apparences: l'apparence de fraternité, l'apparence de satisfaction, l'apparence de joie, etc. Non pas qu'il faille prendre le versant opposé et dénoncer l'inimitié toujours prête à exploser, ou l'éternelle insatisfaction du toxicomane, ainsi que le «malheur» de son existence...; en fait, il faut comprendre que, derrière la scène qui s'y déroule, se trament des ramifications complexes qui plongent au plus profond de l'individualité des personnes, où le jeu des identités et des apparences n'a plus sa force d'impact. La seule véritable règle qui prédomine est «le chacun pour soi»: chacun «fait sa petite affaire», dans la mesure où il en a les «moyens» et où sa présence est tolérée. C'est à ce niveau que se monnaye, autrement dit, le jeu des «cartes d'identité» auquel nous faisions précédemment allusion. L'espace de la piquerie est un lieu de rapports de force, fondé sur un minimun de complicité entre ceux qui possèdent dollars, drogues, pouvoirs, etc. et ceux qui veulent en acquérir... Un jeu complexe de domination et de dépendance — une *game* — qui s'établit à différents niveaux d'interaction. Parmi les principaux personnages qui dictent les règles de cette partie, nous retrouvons en premier lieu le *pusher* (le revendeur), ses «amis» (parfois associés) ou les «habitués» qui stagnent plus longtemps que les autres;

Figure 3 — Modèle d'interprétation spatiale de l'identité socio-individuelle

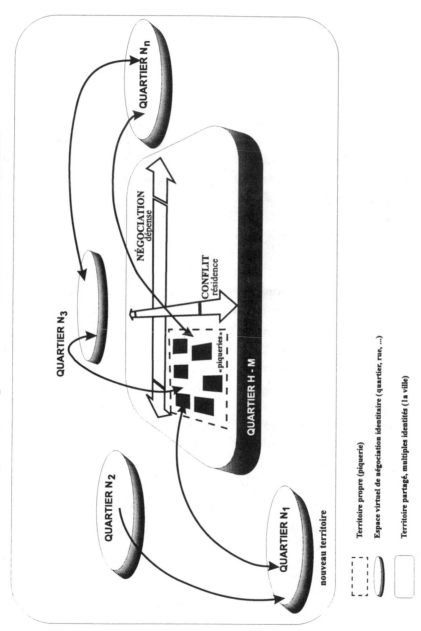

QUARTIER N$_n$

QUARTIER N$_3$

NÉGOCIATION
dépense

CONFLIT
résidence

«piqueries»

QUARTIER H - M

QUARTIER N$_2$

QUARTIER N$_1$

nouveau territoire

Territoire propre (piquerie)

Espace virtuel de négociation identitaire (quartier, rue, ...)

Territoire partagé, multiples identités (la ville)

parmi eux, souvent, le *chum* (l'ami de cœur) de la prostituée[35] qui attend que celle-ci revienne pour lui payer sa dose (la prostituée, constituant le pilier de cette économie clandestine — du moins dans le secteur d'Hochelaga-Maisonneuve — ne fera dans bien des cas qu'un arrêt rapide entre deux clients); puis il y a les acheteurs occasionnels pour qui la piquerie ne représente qu'un «dépanneur» de drogues ouvert vingt-quatre heures sur vingt-quatre, sept jours sur sept et parmi lesquels se glissera parfois celui que l'on baptise le *têteux* (un quêteur de drogue) et sur lequel nous aurons l'occasion de revenir. En fait, la piquerie est avant tout un commerce de la drogue, «comme n'importe quel autre commerce», qui offre le service (ou la possibilité) de consommer sur place. Un commerce néanmoins extrêmement particulier que nous allons maintenant essayer de comprendre en laissant aux principaux intéressés le soin de nous en parler.

Mais avant, Frank (quarante-six ans) qui a été un de nos collaborateurs et avec lequel nous restons encore aujourd'hui en contact, se fait philosophe et nous traduit sa vision (*Weltanschauung*) du problème actuel de la drogue:

> *Comment je vois ça ? T'as eu la religion qui menait toute, qui disait toute quoi faire, pis tout le monde vivait en fonction de ça: c'était péché on le faisait pas, ça c'était ci, ça c'était... Pis après... y a eu comme un vide, pis t'as eu le Peace and Love: là tout était permis.* [Mais] *aujourd'hui, c'est quoi qui est permis, c'est quoi qui est pas permis ? T'es attaché à quoi ? Politiquement y a plus rien, y a plus de combat politique... y a plus rien qui ramène les jeunes...*

Pour certains de ces jeunes qui ont choisi la porte de sortie de la drogue, un endroit comme la piquerie normalise en quelque sorte leurs comportements toxicomaniaques, en les confrontant avec des semblables qui partagent une passion commune, le même «envoûtement» pour la substance. Simone (trente-trois ans) qui était

---

[35] Nous aurons l'occasion d'examiner plus en détail le cas des prostituées et de la prostitution dans Hochelaga-Maisonneuve dans le chapitre consacré à l'analyse du récit de vie de Denise, qui devient pour nous une sorte de «version canonique» pour comprendre l'ensemble de nos «histoires de vie», ainsi que dans la section consacrée à toute la problématique des «espaces intersubjectifs» de la contagion du sida.

entrée en rébellion contre le monde des piqueries au moment de son entrevue, nous décrit celui-ci comme une sorte de «secte satanique»:

Dans ces endroits, là, dans une piquerie... y a comme un envoûtement quand tu rentres là-dedans...; c'est pas une Église ça là, c'est loin d'être une Église, c'est complètement l'opposé de l'Église. Sur la terre, tu as le bien pis le mal. Ben là-dedans c'est le mal, pis toute ce qu'y a en fait de mal c'est là-dedans, c'est comme tabou, là-dedans c'est Satan, y faut pas avoir peur des mots: Satan c'est là-dedans que ça se passe et quand tu rentres là dedans y a pas de croix, y'a pas de Jésus-Christ, pis y a pas de rameau non plus, y a ta dope, y a du sang: c'est pour ça que [ce sont] des endroits dégueulasses; des affaires épeurantes, pis si t'as pas peur de ça, c'est parce que t'es dedans toi aussi..., parce que t'es comme envoûté: en rentrant dans une place de même, t'as le body pis le mental complètement envoûtés. Pis en te gelant en plus, dans ces endroits-là, et ben c'est ton chez-vous que t'adoptes...

Moi, j'étais jour et nuite sur le trottoir, jour et nuite moi, c'était: un client, c'était poffe, client/flûte, client/fix, ça arrêtait pas. J'étais pas toute seule là-dedans, on était une cinquantaine: pis c'était tout le temps ouvert jour et nuite... Tout le monde se connaît, dans toutes les piqueries, tout le monde se connaît... C'est comme une secte, carrément une secte: ça ressemble beaucoup à ça, ça ressemble beaucoup à une secte...

On peut se demander maintenant où commence la piquerie, à quel moment ce qui est d'abord un logement et une résidence privée devient reconnu comme un *shooting* et se voit attribuer l'étiquette de piquerie. Nous distinguons deux formes de piqueries dans la structure même de leur genèse: une première, originale, que nous nommerons «improvisée» et qui est un appartement se transformant graduellement en piquerie, à cause de la disponibilité des drogues et de l'augmentation de sa fréquentation; une deuxième, qui découle du succès économique de la première, que nous appellerons «organisée» et qui est essentiellement instituée à cet effet. Il faut comprendre que les premières véritables piqueries le sont souvent devenues du jour au lendemain par un concours de circonstances. Serge (trente ans)

résume (de façon presque caricaturale) cette «mise au monde» tout
à fait improvisée d'une piquerie, il y a un peu plus de cinq ans:

> *Mon amie un matin s'est levée: «Je veux que ça devienne une*
> *piquerie icitte...» Elle a fait rentrer un vendeur, pis le monde se sont*
> *installés chez nous... Je me souviens même que les filles qui faisaient*
> *de la prostitution, dès fois quand je dormais, y me réveillaient, pis y*
> *disaient: «Hey! lève-toi, j'ai un client»; ça se passait toute dans la*
> *maison.*

Cynthia raconte que, à peu près à la même époque, son appartement s'est transformé graduellement en piquerie:

> *Chez nous ç'a commencé, on avait un logement et de plus en plus*
> *y a du monde qui venait là...*

Denise (trente-trois ans) explique, quant à elle, le rôle déterminant
que jouent les prostituées dans la genèse d'une piquerie improvisée:

> *Tu vois les piqueries, c'est jamais des piqueries au départ. C'est*
> *chez des filles qui consomment, pis qui font la rue, ben souvent ça*
> *commence comme ça, ou chez les gars qui font pas la rue mais qui*
> *consomment. Mais nous autres étant donné qu'on n'a pas d'endroit*
> *pour consommer, on s'installe à leurs dépens — ben, à leur dépendance*
> *— en leur en donnant. Fait qu'à un moment donné* [il y a plusieurs
> filles dans la place]; *ce sont toutes des belles filles, ben souvent c'est*
> *un gars qui reste là, fait que le gars y a rien contre d'avoir des belles*
> *filles chez eux. Y en a une bien, elle va arriver pis elle va le sucer,*
> *l'autre elle va y donner de la coke, fait que ça se retrouve au bout*
> *d'une semaine c'est plein de pitounes là-dedans, pis le gars y est rendu*
> *avec plein de consommations, y est loadé ben raide, pis ben souvent*
> *y va faire des commissions. Fait qu'on l'envoye faire nos commissions,*
> *chez des dealers: automatiquement y se fait un nom. Pis y peut avoir*
> *après des quarts chez eux à vendre pour les filles. Fait que c'est de*
> *même, nous autres on s'sert des piqueries, les piqueries ça sert pour*
> *nous autres: c'est nous autres qui les met au monde... si on appelle*
> *ça les «mettre au monde», ça va toutes les «mettre à mort»...*
>
> *Normalement, le dealer où est-ce qu'on envoye chercher la coke,*
> *lui c'est un vendeur pour un autre dealer qui a établi les normes de*
> *piqueries... Moi je connais un gars qui a quatre locations de logement*

dans Hochelaga-Maisonneuve, entre Préfontaine et Joliette, toujours entre Adam et Sainte-Catherine, pis qui a quatre logements à louer à l'année, pis ça varie, y se promène au bout de vingt et un, de vingt et un à trente jours là, ça change, ça déménage.

L'interdépendance des réseaux de drogues et de prostitution (avec les énormes profits que cela représente) par le carrefour — le circuit — de la piquerie a entraîné, parallèlement à ce commerce improvisé, le développement d'une organisation très structurée entre les mains de quelques fournisseurs qui «installent» à chaque endroit un revendeur (les travailleurs de rue du quartier Hochelaga-Maisonneuve ont donné à ces revendeurs le titre significatif de «gérants de piquerie»). Gaston (quarante-trois ans) qui dit avoir eu sept ou huit piqueries, presque toutes localisées dans Hochelaga-Maisonneuve ainsi qu'un peu plus à l'est vers Delorimier, nous raconte comment il fonctionnait:

Je louais surtout un premier étage, où est-ce qu'on peut avoir accès facilement et qu'on peut sortir par en arrière facilement. On louait surtout... on louait au mois. J'ai déjà eu un bail, je me suis senti pris à un moment donné, fait que j'l'ai parti, quand t'as peur de rien... Pis à un moment donné ça fonctionne vingt-quatre sur vingt-quatre, et à force d'en voir, ben t'en fais plus. À force de voir la misère des autres, ben t'essayes de masquer la tienne; t'en fais autant. Ça fait qu'un moment donné, t'as plein de stock s'a table pis tout le monde fouille dedans et toi t'es complètement parti. [...]

Moi j'avais des vendeurs qui vendaient au point. On avait une belle panoplie de clients, surtout tous les bars. Ben je dis tous les bars, mais plutôt certains bars où on s'était faite des chums là-bas qui venaient à quatre [heures] du matin: entre quatre et dix le matin, c'était la foire..., c'était là qu'on faisait notre argent. [...]

On fonctionnait jusqu'à temps qu'on se fasse pogner, si on se faisait pas pogner dans le lot et ben on en repartait: parce que nos clients nous suivaient, on aurait pu déménager d'un bout à l'autre de la ville, y nous auraient suivis. [...]

Nous autres on vendait surtout, on les laissait fixer, parce qu'on avait une piquerie. Quand, à un moment donné, on était quinze dans une pièce grande comme ma main, mettons quinze par quinze, mais on en décâlissait dehors à peu près quatre-cinq qui têtaient ou qui étaient accrochés dans les toilettes: on les mettait à la porte. Y revenaient pareil...

[À propos des revendeurs] *Les piqueries on pouvait en ouvrir trois en même temps, pis quand tu fournis... t'as du monde, tu prends n'importe qui, n'importe qui que tu connais un peu: t'sé qu'y marchent droit jusqu'à temps qu'y capotent, parce que tout le monde capote là-dessus. Mais tant qu'y marchent, y marchent, si y marchent pas y marchent pas; quand y se font pogner, c'est leurs problèmes à eux autres, ils le savaient déjà à l'avance. C'était chacun pour soi, tout le monde voulait faire un peu de profit, tout le monde voulait avoir du fun, tout le monde voulait s'envoyer en l'air.*

[Les revendeurs] *... c'est du monde qu'on connaissait, y en avait, qui à un moment donné... n'avaient plus d'argent: y voulaient avoir leur dope, en autant qu'y consommaient pas quand on était là, c'était déjà pas pire et si les gars payaient pas... y fallait qu'y travaillent plus fort, c'est tout.*

La quantité d'argent qui peut se négocier dans une même piquerie en un seul jour est assez impressionnante, mais plus impressionnante encore est la vitesse avec laquelle cet argent est dilapidé, le principal «client» de la piquerie étant habituellement le *pusher* lui-même. Ainsi, Denise nous dit:

La piquerie c'est ce qu'y a de plus payant dans Hochelaga-Maisonneuve, pis c'est ce qui rapporte le moins. Mais c'est ce qu'y a de plus payant comme commerce dans dope.

Et, de préciser Frank:

[Le *pusher*] *y va faire quatre mille piasses de profit par jour mais à la fin de la journée y a jamais une cenne dans ses poches... Les gars sont pas là pour l'argent, y sont là pour la drogue; ce sont des gros consommateurs, y veulent pas consommer tout seul, y donnent, y donnent beaucoup beaucoup beaucoup. [...] Y a jamais d'argent over, même qu'y en manque... Même si y a vendu quatre onces dans la journée : y manque d'argent pour acheter un trois et demi [3,5 g]... C'est pas des jokes, c'est à tous les jours comme ça....*

C'est au même chiffre de 4 000 $ que parvient Denise par un calcul explicatif à propos de la rentabilité des prostituées :

> *Tous les vendeurs de piquerie sont des consommateurs acharnés... pis les filles, ce sont des prostituées qui sont payantes : quand tu dis qu'une fille peut acheter vingt quarts par jour [0,5 g = 20 $], mets-en dix comme ça ; ça fait un crisse de tas d'argent, tu peux t'imaginer.*

Non seulement la profession de «gérant de piquerie» n'est pas payante, mais elle n'est pas reposante du tout. Frank nous fait une description pas très gaie de l'ambiance qui y règne, apte à décourager n'importe qui voulant se lancer dans ce genre de commerce... :

> *La piquerie... c'est l'enfer total, tu rentres là, y a du sang partout sur les murs... les toilettes sont plus utilisables... du linge plein de sang à terre, t'as un lit, t'as une chambre qui est pour le pusher... la chambre est tout le temps envahie par les principaux chums (gars ou filles) qui sont toujours dans cette chambre-là, les autres sont dans le salon ou dans la cuisine, y a un frigidaire... ; tout ce qu'y a dedans c'est une lumière, la plupart du temps. [...] [Pour le crack] c'est une guerre de cuiller, c'est une guerre pour la petite vache. [...] Tu te ramasses dans une pièce grande de même, t'es douze là-dedans, c'est la guerre... c'est quasiment la guerre ; tout le monde watche sa seringue, échappes-en pas, laisse pas traîner ton sac deux secondes, y en a un qui te le vole... échappe ta seringue, y en a un autre qui va venir t'a sauter tout de suite... [...]*

> *T'as tous l'air ben chums, ben ben amis ; y en a un qui se ramasse en dedans, y aura pas un crisse de chat qui va y envoyer un paquet de cigarettes, même si c'est le pusher de la place pis que lui y a payé la traite pendant des mois aux filles, à planche. [...]*

> *Tu t'imagines-tu : t'es là-dedans vingt-quatre heures par jour, sept jours par semaine à entendre crier, à entendre se chicaner, des overdoses, pis tu sors jamais de là, c'est dur à vivre ça !*

Pour ce qui est des lieux physiques proprement dits, ils peuvent varier d'un endroit à l'autre mais, en général, la piquerie se caractérise par son dénuement en ameublement et en approvisionnement (autre que la drogue). Denise cite toutefois le cas d'une piquerie quelque peu spéciale par son organisation et son aménagement:

> *Une place, y avait vingt et une pièces dans cette maison-là. Fait que des coins pour se geler y en avait, de la coke y en avait dans place; y avait deux vendeurs dans... même crisse de piaule... Tu rentrais, y avait le bureau des vendeurs, l'autre pièce c'était pour les piqueries, l'autre pièce c'était ceux qui fumaient, en arrière c'était la cuisine, à côté, oups! c'était une autre sorte de poudre que tu pouvais avoir là... là tu revenais sur l'autre bord pis c'était encore des chambres différentes... Y avait pas de prix d'entrée, c'était juste. Y avait une place où toutes les filles dormaient, y avait une place...* [où les filles] *faisaient des clients; tu descendais dans cave; c'était le bunker; y avait à peu près douze chats dans place...*

> *Les filles amenaient des clients, les clients consommaient; fait que ça faisait d'autres... acheteurs.* [...] *Je me souviens dans descente, y avait une quarantaine de personnes dans place.* [...] *Moi, je m'avais loué une chambre là-dedans... c'était la seule place qui était propre dans cette piaule-là. Y avait un futon, y avait une table...*[...] *Un moment donné, à force de rester dans des endroits aussi sales... j'me suis mise à voir des bébites... J'ai faite une psychose épouvantable; toute était sale autour de moi, fait que je lavais toute à l'eau de Javel; j'me lavais à l'eau de Javel...*

Bien qu'il s'agisse d'un exemple extrême, du moins en ce qui concerne la grandeur des lieux, on nous a dit à plusieurs reprises qu'il peut y avoir plus de trente et même parfois jusqu'à cinquante personnes à la fois dans une même piquerie. Peu importe la grandeur ou le nombre de personnes présentes, il ressort des différents témoignages qu'à chaque endroit l'individualisme poussé à son maximun régit les rapports entre les individus. Pour les esprits échauffés, la seule règle de sociabilité possible consiste souvent à éviter les autres. Les situations de crise sont courantes et les disputes pour des riens font partie du décor acoustique habituel. Il ne faut pas croire pour autant que c'est toujours la «guerre» et que tous se détestent.

Au contraire, les liens de camaraderie et les moments de complicité fraternelle sont à la base même du noyau qui permet la «coexistence» dans la piquerie. Cependant, nous devons comprendre que, au-delà d'une certaine limite — une limite qui est continuellement frôlée et transgressée car l'objet même de la consommation toxicomaniaque est de toujours vouloir dépasser ses limites —, il n'est plus possible d'avoir le contrôle de la piquerie et de ses occupants. La venue d'étrangers, les *overdoses*, les *bad trip* paranoïaques sont autant d'éléments parmi une multitude d'autres (disputes entre «amoureux», dettes de drogue ou d'argent, etc.) qui font partie de ce quotidien de crises et qui l'animent. Les attitudes basculent cependant entre les extrêmes de l'imprévisible; autant on peut vouloir «s'arracher la tête» pour des peccadilles, autant la mort d'une personne par *overdose* peut laisser froid, comme en a été témoin une des travailleuses de rue. Seules comptent sa propre personne et sa dose de drogue. Cette logique individualiste qui compose entre l'égoïsme de la relation à la substance et l'isolement par rapport aux autres; la nécessité d'être constamment sur ses gardes ainsi que le climat de crise qui risque à tout moment d'éclater; le sentiment d'être dépassé par les événements et les situations, etc.: voilà le témoignage qu'expriment de différentes façons les personnes que nous avons rencontrées et qui fréquentent le milieu des piqueries. Nous examinerons maintenant quelques-unes de ces perceptions, en revenant encore à Denise qui se targue d'être probablement l'une des seules à consommer socialement:

> *J'étais une des seules intraveineuses qui faisait ses consommations de façon enrichissante. Moi, je faisais mes consommations mesurées: je faisais jamais d'overdose, je faisais ben attention; j'étais pas le genre de fille à me mettre les mains en dessous du prélart à voir si y avait peut-être de quoi à terre. C'était plus: on jasait, on riait, on faisait des farces. Je me disais toujours: «Ça coûte assez cher tabarnac, on va rire»... Fait qu'on riait, on riait...*

L'attitude décontractée de Denise, qui se dit «pas paranoïaque», contraste avec celle de Sandra, qui se décrit, elle, comme «très paranoïaque»:

> *Y a beaucoup de vol entre consommateurs, y a beaucoup de*

têtage... : «Tu m'en donnes-tu, donnes-moi-z-en, s'il vous plaît, je vais te donner deux seringues neuves ou je vais te remettre ça tout à l'heure... »

C'est un monde très très insécure, parce qu'on s'attend à un bust à tout moment. Tout le monde sait maintenant que la police se gêne pas pour t'enlever une seringue dedans le bras... même si c'est pas supposé, c'est illégal : sont sensés te laisser finir ton hit quand la seringue est pénétrée [dans le bras]... Moi, ça m'est jamais arrivé, mais je suis devenue paranoïaque à l'extrême à cause de ça. Moi je me renfermais dans une toilette, j'avais tellement peur des agents de sécurité dans les places publiques... ou même dans une piquerie j'allais dans une toilette, je m'accotais le dos s'a bol, j'étais assise à terre complètement... les deux pieds dans porte. J'me disais : «Si y défonce, au moins, je suis en train de faire mon hit, mes pieds vont retenir un peu»...

Sandra dit ne pas fréquenter souvent les piqueries à cause de cette paranoïa. C'est tout le contraire de Frank — qui croit que c'est peut-être parce qu'il n'est «pas paranoïaque» qu'il a pu consommer si longtemps et pour qui la peur des descentes de police ne saurait être un obstacle à son *trip* dans les piqueries :

[Les descentes] ça peut te faire peur au début, mais tu t'habitues... T'es dans la piquerie, tu les vois tout le tour, les bœufs, tu t'en fous, tu t'en fous : y vont venir pis ? Y viendront ! Y viennent à porte sonner pour acheter de la coke... : «On vend pas de ça, nous autres icitte... » Là, tu ouvres la porte, y a de la boucane qui sort de là-dedans, mon ami; ça sent la freebase jusqu'à deux coins de rue; y en a à peu près trente qui sont en train de fumer ou après se piquer devant tout le monde, la porte toute grande ouverte...

La police, c'est pas ça qui les fait peur, tu t'habitues à ça... ça fait partie du système; ça vient que ça fait partie de ta vie, c'est comme aller à toilette : c'est un tas de marde qui entre par la porte au lieu de sortir par la bol, c'est toute...

Cette vision caricaturale de l'inefficacité de l'intervention policière dans les piqueries est en quelque sorte entérinée par Denise :

Je me faisais pogner tout le temps dans les piqueries. [J'ai été] ben chanceuse parce que ces cons-là y crient «police» en ouvrant la porte. Fait que tu jettes, tu garoches toute, comprends-tu, tu te fais jamais prendre...

Entre la peur réelle des descentes de police et les comportements paranoïaques irrationnels de certains, ce sont souvent ces derniers qui transcendent l'atmosphère générale dans la piquerie. Gaston raconte comment il en est venu à perdre le contrôle dans sa propre piquerie :

J'ai laissé la piquerie à un moment donné parce que j'étais pus capable. Je pense que j'ai commencé à décrocher de la piquerie quand dans ma propre piquerie, je montais sur l'évier pour essayer d'ouvrir les rideaux, pour essayer d'avoir de l'air, et là tout le monde me pognait par en arrière... [...] Pis de voir qui y en a qui bustaient, qui pétaient au frette [qui mouraient]...

C'est probablement dans cette relation ambivalente avec la mort, lors du décès par *overdose* d'un des usagers de la piquerie, que ressort le plus l'individualisme du *junky ;* on n'a pas à se préoccuper d'un mort parce qu'on n'a plus rien à attendre (à recevoir) de lui ; seul nous préoccupe véritablement la disparition du cadavre. Pour Gaston, c'est même l'occasion de consommer encore plus :

[S'il y en a un qui meurt dans la piquerie] on fête encore plus fort pour l'oublier, pour lui souhaiter des bonnes vibrations, on lui envoie des bonnes vibrations. Y vient à un moment donné que c'est la dérision totale, y a plus rien qui te fait plus rien... ; qu'y claque... soit à l'hôpital, chez vous ou dans ruelle. Je sais pas... je pense que le désir de mourir ou le désir de non-existence est tellement manifeste. C'est même plus un désir, c'est même plus avoir l'instinct de survie, c'est simplement se laisser aller...

Évidemment, les réactions face à la mort de quelqu'un peuvent être tout à fait hystériques, surtout si on est quelque peu «paranoïaque» comme le montre l'expérience de Cynthia :

J'ai vu une fille mourir..., on savait pas quoi faire avec, on était dans une piquerie et elle a crevé là, pis on savait pas quoi faire, on était toujours ben pas pour appeler la police pour lui dire qu'elle venait

de crever; on hallucinait, on la connaissait pas. On l'a roulée dans
un tapis et on est allés la crisser au cimetière... Y avait rien que ça
dans l'appartement: un tapis. Anyway, on l'a roulée, on est sortis par
en arrière, on l'a mis[e] dans un pick-up... et on a été la porter...
dans le cimetière... C'était l'enfer!

Comment peut-on, face à cette réaction brutale et ambiguë à
l'égard de la mort, introduire dans la piquerie des programmes de
prévention sur le sida? N'y a-t-il pas un contresens à vouloir se
protéger contre une maladie mortelle, alors que le risque de perdre
sa vie est le prix que doit payer consciemment le *junky* pour participer
à la joute toxicomaniaque? C'est cependant un fait accompli: chacun
est de plus en plus conscient des risques du sida et des moyens
permettant de s'en protéger. Même les «gros fournisseurs» ont
compris qu'ils ont tout avantage à offrir (vendre) des seringues neuves
s'ils ne veulent pas perdre leur clientèle, et ceci à cause des ravages
de la maladie... Il faut comprendre que, si les attitudes changent, ce
n'est que de façon très lente et graduelle; souvent, ce n'est pas la
question du sida qui est à la base de ces changements. Prenons
l'exemple de l'échange de seringues qui est la clé de toute la
prophylaxie du sida spécifique aux *junkies*. Si, aujourd'hui, le partage
des seringues semble de plus en plus marginal, ou exceptionnel, ce
n'est pas uniquement à cause du sida. Serge et Cynthia nous
rappellent que, il y a environ cinq ans, le partage des seringues ne
posait pas de problème; c'était en quelque sorte la norme d'usage.

Un moment donné, [dit Serge], on avait un pot sur le frigidaire
et c'était toutes des seringues, tout le monde s'en servait et les remettait
là après; ça fait qu'on se servait de ces seringues-là. Tout le monde
échangeait, on mettait pas de nom dessus... On les nettoyait: on les
passait à l'eau pour pas qu'y bloquent...

Et d'ajouter Cynthia:

Chez nous, ça s'en venait comme une boucherie... On jouait aux
dards avec les seringues sur les murs, on s'était fait un jeu de dards et
quand la seringue était plus bonne on la pitchait sur le mur; on avait
une autre place, c'était un verre d'eau et toutes les seringues étaient là-

dedans, quand t'avais fini t'a crissais là et si tu en voulais une t'en prenais une là-dedans, tu savais jamais qui l'avait prise avant...

Bien que l'on ne rencontre plus ce genre de comportement aujourd'hui, la raison avouée est rarement la question du sida, comme l'explique Frank:

Aujourd'hui, la seringue c'est comme un trésor... parce que si j'en ai plus je suis plus capable de me piquer, pis y a pas personne qui veut m'en donner, parce que... c'est leur dernière, c'est toujours leur dernière seringue: si y en ont vingt, y s'en servent des vingt, c'est pas long... quand tu arrives à fin de la nuite, y t'en reste une seringue; celle-là t'a gardes, c'est un trésor, t'a tiens serrée... pas parce que t'as peur de pogner une maladie que t'a passes pas, t'as peur qu'elle brise, qu'elle bloque... c'est de ça que t'as peur, c'est pas du sida que t'as peur, t'as peur de perdre ta seringue...

Cette irrationalité face à la contagion du sida et à l'échange des seringues semble toutefois se manifester de façon graduelle. Au cours de ses premières expériences, le *junky* fera généralement attention aux risques de sida, comme en témoigne éloquemment l'expérience de Jeanne (trente-trois ans) qui en viendra à la fin à échanger une seringue avec une parfaite inconnue (*cf.* infra):

Moi mon rôle dans une piquerie, c'était de faire le docteur, shooter le monde, c'était de faire attention à ce que tout soit stérilisé, que tout soit bien; moi j'identifiais les seringues à tout le monde, je mettais des collants, j'allais échanger les seringues à Cactus...

J'essayais de tout faire pour qu'y ait le moins de risques... possibles. Mais par contre je sais une chose, c'est que quand t'es gelé, quand tu pars sur ton rush là, tu regardes sur la table et t'sé plus c'est laquelle ta seringue, t'sé plus...

Juste avant de pogner mon rush, je mettais ma seringue sur mon oreille, ça fait que je savais tout le temps où était ma seringue... Les verres d'eau c'était la même affaire: [je les] gardais entre mes jambes... quand j'étais pas sûr; je prenais pas de l'eau de là, j'allais rincer et laver à l'eau de Javel...

Je faisais attention à mes seringues, je remettais le bouchon dessus,
je l'écrasais pas dans la cuiller, je prenais une ouate... J'étais assistante
dentaire: je connaissais ça des instruments de précision. Je faisais
attention; mon corps ç'a toujours été important... j'essayais de
prévenir...

Nous aurons l'occasion de revenir sur toute la question des comportements à risque et de la prévention chez les *udi* dans le chapitre consacré au sida. Comme l'indiquent bien les derniers témoignages, la piquerie a été et est encore un lieu de prédilection pour la contagion de la «terrible maladie» mais aussi de plusieurs autres (l'hépatite, par exemple, fait partie intégrante de cette culture marginale qui s'est depuis longtemps habituée à vivre avec...). Mais, paradoxalement, la piquerie a pu également jouer un rôle significatif dans le ralentissement de la progression géométrique que connaît la contagion du sida à l'intérieur de la couche des toxicomanes *junkies*. Ainsi, outre une certaine mise en commun que supposent ces lieux de consommation, la piquerie est avant tout un appartement, une résidence privée où il est parfois possible de se sustenter et de dormir. Pour la prostituée qui mène souvent une vie à un train d'enfer, c'est une halte indispensable de «repos», un lieu de transition entre les obligations de la profession et celles du milieu domestique (les enfants, le *chum*, etc.). L'augmentation de ces lieux d'arrêt dans les circuits de la consommation toxicomaniaque permet à ceux qui les fréquentent et qui n'ont pas de domicile fixe — aux itinérants — d'avoir ainsi des lieux de résidence temporaire où ils peuvent devenir parfois plus vigilants face aux risques de contagion du sida que lorsqu'ils sont carrément aux prises avec le tourbillon de l'intoxication directement dans la rue. C'est pour cette raison, principalement, que nous situons d'abord la piquerie dans l'axe de la résidence et non uniquement de la *dépense*. Deux extraits d'entrevues expriment bien cet aspect indispensable de la piquerie, qui fait qu'elle est en quelque sorte un «mal nécessaire»:

Les piqueries, [dit Denise], c'est quasiment nécessaire parce qu'il
faut quand même des endroits où est-ce qu'y a pas d'enfants; des
endroits où est-ce que les filles sont en sécurité [et] qui se font pas

violer non plus par personne. Veut, veut pas, même si [ce sont] des
gelées, [ce sont] quand même des êtres humains, quand qu'y avait
pas de piqueries, moi je me souviens du temps où est-ce qu'y en avait
pas beaucoup de piqueries... et ben, c'était dans les parcs qu'[elles]
allaient, c'était partout; dans les escaliers des immeubles, c'était
n'importe où; pis c'est peut-être là que le sida s'est développé le plus,
c'est peut-être là qu'y a eu le plus d'overdoses aussi parce que les filles
se reposaient pas, y pouvaient pas dormir, y pouvaient pas manger...
Les piqueries... [ce sont] des logements..., moi j'étais le genre de fille
qui mangeait pis qui dormait le plus souvent possible pour avoir des
highs les meilleurs. Fait que quand j'arrivais avec mon lunch, y en
avait toujours une ou deux qui avaient faim, pis [je les] faisais
manger... Si j'avais pas eu ces places-là pour dormir, je serais morte.
C'est quand même un repère pour les itinérants. C'est bien dommage
que ça soit des piqueries, mais qu'est-ce que tu veux faire, les filles
consomment... y vont consommer dans les places où est-ce qu'y peuvent
se reposer. Sinon y consommeraient dans le milieu de la rue, y
consommeraient pareil, veut veut pas... y vont consommer.

Une opinion que partage Sandra:

Qu'est-ce qui arrive ben souvent: le gars ou la fille qui va acheter
son quart ou sa demie, ou son gramme, whatever, y a le goût de le
faire tout de suite. C'est sûr qu'y peut aller le faire dans la rue, ben
y peut toujours, moi je l'ai déjà faite mais il faut que tu te caches
comme il faut, parce que n'importe qui peut appeler la police s'y te
voit... Dans l'piquerie, t'es sûr qu'y te voit pas... c'est sûr qu'y a des
risques de bust... et des busts y en a pas à tous les jours... Pis y faut
tenir compte aussi du facteur qu'y a des gens qui restent nulle part,
beaucoup de filles et de gars qui se piquent n'ont pas d'endroit, n'ont
pas de nid où coucher, donc pas d'endroit où se piquer... ça fait qu'y
se piquent sur place...

Si, comme on vient de le voir, la logique d'existence de la piquerie
s'insère dans l'*axe de résidence* — surtout dans le cas du circuit
«féminin» de la prostitution —, il ne faut pas pour autant écarter le
fait que celle-ci s'articule fondamentalement avec l'*axe de la dépense*,
non seulement parce que c'est un lieu où l'on dépense énormément

d'argent, mais aussi parce qu'il est en relation étroite avec le milieu des bars. Gaston y faisait allusion plus haut. Le moment de la journée où les piqueries fonctionnent à plein rendement, c'est au moment de la fermeture des bars jusqu'aux petites heures du matin. Cette connexion avec les bars n'est pas la seule ; les travailleurs de rue nous ont expliqué que certains *junkies* vont parfois quitter le bar, laissant, avec la complicité du *barman*, leur bière au réfrigérateur pour aller se faire un *fix* dans une piquerie des environs. Rarement le toxicomane va-t-il se piquer dans les toilettes du bar ; il préférera se rendre à la piquerie la plus proche où il trouvera toutes les facilités pour faire ce dont il a besoin. Cette complicité entre le fonctionnement des bars et des piqueries s'établit également parfois à cause des intérêts économiques, les tenanciers des bars et des piqueries travaillant parfois pour la ou les mêmes personnes. Ce circuit de circulation sur l'*axe de la dépense* entre bars et piqueries est avant tout «masculin». Ce sont surtout les hommes qui le parcourent, alors que les prostituées, comme nous l'avons déjà dit, font surtout la navette entre la rue (ainsi que les lieux de passe : automobile, chambre, etc.) et la piquerie. À travers les bars et la culture *country-western* qui les caractérise (*cf.* n. 24, p. 98), s'établit une autre forme de complicité qui nous paraît importante : celle des rapports entre les générations. Importante, d'une part, parce qu'elle peut expliquer, en partie du moins, les raisons d'une certaine tolérance du quartier à l'égard du phénomène des piqueries[36] — en «comprenant» les «jeunes», les «vieux» les laissent faire leur «petite affaire»—, et d'autre

---

[36] En contrepartie de cette tolérance discrète, il existe dans Hochelaga-Maisonneuve un groupe de résidents (qui souhaite étendre son action à tout le secteur centre-sud de Montréal) de plus en plus bruyant qui dénonce l'inefficacité de la police à combattre le «fléau» de la prostitution et des piqueries, et qui a décidé de prendre lui-même les rênes du combat. C'est ainsi que, en juin 1993, un groupe de deux cents citoyens s'est réuni dans les rues du quartier pour manifester contre la trop grande tolérance des policiers à l'égard de la prostitution et du trafic de drogues. Dans ce qui ressemblait à une «chasse aux sorcières», le groupe s'en est pris aux prostituées en les invectivant jusque dans leurs appartements et, pour démontrer le sérieux de ses intentions, a envahi une piquerie pour tout y saccager, lançant par les fenêtres ce qu'il y avait comme ameublement... Mais il y a gros à parier que cette réaction fracassante d'un petit groupe de citoyens frustrés suscite plus de sympathie dans le reste de la population pour les «victimes» (prostituées et drogués) que pour leurs «bourreaux» qui, par leur méthode, ont démontré un regrettable manque de civisme.

part, parce que par le biais de ces relations occasionnelles dans les bars peuvent se tisser des liens de contrebandes de drogues, où cette fois les aînés fournissent le *junky* en produits pharmaceutiques (somnifères, calmants, etc.) dont il a besoin à la fin de son *trip* pour pouvoir dormir ou combattre son *down*.

Par ailleurs, Gaston, à propos de la localisation de ses piqueries, glisse un mot sur cette (relative) tolérance du quartier Hochelaga-Maisonneuve à l'égard du phénomène des piqueries :

> ... *Davidson, Adam, Létourneaux, Leclerc — entre Ontario et Sainte-Catherine — ça marche ben fort, parce que c'est facile d'accès et y semblerait que les gens se mêlent de leurs affaires... parce que, peut-être... vu que c'est une classe* [dont] *la majorité vivent... sur le bien-être, c'est un milieu défavorisé ; c'est sûr que t'as plus de misère dans ce coin-là ; ça fait qu'y a plus de clientèle dans ces gens-là, parce que t'as plus, entre parenthèses, de racailles...*

Nous avons déjà parlé plus haut du nombre considérable de piqueries dans le quartier, lequel s'explique en partie par la durée d'existence relativement courte de celles-ci : de un à trois mois, d'après Gaston, et de vingt et un à trente jours, selon Denise ; mais il y a des exceptions notoires comme l'explique cette dernière :

> *Au bout de vingt et un, de vingt et un à trente jours..., ça change, ça déménage. Y en a* [des piqueries] *qui sont toffes..., j'ai connu deux-trois, deux entre autres que... eux autres y a fallu que «24 sur 24»* [les caméras de la télévision] *rentrent là-dedans, parce que sinon ça fermait jamais !*

Les chiffres varient entre deux cents et cinq cents piqueries. En imaginant que chacune d'elle puisse être fréquentée par une dizaine de personnes, on arrive au calcul alarmant de deux à cinq mille *junkies* qui circulent dans ces réseaux souterrains. De toute évidence, ce dernier chiffre est tout à fait exagéré, car il faut comprendre qu'une même personne fréquente généralement plus d'une piquerie ; c'est le cas principalement des prostituées qui, à cause des aléas de leur profession, se trouvent souvent aux quatre coins du quartier, mais aussi de certains hommes, comme Gerry qui soutenait en connaître plus de vingt-cinq (incidemment parce que sa «bonne femme» était une prostituée). À cause de cette circulation entre piqueries et de l'existence précaire de celles-ci, il nous est difficile d'évaluer exactement le nombre de toxicomanes *junkies* dans le quartier. Le nombre approximatif de mille cinq cents toxicomanes *junkies,* c'est-à-dire d'environ un *junky* pour trente habitants, semble correspondre à une certaine réalité (même si le pourcentage de un pour vingt nous semble également tout à fait envisageable et réaliste). Des chiffres qui ne peuvent que nous amener à nous interroger profondément sur l'ampleur du «problème» et sur la dérive de sens que connaît l'ensemble de notre société. Nous examinerons plus en profondeur, dans les chapitres suivants, les structures individuelles et sociales de ces questions. Le mot de la fin de cette section sur les piqueries, desquelles nous aurons l'occasion de reparler, nous le laissons à Simone qui exprime bien, avec toute l'exagération qui caractérise la verve de son témoignage, l'étendue de la situation :

> [Ce n'est pas compliqué, dans Hochelaga-Maisonneuve] *y a trois maisons sur cinq* [qui sont des piqueries]. *C'est pas dur, t'as juste à passer, si tu vois les stores baissés, ben c'est une piquerie...*

CHAPITRE 4

«Même si y sont gelés...
ce sont quand même des
êtres humains...»

L ES CONSIDÉRATIONS QUANTITATIVES SUR LES PIQUERIES et sur le nombre de toxicomanes *junkies* dans Hochelaga-Maisonneuve avec lesquelles nous avons clôturé le chapitre précédent nous amènent maintenant à considérer l'échantillonnage ainsi que les limites de l'approche essentiellement qualitative que nous avons utilisée. Durant la période que nous avons passée sur le terrain, nous avons discuté avec une soixantaine de toxicomanes; plusieurs d'entre eux étaient au moment de ces rencontres en période d'abstinence volontaire, c'est-à-dire qu'ils tentaient de se sortir du milieu de la drogue en essayant d'arrêter de consommer. C'était le cas notamment de la majorité des personnes qui ont bien voulu coopérer avec nous en se prêtant à l'exercice de l'entrevue enregistrée. Or, nous sommes conscients des biais subjectifs, de la représentation souvent négative, qu'implique dans le discours de ces individus ce retrait «momentané» des milieux de consommation. Nous disons «momentané» parce que, sauf exception, toutes ces personnes y «sont retournées». Sandra (qui en était à six mois d'abstinence au moment de l'entrevue) en est même morte, assassinée alors qu'elle se prostituait dans une ville de banlieue (elle avait cru que, si elle déménageait du quartier, il lui serait plus facile d'abandonner sa «mauvaise habitude»...).

Le choix des informateurs clés

Une lecture attentive de chacune de ces entrevues, une analyse de la rhétorique et des clichés nous ont permis de faire la part des choses entre ce qui résulte de leur nouvelle attitude face au «problème» de la dépendance toxicomaniaque et les impressions réelles vécues en période de consommation. En étant «dégelées» au moment des entrevues, ces personnes pouvaient avoir suffisamment de recul pour mieux cerner les différentes phases de leur existence en corrélation avec leur dépendance. Dans un cas, nous avons réalisé une entrevue, échelonnée sur plusieurs séances de quelques heures, avec une personne, Isabelle (dix-neuf ans), qui était sous l'effet de la drogue. Bien que ce fût extrêmement riche du point de vue de l'expérience et du contenu, nous chevauchions alors constamment les deux espaces, réel et irréel, de la consommation, et notre rôle d'interviewer ressemblait beaucoup plus à celui de thérapeute. Même si Isabelle affirmait vouloir «s'en sortir», il lui est arrivé, au grand désarroi de l'interviewer, d'interrompre une entrevue pour aller se piquer... Nos rencontres avec Isabelle nous ont toutefois permis d'explorer plus en profondeur quelques-unes des facettes de l'expérience de la drogue, notamment l'héroïne (ses sensations de «manque», de «bien-être», de régression «infantile», etc.) que nous connaissions moins bien[1]. Car, il faut le préciser, la drogue de choix de la majorité de nos sujets d'entrevue est la cocaïne ou son principal dérivé: le *crack*. Dans un cas (René, vingt-trois ans), la personne disait ne consommer que le cannabis et ses dérivés, en quantité suffisante cependant pour considérer qu'elle avait un «problème» et pour vouloir arrêter. Outre Isabelle, Bertrand (trente-six ans) et Gaston avaient comme première drogue de choix l'héroïne.

Pour avoir une meilleure représentation de la variété des types de dépendance aux substances, nous avons donc vu à ce que notre éventail de sujets ne comporte pas uniquement des *junkies*. Bien que nous soyons conscients que l'objectif principal de cette recherche tourne autour du rapport entre le sida et la toxicomanie, dans le cas des non-*udi* nous pouvions beaucoup mieux explorer toute la question des attitudes face à la sexualité et à l'affectivité. Il ne faut pas se leurrer: même «en amour» avec son «produit», le toxicomane baise et ses comportements à ce chapitre sont rarement rationnels, comme nous aurons l'occasion de le voir. La sélection de nos sujets d'entrevue

---

[1] Après une injection d'héroïne qu'elle disait absolument nécessaire pour pallier les symptômes physiques de manque qu'elle ressentait alors, Isabelle émit le commentaire suivant: «Je me sens d'une humeur religieuse... J'ai l'impression de m'unir avec un monde secret... J'arrive pas à sentir le bien et le mal ; la culpabilité, c'est pas une chose que je sais très bien comment utiliser: je suis plutôt victime de culpabilité par rapport à mes parents...»

s'est faite, par l'entremise de notre collaboratrice principale, en fonction d'une représentation élargie des différents types de toxicomanes. En aucun temps, cependant, nous ne prétendons donner une description véritablement représentative de l'ensemble des toxicomanes qui habitent Hochelaga-Maisonneuve. Nous rappelons que notre cohorte d'informateurs clés se limite à vingt personnes, divisée également entre hommes et femmes de dix-neuf à cinquante ans et dont l'âge moyen est de trente-deux ans.

Néanmoins, pour que la représentativité de nos informateurs soit la plus adéquate possible, il nous a fallu tenir compte de toute la question de la circulation territoriale des usagers, à laquelle nous avons déjà à quelques reprises fait allusion. Le monde des toxicomanes est un monde instable qui bouge beaucoup. Dans le quotidien, un toxicomane (qui est par rapport à la loi un «criminel», cf. infra) risque l'arrestation, peut se mettre les pieds dans les plats et avoir ainsi besoin de se faire oublier un peu du milieu, etc. Constamment, de nouvelles figures apparaissent et d'autres disparaissent. De plus, c'est connu, les Montréalais ont la bougeotte, et les habitants du quartier Hochelaga-Maisonneuve se situent près de la moyenne avec un taux de mobilité de 1,6 an et une moyenne d'années de résidence de 4,6 (la moyenne montréalaise étant respectivement de 1,5 et de 4,3 ans[2]). Parallèlement à cette mobilité statistiquement normale de la population résidante, nous devions tenir compte de la circulation extraterritoriale des usagers. Hochelaga-Maisonneuve n'était qu'un point de repère pour nous. Ainsi, parmi nos informateurs, certaines personnes habitent le quartier mais n'y consomment pas, c'est le cas notamment d'André (trente-deux ans), en qui la dépendance toxicomaniaque éveille des fantasmes homosexuels le conduisant vers le «quartier gay» situé quelque peu à l'ouest d'Hochelaga-Maisonneuve. C'est aussi le cas de Lise (trente-trois ans) qui habite le quartier mais qui se promène à l'intérieur d'un réseau de danseuses entre le Québec et l'Ontario. En

---

[2] Chiffres extraits de *Hochelaga-Maisonneuve, portrait 1984*, p. 41 : produit par L'Atelier d'histoire Hochelaga-Maisonneuve en 1984. À noter que ce sont des chiffres de 1975 ; aujourd'hui le taux de mobilité a vraisemblablement augmenté et celui des années de résidence diminué, conséquence de l'effondrement, dans les années 80, de la conjoncture économique et, inversement, de la montée en flèche du coût des loyers dans le quartier.

fait, nous ne devions pas limiter notre étude aux seuls résidents de souche qui consomment dans le quartier, et qui, semblerait-il, vont «mourir dans le quartier». Nous avons donc interrogé des personnes qui ne vivaient pas dans le quartier mais qui y consommaient; c'est le cas d'Éric (trente-quatre ans) qui, durant deux années, viendra consommer assidûment dans le quartier, principalement pour la complicité affective qu'il a trouvée dans le milieu des prostituées. Quant à ces dernières, celles que nous avons rencontrées du moins, peu importe l'origine sociale ou géographique, l'itinéraire respectif de leur déchéance les avait progressivement conduites vers Hochelaga-Maisonneuve, où elles disaient avoir connu ce qu'elles appelaient leur «bas fond».

Il est fondamental pour nous de concevoir cette mobilité (des usagers) comme une donnée de base à toute approche urbaine qui se limite aux frontières administratives (artificielles) d'un quartier, que cette approche soit, comme dans le cas présent, essentiellement théorique ou qu'elle soit orientée vers une dimension pratique d'intervention, comme le propose le projet Pic-Atouts. La maladie ne connaît pas la facticité que représente le découpage d'une carte électorale... Dans le cas spécifique de cette recherche, cette circulation gravite autour du pôle que constitue le «centre-ville» et dont le quartier Hochelaga-Maisonneuve est l'une des périphéries. Ce centre de la ville que nous localisons dans le secteur du *red light*, dont l'axe Sainte-Catherine et Saint-Laurent constitue le principal point de repère. En contiguïté avec cet axe central de la prostitution, Hochelaga-Maisonneuve est une sorte de *pink light*, comme certains l'ont baptisé. Circulation de la prostitution (qui s'explique notamment par le déplacement policier), mais également des *udi* qui vont s'approvisionner en seringues à Cactus, situé dans le secteur du centre-ville[3]. C'est ce qui ressort, entre autres, de l'histoire de Denise, une prostituée, dont le récit est devenu une sorte de prototype ou, si vous

---

[3] On peut toutefois penser, avec l'augmentation des points de vente de seringues dans les environs d'Hochelaga-Maisonneuve, notamment dans certaines pharmacies sensibilisées à la question du sida, que la fréquentation de Cactus par les *udi* du quartier ira en diminuant. Mais rappelons que les services de Cactus sont gratuits et que chaque sous pour un toxicomane est compté, comme nous le verrons plus loin.

préférez, la version de référence à partir de laquelle nous avons articulé l'analyse des données, que nous entamons maintenant.

Certains aspects de l'histoire de Denise examinés à la lumière d'autres cas

Aucune explication théorique, aucune analyse des problèmes que vivent les toxicomanes n'égalent l'interprétation qu'en donnent eux-mêmes les principaux intéressés. Nous avons voulu, dans ce travail, laisser le plus possible la parole à des personnes qui ont rarement la possibilité de s'exprimer, à des gens que l'on étiquette comme «déviants» et dont on préfère habituellement se tenir à distance pour contempler le spectacle déroutant de leur existence. Nous avons été nous-mêmes étonnamment surpris de voir à quel point ces individus, défaits par une vie difficile, restaient lucides face à leur situation et combien grand était leur désir de partager une partie de leurs expériences. Probablement, comme nous l'avons déjà dit, que le recul que leur conférait une certaine période d'abstinence favorisait cette clairvoyance et cette relative facilité à communiquer. Il n'empêche que chacun des témoignages recueillis était pour nous riche en infor-mations de toutes sortes sur l'interprétation que fait un toxicomane de son vécu. Nous avons déjà pu entrevoir quelque peu cette spon-tanéité d'expression lorsque, dans le chapitre précédent, nous avons laissé à ceux qui les fréquentent le soin de nous introduire dans les piqueries. Présentées par bribes, ces informations demeurent toutefois en surface; seule une étude de cas en profondeur peut réellement nous permettre de comprendre l'articulation complexe de ces données dans la vie d'un drogué. Aussi, l'objet de ce chapitre sera d'essayer de démystifier, par l'examen d'un cas précis, quelques-unes des facettes inextricables dans lesquelles s'enracinent les différents sens du comportement toxicomaniaque.

Pour s'immiscer au sein de cette structure profonde, nous avons choisi de travailler principalement à partir d'une histoire de vie : celle de Denise. Le choix de ce récit, plutôt que d'un autre, s'explique uniquement par le fait qu'il nous semble représentatif (qualita-tivement) d'une certaine moyenne et qu'il est en quelque sorte «complet» par rapport aux objectifs fixés par notre grille d'entrevue initiale. En fait, chacune des vingt histoires de vie retenues mériterait d'être exposée dans son intégralité; toutes portent à réfléchir et contiennent quelques clés d'explication sur la toxicomanie en général. Mais il fallait nous restreindre, tout en rendant accessible la lecture des problèmes particuliers et de leur dénouement. Nous avons approché l'ensemble de ces récits biographiques un peu comme s'il s'agissait de versions différentes d'une même mythologie (de la *surmodernité*). Non pas que nous souhaitions réduire la question de la drogue et de la dépendance toxicomaniaque à la forme du mythe (bien que les discours qui justifient leur (contre-) institution dans la société s'y apparentent fortement), mais plutôt parce que le canevas de chacune de ces «histoires de vie» s'organise autour des mêmes fils conducteurs et se prête ainsi à une analyse comparative (*cf.* chapitre 1). Le récit de Denise (*cf.* prologue) devient en quelque sorte la version canonique, la version numéro un, avec laquelle nous pouvons articuler et nuancer les dix-neuf autres récits. Par l'entremise d'un témoignage, nous en examinerons en fait vingt, dont les mailles de scénario, par leur dénouement et leur rebondissement, paraissent parfois tout aussi invraisemblables que n'importe quel récit mythique...

Les déchirements de l'enfance : les ruptures familiales et la dépossession de son corps

On ne peut que s'interroger à la lecture de l'histoire de Denise sur la sublimation du sens de l'affirmation : «J'ai eu une enfance ben, ben, dorée», lorsque quelques minutes plus tard elle commence à débiter les pires scénarios d'horreur sur les abus sexuels qu'elle a subis. De toute évidence, il s'agit de la représentation idéalisée d'une enfance inachevée à cause de l'interruption précoce de sa relation avec son père. La mort de ce dernier devient en fait l'élément déclencheur qui canalise toute son interprétation des problèmes de consommation dont elle situe l'origine, incidemment, juste après cet événement marquant. La disparition de l'image idéalisée du père fait place à l'apparition d'un «beau-père» assaillant et abuseur, qui lui confirme par ailleurs la mesquinerie et l'hypocrisie de sa mère avec laquelle elle est en brouille. Sans entrer dans les pièges d'une interprétation de type psychanalytique — laquelle, nous devons l'avouer, est ici bien tentante —, nous croyons important de nous arrêter quelques instants sur le repère souvent problématique que constitue la petite enfance pour le toxicomane.

Suzie (trente-sept ans) dit n'avoir aucun souvenir de sa petite enfance. Frank commence son récit par ses mots significatifs : «Je n'ai pas eu d'enfance.» Aussi enchaîne-t-il immédiatement en disant qu'à dix ans il se prostituait déjà : «Je cherchais de l'amour... j'étais renfermé... la seule place que je pouvais parler c'était sur un matelas... je fuyais dans le sexe.» (Frank affirme n'avoir commencé à consommer des drogues douces et de l'alcool qu'à l'âge de vingt ans.) Le refus de se remémorer l'enfance autrement que par les souvenirs négatifs ou troublants émerge comme une constante dans la majorité de nos récits. Ces souvenirs sont souvent refoulés ou effacés de la mémoire, comme dans le cas de Cynthia :

> *Mon père m'a incestué... je m'en rappelais pas, je m'en suis rappelée seulement quand j'ai arrêté de me geler... : mon père incestuait toutes les petites filles du quartier... le monde disait que « mon père c'était un pédophile»... quand le monde disait ça j'les croyais pas...*

Nous reviendrons bientôt sur la question de l'inceste et des abus sexuels. Mais avant de parler de ces cas extrêmes, il faut rappeler le rôle déterminant que joue la fission familiale dans l'organisation de la personnalité du toxicomane, comme le soulignait Olievenstein. On peut déceler, chez presque tous nos vingt sujets, les traces de cette brisure réelle ou symbolique avec la famille ; certains ont été placés pendant une certaine période à l'orphelinat, d'autres en foyer ou en centre d'accueil ; près de la moitié disent avoir été abusés sexuellement, plusieurs avoir été battus. Pour Jeanne, qui vient d'un milieu aisé, c'est le fait d'être une enfant adoptée, alors que son jeune frère ne l'était pas, qui devient le symbole premier d'une différence et d'une distance avec le noyau familial... Il n'est toutefois pas dans notre intention de passer en revue cas par cas les caractéristiques particulières ainsi que les conséquences de ces ruptures. Notre objectif est simplement de souligner qu'il est important de retracer individuellement, au plus loin de la petite enfance, la désorganisation socioaffective du toxicomane. Évidemment, il ne faut pas établir une corrélation directe entre la désorganisation familiale et la toxicomanie; toutes les personnes soumises à des conditions semblables n'y sombrent pas obligatoirement; dans ce sens, nous croyons que notre échantillonnage est représentatif, parmi les toxicomanes, d'un certain écart type limite des différents visages que peuvent prendre ces déchirements familiaux. Entre les cas de Jeanne et d'Isabelle, également issue d'un milieu aisé, où tout se joue à un niveau symbolique (Isabelle ramenait constamment les raisons profondes de son héroïnomanie au conflit qui oppose son père, un homme célèbre, avec son oncle, le frère de ce dernier, également héroïnomane; dans cette lutte symbolique entre l'ordre et la marginalité, elle se rangeait du côté de l'oncle rebelle contre le père, «un hypertrophié de l'hémisphère gauche», selon le premier), d'autres cas émergent, comme ceux de Denise ou de Ginette, laquelle fut continuellement battue par son père, placée une année à l'orphelinat et dont la mère vivait avec deux hommes; ou de Lise (trente-trois ans) qui a eu à quinze ans un enfant de son père; ou encore de Cynthia, qui nous raconte le cheminement tortueux qui l'a conduite à la cocaïne:

Chez nous, on était cinq enfants, tous d'un père différent... Ma mère c'est une névrosée obsessionnelle... mon père souffre du syndrome de Peter Pan... il ne prend aucune responsabilité, il a fait quatre faillites dans sa vie; un jour c'était le gros luxe, le lendemain plus rien... Mes frères et mes sœurs sont tous plus vieux, y vendent de la drogue et y se prostituent... Ma mère est en train de revirer folle et mon père se crisse de toute... J'étais une fille bien renfermée, à l'école je me faisais écœurer, le monde disait: «[Tes] sœurs, c'est des putains, [ta] mère c'est une folle...»

J'ai commencé à arrêter d'aller à l'école à onze ans, j'y allais un à deux jours par semaine; chez nous y a aucune discipline... À douze ans, j'ai commencé à me geler avec un joint, je voulais surtout faire partie de la gang... ç'a évolué ben, ben vite, deux-trois semaines après, je faisais du chimique et j'allais à l'école sur l'acide et la mescaline; ça a duré comme ça quatre ou cinq ans, jusqu'à seize ans à peu près... je restais encore chez mes parents... Ma mère mettait souvent les travailleurs sociaux après moi... elle voulait pas me placer... tous mes frères et mes sœurs ont été placés et y reprochaient tous ça... elle voulait pas faire la même erreur avec moi, ça fait qu'elle me plaçait pas... J'avais tout le temps plein de psychologues après moi, de travailleurs sociaux... je sentais pas qu'y voulaient m'aider mais seulement faire un rapport sur moi avec leurs papiers pis leurs crayons...

À quatorze ans j'allais [plus] à l'école pantoute... ça fait qu'à quinze ans je suis partie de chez nous... Je pouvais plus vivre avec ma mère, avec une névrosée comme ça, je suis partie vivre dans rue... J'ai couché sur des bancs de parc, j'étais itinérante, je bummais des trente sous dans rue... Je me tenais avec tous les pushers, eux autres y me donnaient de l'acide, des valiums, du hasch, toute ça, à profusion... Le soir je me pognais un mec pis on allait coucher dans un tourist ensemble, pis j'avais juste à baiser avec, je pouvais dormir dans une chambre. La plupart du temps je couchais sur des bancs de parc, ou à terre sur le gazon. J'étais pas tout seul, on était trois-quatre à faire ça. Je me ramassais dans un bar, je ramassais un gars là, le lendemain je me demandais qu'est-ce que je faisais là ? C'est qui ça ? Je l'avais jamais vu de ma vie, il me semble... Je retournais s'a rue me geler, c'était tout le temps comme ça... Jusqu'au jour où j'ai rencontré une affaire débile, comme un genre de secte religieuse. Je ne voulais pas passer un autre hiver dans rue et on était rendu au mois de septembre, parce que l'hiver dans rue c'est pas un cadeau : c'est aller coucher sur la grille avec les vrais robineux, c'est pas évident quand t'as seize ans... Ça fait que je suis allée dans une espèce de secte religieuse ; c'était ben foqué là-dedans... c'était plein de dope, là-bas y a du monde qui se piquait... moi j'avais été attirée par ça parce que mes frères et mes sœurs le faisaient quand j'étais jeune... Je mélangeais toute sorte de buzz en même temps, je faisais de l'acide, de la mescaline, des valiums, je buvais, je fumais des joints, pis je faisais un quart [de coke], donc je sentais pas l'effet de la coke, les autres drogues chimiques étaient ben plus fortes, toute ça mélangé ensemble...

... En sortant de la secte religieuse j'ai commencé à faire de la coke... un quart par jour, mais ça a pas duré longtemps... ; n'importe quelle drogue que j'ai pris ç'a évolué ben vite, et je me suis rendue à un gramme [par jour] *en l'espace d'un mois...*

Cette dégringolade d'une enfance tumultueuse aux bas-fonds de la drogue, nous la constatons non seulement chez Cynthia, mais aussi chez la plupart de nos sujets. Dans un cas uniquement, celui de Lucien (cinquante ans), la toxicomanie ne s'est manifestée que tardivement à la suite d'une série d'événements déclencheurs, dont le suicide du frère, suivi d'une dépression nerveuse et du divorce d'avec sa femme, mais la descente a été aussi rapide : de buveur de fin de semaine, il est passé en quelques années, vers l'âge de quarante-six ans, à «l'enfer» du *crack* et de l'intraveineuse. Malgré ces débuts tardifs, Lucien situe l'origine de son problème de consommation (qu'il résume comme étant un problème de «dépendance affective») dans sa relation ambivalente d'enfant avec (l'image de) son père : «son idole» qu'il a «toujours jalousé» même s'il était son «souffre-douleur».

Chaque cas de toxicomanie, bien que singulier, exige d'être démêlé au plus lointain de la petite enfance, jusqu'aux bases de la constitution de la personnalité et du développement des identités. La relation à la substance psychotrope n'est souvent que l'expression complexe d'un malaise profond qui prend sa source dans les premières années de la vie. Il convient de souligner cet enfouissement au plus profond de la personne de certaines clés d'explication de la dépendance toxico-maniaque. Bien que notre objectif premier ne soit pas d'élaborer sur cet aspect déterminant du problème, on ne peut passer sous silence l'importance de ces déchirements de l'enfance et de leurs consé-quences directes ou indirectes sur les comportements des toxico-manes. Les cas d'abus sexuels et d'inceste méritent cependant qu'on s'y arrête un peu.

On ne peut qu'être saisi par un mélange de scepticisme et d'horreur lorsque Denise énumère, en les escamotant et en précisant qu'elle «n'aime pas ben ben en parler, de ça», quelques-uns des abus sexuels qu'elle a subis. Mais le cas de Denise est loin d'être isolé ; seule l'abondance des détails le distingue des autres que nous avons recueillis. La plupart du temps, les personnes que nous interrogions, lorsqu'elles nous avouaient avoir été abusées, ne s'attardaient pas sur la description des actes et évitaient d'en parler plus qu'il ne le fallait; en cela, la narration de Denise est singulière. Sans vouloir nous laisser prendre par le piège des statistiques (à partir de notre faible échantillonnage), nous ne pouvons nous étonner de constater que, dans près de la moitié de nos entrevues, les personnes (principalement les femmes) disent avoir connu des formes quelconques d'abus sexuels dans leur jeunesse. Cette constatation est corroborée par les travailleurs de rue dans le quotidien de leur intervention auprès des toxicomanes, surtout des prostituées. Bien que cela concerne surtout des femmes, deux de nos informateurs hommes disaient avoir eu ce genre de traumatisme. Pour René, c'est une «aventure» qui lui est arrivée à quinze ans, après le suicide de son père:

> J'ai commencé à baiser j'avais quinze ans... J'ai eu ma première relation avec un homme, c'était le père d'un de mes meilleurs chums, j'avais une confiance absolue dans ce gars-là; aujourd'hui je veux juste plus le voir, je veux rien savoir de lui... Je sais pas si je lui ai pardonné...: il a abusé de moi, de ma confiance... Je le voyais comme mon père...: je commençais à m'éloigner de mon père... au début de mes quinze ans mon père s'est suicidé; c'est sûr que je me suis garoché là plus dans ces bras à lui, c'était un gars qui m'aimait vraiment, du moins c'est ce qu'y disait. J'étais pas capable d'y dire de ne pas abuser de moi, mais j'écrivais des grandes lettres... j'avais peur qu'y me rejette, j'avais peur du rejet; j'avais perdu mon père et je ne voulais pas perdre la personne en qui j'avais confiance.

Si René affirme ne pas avoir de doute, malgré cet épisode traumatisant de sa jeunesse, quant à son hétérosexualité, ce n'est pas aussi clair dans le cas de Roger (trente-cinq ans) qui dit avoir eu enfant «des abus par un bonhomme» et à la préadolescence: «Mon frère a abusé de moi sexuellement», en plus de ses cousins et de ses tantes!... Même s'il se définit comme un hétérosexuel, Roger a toujours eu de la difficulté à composer avec son image de «tapette» qui l'a amené à faire de la prostitution homosexuelle:

> J'ai aujourd'hui de la misère avec les gays, j'ai joué une game

avec eux autres... Je suis reviré aux hommes juste pour avoir une
jouissance... après je pouvais aller voir les femmes.

Cette confusion sur le plan de la sexualité et de l'affectivité, qui,
dans le cas de Roger, se répercute jusqu'à l'incertitude de son identité
sexuelle, est l'une des conséquences les plus décelables des abus
sexuels. Pour Lise, qui a eu un enfant de son père, l'inceste l'a
dépossédée de son sentiment profond d'existence, sentiment qu'elle
ne réussira à retrouver qu'avec l'expérience de la drogue et de la danse
(*topless*) :

> *J'ai perdu ma virginité avec mon père..., c'est difficile à prendre,*
> *moi l'amour j'allais chercher ça dans le sexe, ça fait que j'ai eu une*
> *sexualité très foquée... J'ai eu de la difficulté à avoir des chums...,*
> *j'étais tellement pognée... Quand j'ai commencé à consommer, ç'a*
> *faite que je n'avais plus de barrières, plus de gêne; je me rappelle*
> *quand j'ai commencé à danser... pour de l'argent, dans les*
> *discothèques... : je suis talentueuse là-dedans, c'est de famille... Quand*
> *je consommais, j'allais danser, là je prenais toute la place..., j'aimais*
> *ça démontrer que j'avais du talent, pis j'étais là, en consommant c'est*
> *ça que ç'a faite; j'existe, je suis là, parce que quand je consommais*
> *pas j'étais une personne qui était effacée, qui était pas là, qui avait*
> *pas d'opinion, qui avait pas, qui avait rien; les autres, y avaient tout*
> *le temps plus d'importance que moi..., mais en consommant, y avait*
> *plus rien là, j'étais une aventurière, je prenais des risques...*

Aux yeux de l'anthropologue, l'histoire de Lise est en tout point
symptomatique de la théorie de l'inceste (sur le refus d'alliance, donc
de socialisation, par l'échange des filles ou des sœurs). Abusée de dix
à dix-sept ans par son père, elle fut tenue presque prisonnière à la
maison par ce dernier qui lui interdisait de sortir en prétextant qu'à
l'extérieur, c'était trop dangereux. Son père, chauffeur de taxi, lui
racontait les plus sordides histoires sur les dangers de la rue et sur la
criminalité pour appuyer sa position. Constamment, il la menaçait «en
faisant des crises de suicide». Tenue dans le secret, sa relation avec
sa fille est des plus compliquées puisque celle-ci fut élevée par sa
grand-mère: «Je ne suis ni sa mère ni sa sœur pour elle.» Ce n'est
qu'au moment où elle s'aperçut que son père s'apprêtait à abuser de

sa jeune sœur que Lise entreprit véritablement les démarches qui conduisirent à l'arrestation du père incestueux. Elle retire une certaine satisfaction, pour ne pas dire une fierté, d'avoir réussi à éviter à sa sœur ce qu'elle avait vécu, mais également parce qu'elle a le sentiment d'avoir aussi aidé son père. Elle ajoute :

> *À toutes les fois que j'ai fait arrêter quelqu'un de ma famille, je les ai beaucoup aidés. C'est comme quand j'ai mis ma fille de dix-huit ans dehors de chez nous parce qu'elle a lâché l'école et qu'elle ne travaillait pas : maintenant elle travaille et elle est fiancée...*

Ce n'est pas à nous de nous étendre sur la spécificité du cas d'inceste de Lise, qui, outre la naissance qui en a résulté, ressemble à des milliers d'autres. En fait, ce qui nous intéresse particulièrement, ce sont les répercussions de ces actes prohibés sur la vie affective et sexuelle de la victime, ainsi que les rapports — souvent supplétifs (ou compensatoires) à la sexualité (brimée) — qui s'établissent plus tard avec la drogue. À cette intrication déjà complexe de problèmes s'ajoute (pour plusieurs dans notre population cible, mais davantage pour les femmes) celui de la prostitution. Évidemment, ce ne sont pas tous les cas d'abus sexuel qui conduisent au «plus vieux métier du monde» ; bien souvent, le chemin de la drogue y précipite. Mais, quels qu'en soient les déterminants, toute la problématique abus/sexe, affectivité, drogue et prostitution mérite qu'on s'y penche un peu.

Interrogée sur sa sexualité alors qu'elle consommait, Denise répondit :

> *Mon goût de sexe ?... de toute façon, j'en avais jamais de sexe quand je consommais — soit s'a ligne ou s'a poffe — moi, j'en avais plus de sexe, c'était me geler..., on rit, on a du fun, on se roule à terre, n'importe quelle connerie, sauf ça... ; aussitôt qu'on parlait de ça, je venais raide comme une barre, ça ressortait gros ça ; ce que j'avais vécu plus jeune, t'sé quand j'étais gelée... c'était l'enfer...*

Ce passage a de quoi nous faire réfléchir. D'abord il indique clairement qu'il n'existe dans la tête de Denise aucun lien entre son «travail» de prostituée comme «professionnelle du sexe» et ce que connotent, pour elle, sexualité et affectivité. Autant la nécessité de «passer» une vingtaine de clients par jour pour sa drogue ne la rebute pas, autant dans un contexte informel de consommation le seul fait de parler de sexualité l'inhibe totalement. Elle dissocie clairement sexe et affectivité. L'un éveille en elle un sentiment de dépossession de son corps et les déchirements intimes de son enfance; l'autre suscite un comportement extrême de dépendance, de don de soi. Lise résume bien le problème en disant qu'elle a eu «une sexualité très foquée». L'abuseur, en s'appropriant le corps de sa (jeune) victime pour ses propres fins, ne fait pas que violer son être le plus intime, il lui retire d'une certaine manière le sens profond que son corps lui appartient: elle se voit dépossédée de l'usage exclusif de son corps et de sa sexualité. Il arrive souvent que cette ambiguïté vis-à-vis de son propre corps ressorte lorsque la personne, dans ce cas-ci toxicomane, devient enceinte; elle n'aura aucune raison d'arrêter de consommer puisque le fœtus se trouve en un espace dont, consciemment ou non, elle n'a pas le contrôle ou qu'elle ne possède pas véritablement[4].

On peut facilement envisager, chez la prostituée qui a déjà été abusée sexuellement, que la coupure sexe/corps et affectivité, installée au plus profond de son être, se poursuive dans l'exercice de son «travail». Le «corps-machine» de la prostitution est ce même corps souillé et abusé dont elle se distancie au fond de sa personne, tandis que le «corps sexuel» de l'affectivité déborde vers une logique irrationnelle de dépendance[5]. Souvent, ces femmes blessées dans leur sexualité (mais également les hommes qui composent avec un sentiment de non-existence ou de non-appartenance de soi) vont tenter de s'affirmer à travers une relation amoureuse. La «dépendance affective» est une des constantes que nous rencontrons le plus, au sein

---

[4] Nous devons en partie à Guylène Desjardins, travailleuse de rue, cette interprétation éclairante sur la dépossession du corps chez la victime d'inceste et d'abus sexuel. Dans leur pratique quotidienne, ces intervenants doivent composer constamment avec des «filles» qui vivent cette relation complexe avec leur corps, dont elles se sentent coupées et que seule la drogue, finalement, leur permet d'assumer.

[5] L'une des démonstrations les plus manifestes de cette coupure entre «sexe/travail» et «sexualité/affectivité» est l'usage du condom. Alors qu'il est souvent systématique dans l'exercice de la profession, il est tout à fait inconcevable avec l'ami de cœur: ce dernier pourrait alors interpréter ce geste «comme si elle l'avait trompé...». Nous reviendrons sur cette problématique complexe (du moins lorsqu'il est question d'intervenir sur les comportements des toxicomanes pour la prévention du sida) dans le prochain chapitre.

de notre échantillon, dans la résolution du triangle (amoureux) «drogue/sexualité et (non-) affirmation de soi». Le récit de Denise est éloquent à ce sujet; tout son univers s'écroule lorsqu'elle découvre que son mari n'est pas le «Dieu» qu'elle croyait ou lorsque «Johnny» se retrouve en prison. Simone, qui a vécu avec le père de son enfant une situation semblable à celle de Denise avec son «premier mari» interprète en des mots qui en disent long l'impression de dépendance affective:

> *J'ai souffert énormément du côté affectif: je vivais que pour lui, je respirais l'oxygène qu'y me donnait...*

Le chum, le pimp, la blonde et la dépendance affective

On ne peut, à la lecture de l'histoire de Denise, que s'interroger sur l'enchevêtrement de ses rapports affectifs et de ses différents épisodes de consommation. C'est comme si tout le ciment de son existence s'effondrait en même temps que s'achève, ou se transforme, la relation avec «l'homme de sa vie» du moment. Mais de toutes ces relations, sa relation avec la personne qui l'a introduite dans le monde des piqueries d'Hochelaga-Maisonneuve, et qui est devenue pour elle ni plus ni moins qu'une sorte de *pimp* (proxénète), est celle qui nous amène à nous interroger le plus et qui met en évidence les mailles complexes de la dépendance. Nous ne nous attarderons pas sur les détails ignobles de la première injection, alors qu'il réussit à l'accrocher puis à la mettre dans la rue pour aller faire des clients (afin de payer la drogue pour eux deux). Ce qui nous frappe, c'est qu'une fois soumise au joug de «Tartampion», Denise n'est plus capable de s'en défaire bien qu'elle prétende le souhaiter. Même s'il pouvait faire à peu près tout ce qui lui plaisait et que, pour s'en débarrasser, elle partait en abandonnant tout derrière elle, chaque fois il lui «retombait dans les pattes» et réussissait à se faire accepter d'elle en la menaçant, entre autres, de se suicider! Seules son arrestation et son incarcération lui ont permis de se dégager de son emprise. Elle a alors rencontré «Johnny» avec qui ce fut véritablement un amour sérieux...

L'épisode de Denise avec «Tartampion» est tout à fait typique de la relation qu'établissent, dans le circuit des piqueries, les prostituées avec leur *chum* (qui joue souvent le rôle non avoué du *pimp*). Toutes les personnes concernées s'entendent pour dire que les «filles» du quartier fonctionnent sans véritable *pimp*. Ce dernier est défini comme quelqu'un qui peut avoir sous son contrôle plusieurs filles qui ne reçoivent qu'une parcelle des profits qu'elles tirent de l'exercice de leur profession. En général, dans Hochelaga-Maisonneuve, la prostituée travaille pour son propre compte. Mais dans l'incertitude de ce monde de violence, il arrive fréquemment qu'elle ressente le besoin (affectif, de sécurité, etc.) de s'associer à un homme, pas nécessairement son *chum*, avec lequel il lui arrivera de partager sa drogue. Sandra explique bien cette relation particulière avec les gars:

> *Moi et les autres filles, j'ai remarqué... surtout si on n'a pas de pimp... qu'on a tendance à se tenir avec des gars qui consomment. On leur fait un petit cadeau, on leur donne un hit, le gars y t'aime ben, y te trouve correcte, t'sé. Si t'as un peu de trouble dans le territoire y va s'en mêler: «Écœure-la pas, est correcte, est cool...» J'ai donné beaucoup de hits aux gars un peu partout, des fois juste par sécurité.*

Bien normal que, devant une telle générosité, plusieurs hommes, pour qui il est plus difficile de trouver une source de revenu constante, se soient entichés d'une prostituée. Peu importe en fait qui tombe dans les bras de qui, la relation qui se développe entre la prostituée et le *chum* consommateur n'est jamais simple. Frank précise:

> *Ta blonde, c'est peut-être ton seul lien avec la vie... même si tu l'aimes plus... La femme représente toute: c'est la vie, c'est la fournisseuse...; des fois c'est le gars qui fait ça, y peut voler... T'as besoin d'avoir quelqu'un de temps en temps...*

Le besoin d'affectivité et l'association avec la prostituée peuvent ainsi se jouer dans les deux sens, comme pour Éric:

> *Moi, je me suis retrouvé dans Hochelaga-Maisonneuve parce que je me cherchais quelqu'un pour triper avec moi, une prostituée. J'avais des amis que je fournissais dans ce bout-là; à un moment donné je me suis ramassé avec une prostituée, j'ai continué, j'me suis accroché à ce monde-là.*

Mais le mélange «dépendance affective» et «dépendance toxicomaniaque» est souvent explosif, surtout dans le monde *macho* des
piqueries[6]. Lorsque se rétrécit, entre la *blonde* prostituée et le *chum*
dépendant, la marge de liberté de manœuvre, il est fréquent d'assister
à des scènes des plus disgracieuses. La *blonde* qui tarde à revenir à la
piquerie, qui ne rapporte qu'un faible montant, le *chum* qui «va voir
ailleurs», etc., voilà des raisons susceptibles de déclencher les plus
virulentes «chicanes de famille». Même si le gars n'a pas avantage à
frapper la fille — le milieu n'y étant pas favorable et parce qu'elle
risque ensuite d'être moins présentable pour les éventuels clients —,
il n'est pas rare qu'il y ait des débordements et qu'une fille se fasse
tabasser au vu et au su de tout le monde. Mais pourquoi, après avoir
subi une telle «leçon», la prostituée retourne-t-elle dans les bras de
son bourreau qui lui prend, finalement, plus qu'il ne lui donne? Selon
les travailleurs de rue qui sont dans le quotidien près de ces femmes,
celles-ci ont l'esprit maternel; elles ont besoin le «soir» de «dormir»
dans les bras de quelqu'un, de se sentir en sécurité! On voit que le
nœud du complexe drogue/affectivité n'est pas simple[7]. Il ne répond
à aucune logique rationnelle, si on se place du point de vue de la
norme sociale acceptable du couple; il n'est qu'une résultante de vies
profondément désarticulées du réel; il émerge comme le signe d'un
vide intérieur que ni la drogue ni l'affectif ne réussissent vraiment à
combler. Laissons à Lise, qui, soulignons-le, ne se prostituait pas, le
soin de nous décrire ce vide existentiel angoissant:

> *Moi je consommais tout seul et j'allais rejoindre les gens... qui*
> *consommaient comme moi... pis quand y avait plus personne pour*
> *triper je pognais un down affreux, surtout quand je me ramassais toute*
> *seule aux petites heures chez nous, surtout après avoir eu une relation*
> *sexuelle avec un jeune... un macho, là le macho, le jeune gars, qui*

---

[6] Un monde *macho* où l'on exhibe sa virilité en ayant les bras pleins de «tatous», mais également
un monde essentiellement blanc. Bien que le quartier soit de plus en plus habité par des
communautés culturelles de couleur, le milieu des piqueries dans Hochelaga-Maisonneuve est
hermétiquement fermé aux non-Blancs.

[7] On l'aura compris, la problématique de la dépendance affective n'est pas particulière aux seuls
toxicomanes, mais elle est, disons, (souvent) complexifiée par la dynamique de la dépendance
à la drogue et à l'alcool.

était comme moi en fin de compte, s'en allait : là, là, c'était l'angoisse,
le vide, le vide incroyable, les larmes. Je sortais sur la galerie... je
pleurais, j'étais en rage ; j'allais chercher un pain dans la maison...
je donnais du pain aux oiseaux : « Qui donne du pain aux oiseaux
manque de rien.» C'était l'angoisse terrible...

Dans le cas de la prostituée, comme nous l'avons déjà dit, la relation avec le *chum* s'apparente beaucoup à la longue à celle d'un *pimp*. Un autre personnage peut également être appelé à jouer ce dernier rôle : le *pusher* (de la piquerie). Souvent il donnera à la prostituée sa première dose de la journée, pour la *starter,* en sachant bien que rapidement elle reviendra pour se procurer — acheter — les prochaines. Ainsi, dans les filets des réseaux de consommation, la prostituée tisse parfois avec son *pusher* la double contrainte de la dépendance de la drogue et de l'obligation de la dette.

Drogue et sexualité : quelques variantes à propos de la «baise»

Difficile, comme nous venons de le voir, de démêler l'affectif de la sexualité. Le mélange drogue et rapports sexuels éveille chez Denise un sentiment ambivalent entre les obligations du «travail» et les blocages psychoémotionnels de l'engagement amoureux (affectif). Nous retrouvons, à l'égard de la sexualité, une attitude semblable chez la majorité des femmes que nous avons rencontrées, mais surtout chez celles qui recouraient, soit occasionnellement, soit régulièrement, à la prostitution comme moyen de subvenir à leurs besoins d'argent et de drogue. Jeanne, une lesbienne qui se prostituait avec les hommes, dit quant à elle n'avoir jamais compris ceux qui affirmaient que la coke les excitait sexuellement. Elle ajoute :

J'étais abstinente [sexuellement]... *tout ce qui était important c'était de m'envoyer l'aiguille dans le bras. Je voulais rien savoir de personne... Je me sentais croche, je me sentais sale, là je pèse 110-115, j'en ai déjà fait 75-80 livres, je me suis rendue là !*

Sandra résume en quelques mots la position de plusieurs femmes prostituées et toxicomanes : «Ma sexualité c'était pour payer ma drogue : je n'avais plus de désirs sexuels.»

Alors que plusieurs femmes prétendent que l'effet de la drogue

inhibe leurs désirs sexuels, les hommes sont plus enclins à associer
«trip de drogue» et «trip de cul». Frank exprime en une phrase son
propre comportement: «Un fix, moi, les culottes tombaient, c'était
automatique.» Il poursuit en faisant sa petite analyse du «problème»:

> Y a rien que ça qui compte: coke-cul, coke-cul; pis les filles c'est
> le contraire, sauf, y a un petit pourcentage de filles qui eux autres,
> aussitôt qu'y consomment: c'est cul vingt-quatre heures par jour, y a
> pas de fin. Si y consomment cinq jours, sont cinq jours à jouer aux
> fesses: cinq jours y vont se coucher à terre, y vont se crosser, y vont
> vouloir violer les gars qui sont là [dans la piquerie?]; n'importe
> où... ça c'est une minorité.

Une seule femme au sein de notre échantillon, Solange (trente-
deux ans), correspond quelque peu à ce type «feu ardent» dont parle
Frank. Mais, comme elle le mentionne, les derniers temps lorsqu'elle
fumait de la *free base*, sa drogue de choix, il n'était plus question de
sexe même si elle entretenait des relations avec cinq «bonhommes»
simultanément:

> ... Moi je baisais pas par amour, moi, c'était pas pour l'amour
> quand je voulais du cul; fais-moi jouir, fais-moi venir; je souffre pas
> dans ce temps-là, je sens rien, fais que moi partir cinq minutes [pour
> mettre un condom], non! non! j'ai pas de temps à perdre tabarnac!
> «Envoye, mets-moi», c'était ça, comprends-tu, c'était pas de l'amour
> là... Moi-là, c'était fais-moi jouir, tabarnac, faut que ça pisse, stie,
> c'était ça. Moi... je voulais pas que tu dises que tu m'aimes, stie...

Pour Suzanne, sexe et drogue se compensent: «Écoute, quand je
me gelais pas, je baisais, c'était aussi simple que ça.» Éric, pour qui
la drogue de choix était également la *free base* — le crack —, nuance
à la fois les propos de Frank et de Suzanne sur la relation sexe/drogue,
notamment la cocaïne:

> J'ai tout le temps pensé que la cocaïne était une drogue qui nous
> faisait monter la libido, mais je sais une chose: que c'est pas vrai!
> J'ai tout le temps pensé que la cocaïne c'était une chose qui augmentait
> mes prestations sexuelles, comme on pourrait dire, mais c'est toute
> foney; je m'aperçois aujourd'hui que c'est toute foney. J'ai relié gros

ça, moi, la coke au sexe, parce que je me sentais puissant quand je consommais de la coke, je me sentais en plein moyen, en pleine force de mes moyens; je me suis aperçu en dernier que c'était pas ça pantoute. C'est que, la consommation a faite que je suis devenu quasiment impuissant, que je pensais que j'étais impuissant : que c'est elle qui passait avant toute activité, que toutte ma vie était centrée sur la drogue, que la sexualité avait plus d'importance; que j'étais tout fucké, là-dedans; que je me ramassais même... quand j'étais avec les prostituées... eux autres, des moments donnés, vu que je les gâtais... y voulaient me faire des faveur: je pouvais me ramasser avec trois, quatre, cinq prostituées dans le même lit que moi, mais que j'étais pas capable d'avoir aucune relation parce que... c'est juste la drogue moi qui m'intéressait, c'est juste ça qui primait sur toute...

Frank, pour qui la drogue — la *coke* — stimule les plus vils instincts sexuels, ajoute :

Quand y a du sexe, c'est complètement hors des normes... sauté ben raide... Y faut que ça soit vraiment hors des normes.

Aborder la question de la sexualité en se plaçant dans la perspective de la dépendance toxicomaniaque suppose que l'on se dégage de toute rationalité commune, non seulement parce que certains toxicomanes doivent composer avec un passé qui pèse sur leurs pratiques sexuelles, mais également à cause du double effet de surexcitation et/ou de sublimation de l'orgasme qu'ont certaines substances psychotropes. En fait, la relation drogue/sexualité forme un véritable complexe où varient constamment les pôles de la jouissance. Tandis que dans certains cas l'un compense l'autre, il peut arriver par ailleurs que les deux se nourrissent (s'activent) mutuellement ou que l'un déclenche l'autre. Il faut comprendre fondamentalement que tout se joue sur un plan paroxystique des sens, du moins dans le cas des drogues dites «dures». Au stade de la dépendance toxicomaniaque, la *libido* sexuelle ne se départage que rarement des pulsions de consommation; les deux s'entremêlent dans une même passion orgastique de façon extrêmement variable. Cependant, nous constatons le plus souvent la disparition progressive de la *libido* sexuelle avec l'augmentation de la dépendance au produit; chez les hommes, l'impuissance temporaire est aussi courante. Pour Isabelle, qui est le type même de la dépendante affective (si on la retrouve temporairement dans le quartier, c'est parce que son *chum* du moment y consomme), tout son goût de sexualité est sublimé par son besoin d'héroïne :

[Avant de consommer de l'héroïne] *J'ai eu une période nymphomane... j'aimais tellement ça faire l'amour... c'était la même relation que je vis avec la dope en ce moment... Peut-être que je vais* [réussir à] *faire un transfert de l'héroïne au sexe...*

La drogue, c'est une façon d'avoir du plaisir sans nécessairement pour autant être considérée comme une femme... j'aime mieux moi être une petite fille qu'une femme... les plaisirs ça ressemble aux émotions fortes que j'avais quand j'étais une petite fille, [dans ce temps-là] *toutes mes émotions, c'était des émotions fortes...*

À propos de la sublimation progressive de la sexualité par la drogue, Bertrand émet un commentaire que nous avons souvent entendu :

C'est sûr que tu vas te dégêner... quand t'es stone pour faire l'amour, rencontrer une personne nouvelle. Mais y vient un moment donné que tu te gêles assez que t'as plus le goût de baiser... tout ce que tu veux c'est te geler plus, te geler plus, te geler plus...

[La drogue, ça devient] *ta maîtresse, ta femme,* [ça] *remplace tout, tout, ton affectif.*

Interrogée sur sa sexualité, Suzie, bisexuelle, abonde dans le même sens :

Ç'a été le fun pendant un an avec elle [sa maîtresse], *aussitôt que la dope a commencé à rentrer trop fort, y avait plus rien de ça... c'était pas ma préoccupation.*

Quant à Gaston, sa consommation la rendit carrément impuissant : « Y avaient beau me sucer, je bandais même plus... » Ainsi, malgré les pseudo-propriétés aphrodisiaques de certaines drogues dans les premiers temps de la consommation — durant la « lune de miel » avec le produit —, la plupart des témoignages que nous avons recueillis nous confirment que le goût de la sexualité s'estompe et, généralement, s'amenuise complètement avec l'accroissement de la dépendance à la substance. Cette « réalité », on devrait en tenir compte lorsqu'il faut réfléchir sur un quelconque programme de prévention du sida pour les toxicomanes. Dans le prochain chapitre, nous aurons l'occasion de reparler de la problématique des pratiques sexuelles dans le contexte de la consommation toxicomaniaque, ainsi que de l'inadéquation d'un comportement préventif rationnel avec une logique de la drogue qui ne l'est pas.

Un mot sur la substance psychotrope — la drogue — de choix

L'évolution qu'a suivie la consommation de Denise est assez typique de l'ensemble de notre échantillon. Les premières initiations se font tôt à l'adolescence avec l'alcool, puis rapidement avec le cannabis, ses dérivés, ainsi que, pour beaucoup, les drogues chimiques (hallucinogènes, PCP, etc.). Ce n'est qu'à l'âge adulte que Denise a découvert la cocaïne. Nous sommes au début des années 80 et la cocaïne n'a pas encore connu la « démocratisation » qui l'a rendue, au milieu de la même décennie, facilement accessible à tous. Aussi, dans le groupe de personnes plus jeunes que nous avons interrogées, la cocaïne était généralement au nombre des premières drogues essayées. En quelques années, la cocaïne est passée du « haut de l'échelle » de la consommation, par son statut sélectif (faible distribution et prix élevé), aux premiers échelons de l'initiation aux drogues. On peut aisément concevoir aujourd'hui qu'un préadolescent fasse ses premiers pas dans le monde de la drogue avec la cocaïne, alors que cela aurait été tout à fait exceptionnel encore récemment. L'image de la drogue s'est également transformée au cours des dernières années : de symbole de performance et de productivité, elle est maintenant associée à un milieu « électrique », pour ne pas dire « explosif », de violence et de délinquance.

Ce qui est en train de changer le plus, dans les milieux montréalais de la drogue et particulièrement dans Hochelaga-Maisonneuve, c'est la diffusion de l'héroïne sur le marché de la rue. Sans pouvoir parler de popularisation de l'héroïne au même titre que celle de la cocaïne, car elle demeure une drogue fortement stigmatisée hors des milieux d'usagers, l'héroïne gruge une part importante de la clientèle habituelle de cocaïnomanes. Rappelons que les producteurs et les distributeurs de cocaïne ne perdent rien de ce changement d'habitude de consommation, puisque plusieurs pays d'Amérique latine, dont la Colombie, se «recyclent» actuellement dans la culture du pavot. Au contraire, la venue de ces nouveaux joueurs sur le marché de l'héroïne explique en grande partie sa plus grande disponibilité à la base. L'essor récent de sa demande a suivi celui de sa relative accessibilité. L'un des avantages les plus évidents de l'héroïne par rapport à la cocaïne, pour un usager qui en prend de façon régulière, réside dans le fait que la sensation de «manque» est plus longue à se manifester (elle est par contre plus puissante) et, par conséquent, le besoin de consommer derechef ne se fait pas sentir aussi vite. Cet «avantage» compense des prix plus élevés; il devient parfois plus économique de consommer de l'héroïne que de la cocaïne ! Mais il y a aussi le revers de la médaille.

L'introduction de l'héroïne dans les circuits des piqueries tels qu'Hochelaga-Maisonneuve a une incidence visible sur les comportements. On assiste à une dégradation de plus en plus rapide de la condition (physique) générale des toxicomanes. Les prostituées qui choisissent cette drogue se remarquent par le laisser-aller de leur présentation et leur air endormi. Tandis que la cocaïne active les maxillaires, il est difficile (sous l'effet de l'héroïne) (pour certaines personnes) d'aligner trois syllabes cohérentes (nous exagérons à peine). Il ne s'agit là que des caractéristiques visibles. On ne peut que présumer la détérioration de l'état de santé de ces nouveaux héroïnomanes qui ne font pas une consommation méthodique du produit. Habituellement, on n'abandonne pas l'usage de la cocaïne pour autant; on substitue aisément une substance à une autre, surtout en période de manque. Le mélange cocaïne et héroïne est également fortement prisé et à la mode. C'est de ce cocktail baptisé *speedball* que nous avons à craindre le pire.

Isabelle nous décrit ainsi le *speedball*: «C'est le mélange idéal... c'est le summun du plaisir extatique et du plaisir électrique.» Ses effets sont dévastateurs parmi la cohorte d'usagers des piqueries. Il est souvent perçu comme un produit intermédiaire et d'initiation à l'héroïne, alors que, comme on peut l'imaginer, ses effets sur l'organisme sont des plus violents tellement s'opposent l'effet stimulant de l'un et l'effet amortissant de l'autre. Mais encore là, s'il ne s'agissait que des conséquences prévisibles de ce mélange, le problème serait moindre. Ainsi, le plus grand danger que court l'usager de *speedball* est dû au fait qu'il ne sait à peu près jamais ce qu'il consomme réellement. Il existe actuellement sur le marché des mélanges déjà préparés de cette drogue, vendus dans des fioles sous forme liquide, prêts pour l'injection. Quand on connaît les degrés de pureté de la cocaïne et de l'héroïne sur le marché de la rue, on ne peut qu'imaginer les pires concoctions alchimiques que s'introduisent dans les veines ces personnes en manque de sensations fortes. Il semble également que la popularisation grandissante de cette drogue soit responsable d'un plus grand nombre d'*overdoses* — fréquemment, une personne utilise cette drogue, nouvelle pour elle, sans pouvoir évaluer la dose nécessaire. Substituant une drogue à une autre, habituellement la cocaïne, l'usager, qui est souvent dans un état physique lamentable, n'a aucune idée de la façon dont son corps réagira. Nous avons eu vent de plusieurs cas de personnes décédées dès leur première injection de *speedball,* dont deux jeunes filles.

Tout porte à croire que la popularité du *speedball,* mais surtout de l'héroïne, ira en grandissant, étant donné la saturation de la demande de cocaïne (notamment à cause des limites de son *high* — *rush* — *flash* — et la rapidité du *down*). Les pires scénarios sont ainsi à prévoir, non seulement du point de la vue de la criminalité, mais également au chapitre des services de santé ; il suffit de penser à l'engorgement et à la lenteur (près de deux ans d'attente) qui caractérise actuellement l'accès à un programme de méthadone. Nous espérons que les principaux intervenants pourront s'adapter le plus tôt possible à cette « nouvelle réalité » et à ses répercussions.

CHAPITRE 5

Comprendre la «marge» pour agir au cœur du problème

L E RÉCIT DE DENISE CONSTITUE un exemple éloquent de la «descente aux enfers» d'une toxicomane à la merci de sa dépendance à la drogue. On constate que cette «descente» l'a conduite progressivement à Hochelaga-Maisonneuve; évidemment, il s'agit d'un «cas» particulier, mais pas unique non plus. Le cheminement de Simone, par exemple, est en tout point semblable:

> [Avant, durant cinq ans] *j'avais pas de misère à me procurer de la dope parce que je dansais à ce moment-là... graduellement je déménageais et je me suis retrouvée dans Hochelaga-Maisonneuve: c'est tout un quartier ça! Ça m'a fait arrêter de danser pour changer ça en prostitution, ce quartier-là, carré, carré; radicalement, du jour au lendemain, j'ai arrêté de danser pour me prostituer. Dans prostitution aussi tu dégrades là-dedans... C'est là quand je me suis retrouvée dans rue, c'est là que j'ai connu les filles qui m'ont amenée aux piqueries. Ça faisait mon affaire, parce que, comme je disais tantôt, j'avais peur...: ce qui me hantait, ce qui me possédait, le mot est plus juste — ce qui me possédait — ça me touchait moins quand j'étais dans les piqueries...*

Pour d'autres, c'est le contraire: la consommation les incite à sortir du quartier. André fréquente le *quartier gay*; Roger, le secteur de la rue Saint-Denis. Lorsque Cynthia fugue à l'adolescence, c'est pour quitter le quartier, mais la consommation l'y ramène. «L'enfer de la drogue» n'est pas un lieu géographique mais un état d'être, une condition (désastreuse) d'existence. Deux mois après son initiation à la *free base*, Lucien affirme avoir tout perdu:

> *C'était le party à tous les soirs... J'ai mangé l'agence d'escorte en dedans de deux mois, le salon de bronzage: on avait mangé les deux*

business... [Il se met à «l'aiguille» et, en l'espace d'un mois, il est dans la rue.] *J'étais dans l'itinérance, le premier soir j'ai couché devant la porte de mon commerce qui était vide... Je voulais me passer... : je me suis ramassé à l'hôpital pour overdose.* [La police l'amène à Dernier Recours, c'est le «gros choc».] *Je me voyais pas comme un drogué, je me voyais comme un malchanceux dans tout ça...*

Pour Frank, ce sera la même chose, la drogue lui fera tout perdre : emploi, famille, maisons. Le quartier n'a rien à voir, on s'en doute, avec cette déchéance. Si on prend l'exemple de Sandra, dont on ne peut qu'imaginer les derniers moments terrifiants (quand on sait combien elle était «paranoïaque» et qu'elle fut poignardée d'une vingtaine de coups), on réalise à quel point le malheur du toxicomane s'enracine parfois au plus loin des souvenirs de l'existence :

> *J'ai pas eu de parents qui m'ont élevée, ça fait que j'ai jamais pu m'identifier à une femme ou à un homme comme tels, j'ai jamais eu d'identification maternelle ou paternelle, j'étais vraiment foquée, j'ai vécu trop d'instabilité. Il est arrivé un certain âge où je voulais plus m'identifier même à un éducateur parce que je les perdais aussitôt que je commençais à m'attacher ; donc moi je suis sortie du centre avec dans mon subconscient : « Faut pas que je m'attache, tout ce que... quoi, ou à qui je m'attache, je le perds à un moment donné. » La coke, ou que ce soit la boisson ou toute dépendance, c'est une chose que je perdais pas. La coke, elle me restait, c'était devenu mon amie, c'était devenu [ma] meilleure amie ; c'était devenu ma mère, mon père, c'était devenu mon Dieu.*

Mais peu importent les circonstances hasardeuses de la vie ou les malheurs individuels, les différents itinéraires de ces toxicomanes se croisent en des lieux communs de signes et de sens dont le quartier Hochelaga-Maisonneuve représente, en ce qui nous concerne, un carrefour stratégique de références. C'est ainsi, par exemple, que l'on voit Jeanne partir de la résidence cossue de ses parents en banlieue, pour se retrouver après une «thérapie» (qui de toute évidence n'a rien résolu) dans les circuits des piqueries de Frontenac et d'Hochelaga. Une fois entré dans le monde des piqueries, une fois admis parmi les autres toxicomanes qui nous ressemblent, toute la question des origines sociales ou familiales disparaît; on devient, d'une certaine manière, «tous pareils» (ce n'est toutefois pas tout à fait la même chose lorsqu'on veut «s'en sortir»; les «biens-nés» ayant habituellement plus de «chances» d'y parvenir). Deux informateurs nous ont fait la même remarque: «Dans une piquerie, il n'y en a pas de classe.» Aussi, pour comprendre cette «contre-société de toxicomanes» avec ses normes, ses valeurs et ses codes propres, il faut pouvoir démystifier les dynamiques de la marginalité qui la régissent et la relient en quelque sorte à l'ensemble de la communauté, dont elle n'est, en fait, qu'une image déformée des contradictions majeures. Une marginalité qui, doit-on le souligner, n'est pas uniquement signe de déchéance; pour ceux qui la vivent et la défendent, elle se révèle comme une source de valorisation et une raison de vivre. Le marché de la drogue est une histoire de gros sous; mais, par-delà le monde de luxe qu'il génère pour ses véritables «caïds», le milieu de la drogue procure momentanément à ses usagers l'illusion du bonheur et un sentiment de puissance — impression de «puissance» qui résulte de l'effet de la substance psychotrope, mais aussi, parfois, de l'impression de pouvoir «acheter les gens», comme l'explique Éric:

> Moi j'ai associé la drogue, parce qu'en étant dealer, [avec] la puissance; la puissance c'était le sac, pis le sac, ben, je pouvais avoir les faveurs de qui que je voulais. J'ai associé ça ben gros avec ça: coke = sexe, parce que t'arrivais avec un gros sac, les femmes y venaient folles de toi, t'arrivais les poches vides, y se crissaient de toi.

Hochelaga-Maisonneuve et la «marge» périphérique

On l'a répété plusieurs fois, les différents «problèmes» que nous abordons dans ce travail sont susceptibles de se rencontrer en de multiples lieux et non pas seulement dans le quartier Hochelaga-Maisonneuve. Mais on se doit de répondre à la question suivante: pourquoi ce quartier est-il plus propice que d'autres à leur éclosion et à leur enracinement? Nous avons déjà, dans un premier temps, rappelé l'origine avant tout ouvrière du quartier et, également, la détérioration croissante des conditions socioéconomiques depuis le début des années 50. Nous savons que, à l'instar d'autres grandes villes américaines, ces milieux de pauvreté sont plus propices au développement d'une certaine marginalité — bandes de jeunes, drogues, violence, etc. —, mais également, dans le cas notamment d'Hochelaga-Maisonneuve, de réseaux (alternatifs) d'aide et de soutien. Pouvons-nous toutefois établir un lien de cause à effet entre l'appauvrissement de la population du quartier et les problèmes de toxicomanie chez les jeunes dont les piqueries ne seraient que la manifestation? Oui et non. Oui, parce que, comme nous l'avons dit, les poches endémiques de pauvreté sont plus réceptives à l'établissement (à une plus ou moins grande échelle) d'une économie souterraine ou criminelle; non, parce que, justement, les problèmes de toxicomanie et de criminalité débordent des frontières abstraites d'un quartier, s'étendent à l'ensemble de la société et ne s'expliquent donc pas par la seule logique de la pauvreté.

Pour comprendre les principales dynamiques de la marginalité telles qu'on les retrouve dans le quartier Hochelaga-Maisonneuve, il nous faut cerner les axes déterminants de leur articulation dans l'espace social et dans l'ensemble de la ville. Même si la métaphore de «marge sociale» évoque une frontière abstraite, qui se situe à la limite externe d'un centre défini comme la norme dominante, concrètement, on s'aperçoit toutefois qu'il n'existe jamais de démarcations franches et nettes la séparant de ce «centre». Poser la question de la marginalité revient à poser celle de la normalité et vice versa; dans les deux cas, la définition de l'une suppose l'existence de l'autre. L'interdépendance de la marge et de la norme s'inscrit dans une dynamique mutuelle de changement. Bien qu'elle ne soit pas absolument négative, la marginalité se distingue toujours d'un centre normatif par certains traits stigmatisants. Dans le cas qui nous préoccupe, ce n'est pas spécifiquement la consommation de psychotropes qui est perçue comme déviante ou marginale, mais plutôt la forme de ces usages (voie intraveineuse), les produits (cocaïne, héroïne, etc.) et les comportements criminels qui en découlent. Aussi vis-à-vis de la loi, comme nous le soulignions précédemment, la problématique de la toxicomanie engage celle de la criminalité, la plus petite possession de stupéfiants étant punissable par le code criminel. Par ailleurs, aux yeux du corps médical, le toxicomane est considéré comme un «malade». La marginalité du toxicomane n'a été longtemps pensée que par rapport à cette double «déviance» (criminel et malade) comme le rappelle C. Olievenstein:

> *Pendant longtemps, le problème posé par les toxicomanies, et en particulier par le récidivisme du toxicomane, a été envisagé du seul point de vue de la répression, de la défense de la légalité. À l'inverse, pour les médecins, ce problème n'a été envisagé que du point de vue psychopathologique. On ne sortait pas du dilemme: ou bien le drogué était un malade, ou bien il était un criminel.*
>
> *Le seul fait de poser la question de la manière suivante: le toxicomane est-il un être humain dont le mode d'existence ne se distingue que quantitativement du mode d'existence normal, fait simple figure de scandale[1].*

Mais pour revenir à la dimension spécifique du quartier, il nous intéresse plus particulièrement de mettre au jour la position périphérique de cette «marge» — piqueries, prostitution — par rapport au centre de la ville — *red light*[2] et ses alentours — duquel elle émerge. Dans le contexte global de la ville de Montréal, les différentes dynamiques de marginalité que nous avons abordées tout au long de ce travail se situent dans la périphérie et le prolongement d'un centre principal à la fois géographique et économique: le *centre-ville*[3]. Le vecteur moteur de cette diffusion d'un centre vers la périphérie est la prostitution, clé de voûte de cette économie clandestine. Le développement à grande échelle du commerce de la drogue et des piqueries dans Hochelaga-Maisonneuve coïncide dans le temps avec

---

[1] C. Olievenstein, *op. cit.*, p. 144. Voir également S. Le Poulichet, *op. cit.*, p. 34-37.

[2] Spécifions qu'il n'existe pas à Montéal de véritable *red light* tel qu'on l'entend dans certaines grandes villes européennes, c'est-à-dire une zone franche de prostitution. Nous désignons ici par cette expression le secteur sud de ce que l'on appelle communément *la Main* (Saint-Laurent et Sainte-Catherine). Dans cet espace de la ville cohabitent depuis longtemps, et souvent en complicité, les activités de la prostitution avec toute une industrie lucrative du sexe: bars *topless, peep-shows, sex-shops,* etc.

[3] Lorsque nous parlons du *centre-ville*, nous faisons davantage référence au centre (sud) géographique de l'activité urbaine qu'au centre commercial et des affaires qui se situe un peu plus à l'ouest, à partir de Saint-Laurent.

l'arrivée progressive des prostituées, refoulées du centre-ville à la fois par les différents «nettoyages» policiers et par les «gros bras» — les proxénètes — qui essayent d'avoir la mainmise sur ce territoire. Ce déplacement vers la «périphérie» entraîne en quelque sorte la rupture avec les différents réseaux du centre et assure, en ce sens, la relative autonomie territoriale des milieux criminels dans le quartier. Les frontières «naturelles» du quartier accentuent cette division du territoire entre les réseaux et les usagers; ainsi, si l'on parcourt, à partir du *red light*, l'artère Sainte-Catherine jusqu'à la limite est de ce qu'on appelle le *quartier gay*, soit la rue Papineau, on ne constate pas de véritable coupure des activités commerciales et marginales, bien que nous ayons affaire principalement à deux types différents de clientèles. Ce n'est qu'aux abords du secteur des rues Iberville (première frontière historique du quartier Hochelaga) et Frontenac que cette démarcation du centre devient plus apparente. Précisons, toutefois, bien qu'il ne s'agisse pas ici du territoire couvert par notre recherche ethnographique, qu'il existe plusieurs brèches importantes de pauvreté dans le secteur s'étendant à l'ouest de la rue Papineau jusqu'à la rue Saint-Laurent, où se concentrent plusieurs piqueries. Près des stations de métro Berri-UQAM et Beaudry notamment, tout autour des rues Saint-André et Montcalm entre autres, est enclavée une zone stratégique de mendicité, qui représente pour certains *junkies* la principale source d'approvisionnement; en revanche, malgré leurs conditions précaires d'existence, ces *junkies* et les piqueries qu'ils entretiennent sont directement tributaires de l'économie du centre-ville. Ajoutons que la «faune» nocturne des secteurs du *red light* et du *quartier gay* possède ses propres piqueries, qui restent ouvertes généralement aux *junkies* de tout acabit; elles vont trouver refuge surtout près des artères parallèles à la rue Sainte-Catherine, soit les rues Maisonneuve et Ontario.

Finalement, rappelons que le quartier Hochelaga-Maisonneuve est séparé géographiquement de ce «centre» par une voie ferrée, que l'on franchit par une voie élevée; passé ce point, la rue Sainte-Catherine, plus particulièrement, change de visage; disparaissent alors les nombreux commerces du sexe et la vie nocturne électrique des bars et des discothèques. On a l'impression d'être comme dans un village

— avec toute l'image paysanne que cela connote — dans la ville. Cette impression de former un «village» semble partagée par la majorité des habitants du quartier et constitue l'une de ses caractéristiques principales, qui se reflète également dans l'organisation des réseaux clandestins. Le sentiment d'identification au quartier se manifeste à tous les niveaux de la vie communautaire, et même, par extension, dans le monde souterrain des piqueries. Par exemple, une nouvelle prostituée qui arrive dans le quartier doit se plier aux règles implicites de ses collègues, comme celle de ne pas travailler pour un *pimp,* si elle veut y être admise. Ainsi, une fois introduite dans les réseaux d'Hochelaga-Maisonneuve, rarement va-t-elle en sortir, comme le souligne Denise qui se sent totalement déboussolée lorsqu'un client dépasse les limites de son quadrilatère habituel de travail. Cet hermétisme à l'égard des axes de la consommation du centre-ville — *axe de dépense* — assure la relative autonomie territoriale du quartier dont nous parlions plus haut. Tout se passe, en quelque sorte, «entre amis» ou, pour être plus précis, entre connaissances.

Cette marginalité se situe donc en périphérie du «centre-ville». En suivant toujours le filon de la prostitution, qui est l'un des signes les plus visibles de cette «marge», on s'aperçoit que la dégradation du «produit» est manifeste : les prostituées du quartier sont dans l'ensemble défraîchies par rapport à celles du centre-ville et ainsi «meilleur marché». Les témoignages de Denise et de Simone montrent par ailleurs que plusieurs d'entre elles suivent, dans leur descente individuelle vers les «bas-fonds», un itinéraire qui les conduit d'une «prostitution de luxe» à une prostitution bas de gamme dans Hochelaga-Maisonneuve. En revanche, la qualité de la drogue sera, elle, généralement meilleure et les prix auront moins tendance à fluctuer, comparativement à ceux du centre-ville. Ainsi, le prix de base pour un quart de gramme de «cocaïne» (qui est en réalité un cinquième) a été fixé à 20 $, montant exigé par la prostituée pour une fellation — un *blow job* (à noter que les services d'une prostituée sont dans le *red light* passablement plus chers, sauf exception). Comme on s'en doute, la clientèle que les prostituées du quartier attirent est une clientèle qui cherche l'économie plutôt que la qualité et qui appartient, elle aussi en général, aux couches populaires de la société.

Une partie de ces clients proviennent du quartier, mais beaucoup viennent de l'extérieur en automobile pour profiter de cette prostitution «bon marché».

Comme nous venons de le souligner, il existe un «équilibre» entre les prix de la drogue et ceux de la prostitution. En fait, l'essentiel de l'économie des piqueries repose sur celle de la prostitution; on nous a souvent mentionné que trois prostituées suffiraient à assurer le plein rendement d'une piquerie. Ces prostituées entraînent dans leur sillage leur *chum,* parfois quelques «clients» et également d'autres «collègues» qui vont constituer la base de la clientèle de la piquerie. Par un effet *boule de neige,* on voit donc grossir continuellement le nombre des individus qui vont et viennent entre cette double économie complémentaire que sont la piquerie et la prostitution. Ceci nous conduit, enfin, à parler quelque peu du seuil de tolérance qui semble avoir été dernièrement franchi par la population ordinaire, et qui a donné lieu à des manifestations spontanées de petits groupes de citoyens, ainsi qu'à des scènes de violence ressemblant à une véritable «chasse aux sorcières» contre les prostituées et les piqueries.

Il n'est nullement dans notre intention d'associer l'ensemble de la population à ces manifestations de violence, ni d'expliquer ces dernières. Cependant, elles montrent bien l'ampleur du problème. Cette violence spontanée serait principalement motivée par le fait que certaines prostituées auraient sollicité des jeunes enfants, entre autres en se masturbant devant eux. Que cela soit réellement arrivé est possible, mais il paraît plus probable que tout cela ait été amplifié par *dame rumeur.* Nous venons de le dire, les prostituées exigent 20 $ pour le service de base, somme que ne possède pas un enfant. Que l'une d'entre elles, sous l'effet de la drogue, ait fait des avances à des enfants n'est pas impensable, mais logiquement inconcevable. Nous croyons toutefois que le véritable problème de la sécurité des enfants, engendré par la prostitution (et les piqueries), est beaucoup plus grave et se situe à un autre niveau. Ainsi, nous savons que, parallèlement à cette prostitution féminine de «bas étage», se développe actuellement une autre forme de prostitution, pédophile et pédéraste. Cet effet d'entraînement entre ces deux types de prostitution repose d'abord et avant tout sur une clientèle qui trouve dans ces jeunes bambins des partenaires plus dociles et encore plus économiques. Les activités de ces nouveaux concurrents sont principalement localisées dans le secteur ouest d'Hochelaga et près de Frontenac. Les «enfants avec la clé [de leur maison] dans le cou», comme nous l'ont expliqué les travailleurs de rue aux prises avec ce «nouveau» problème, constituent la cible privilégiée de ces pédophiles. Cette prostitution, «en marge» de la première, mais qui d'une certaine manière en découle, représente l'une des principales formes de saturation de ce marché dans Hochelaga-Maisonneuve; ce qui explique, entre autres, son déplacement actuel vers la banlieue ou d'autres secteurs reculés de Montréal. Pour notre part, nous croyons que, aussi longtemps que le fond du problème n'aura pas été envisagé dans ce sens, nous passerons à côté de sa résolution.

Nous aimerions ajouter un dernier mot à propos du «cercle vicieux» dans lequel se retrouvent les prostituées. Nous avons souvent tendance à ne comprendre le «problème» que par l'équation: drogue = prostitution. Cependant, il faut aussi savoir que la pauvreté est avant tout à la base de cette économie, telle qu'on la connaît dans le quartier. Il n'est pas rare que l'entrée dans le monde de la prostitution soit d'abord motivée par des conditions précaires d'existence et qu'ensuite la drogue entre en jeu. Suzie raconte que, après avoir suivi une thérapie et s'être loué un appartement,

> ... j'avais plus d'argent: j'ai été faire des clients, j'ai recommencé à faire des clients sur le pouce, pis, à un moment donné, j'ai recommencé à me geler.

C'est une situation semblable qu'a connue Denise lorsque son *chum* «Johnny» s'est retrouvé de nouveau en prison. Le cycle combiné de la pauvreté et de la dépendance, qui maintient l'institution de la prostitution, explique pourquoi certaines femmes, malgré les pires mésaventures, poursuivent toujours leurs activités et sont prêtes à accepter des compromis qui dérogent aux règles de base de cette économie. L'histoire de Cynthia témoigne avec éloquence de ces aléas du «métier»:

> *Je me suis faite violer trois fois juste en faisant de la prostitution: les clients y avaient pas d'argent; une fois un client avait un couteau...*

T'en pognes des osties de foqués... Y en avait un qui fallait que j'y pisse dans gueule, pendant qui se crossait : ça c'était écœurant ben raide. Y en a qui veulent te battre, y en a qui veulent que t'es battes ; y en a d'autres, c'est ça, y ont pus d'argent... y t'amènent à des places qu'y ont pas d'affaire...

Ça m'est arrivé de sucer un client pour dix piasses, ça c'était dégueu, ça m'écœurait, stie, sucer pour dix ; j'me disais : «Comme ça si l'autre après y veut me donner quinze, mais je vais être correct...» [Ça m'est arrivé de faire] *une vingtaine de clients par jour, pas tout le temps, mais souvent j'étais obligée de sucer vingt queues par jour, c'était dégueulasse...*

Ces dernières considérations sur la profession de prostituée donnent à réfléchir; pour en arriver là, il faut que le mal de vivre — le besoin de «se geler» — soit ancré profondément dans la personne, sinon comment imaginer qu'elle puisse se complaire dans ce monde de violence!

Nous terminerons en parlant d'une autre forme de marginalité, qui n'est pas directement liée à celle de la drogue, mais qui exprime quand même un certain malaise social de la jeunesse du quartier. Il s'agit des différents événements racistes violents qui ont fait ces dernières années les manchettes, et dont certains ont été associés à une faction québécoise du *Ku Klux Klan*. Dans son ensemble, la population ne saurait, ici encore, être associée à ces manifestations qui ont déjà donné lieu à de véritables échauffourées dignes des ghettos de Johannesburg. Or, il nous paraît significatif qu'elles puissent trouver ancrage au sein d'une certaine jeunesse du quartier en manque de solutions à ses problèmes économiques, d'identité (politique et individuelle), etc. La drogue n'est qu'une échappatoire parmi d'autres pour une jeunesse en crise. Les incidents racistes survenus dans le quartier ne sont que le témoignage de cette réalité. Aussi, sans prétendre que l'ensemble de la population adopte la ligne dure de l'idéologie raciste, nous constatons que cette forme de pensée trouve une assise bien articulée au sein des discours populaires, particulièrement dans le monde des piqueries où il est pratiquement inconcevable de laisser entrer un «Nègre» (si un Noir était admis à l'intérieur d'une piquerie du quartier, ce ne serait vraisemblablement que parce qu'on le considère comme un « Blanc » : « Lui, il est correct, il est comme nous autres »). Cette digression sur le racisme n'a d'autre but que de souligner la variété des formes que peut prendre la « marginalité » à l'intérieur du territoire, principalement au sein de la jeunesse.

Quand la « marge » s'appelle sida ou les « espaces intersubjectifs » de la contagion

Nous arrivons au terme d'un parcours qui nous a menés d'un quartier défavorisé de Montréal aux décombres du monde de la toxicomanie. Toute cette démarche était motivée à l'origine par le désir de mieux comprendre certaines dynamiques socioculturelles d'une maladie mortelle — terrible parce que contagieuse et sans cure efficace connue à ce jour — que l'on a baptisée de l'acronyme *sida* (ou *aids*, en anglais, qui a une consonance, à notre avis, plus sarcastique). Aborder la question du sida dans le contexte de la toxicomanie signifie pousser encore plus loin les limites de la « marge » et, par un effet de retour, la reposer en plein centre de notre société ; la brèche toxicomaniaque de la contagion du sida a fait en sorte, plus que tout autre mode de contamination, que plus personne n'est à l'abri de la maladie. Ironiquement, le sida réalise, aux yeux de la norme réactionnaire, la synthèse entre deux formes de « déviance » : la sexualité perverse et la drogue. Depuis sa découverte, la maladie n'a pas cessé d'être apprêtée à toutes sortes de métaphores qui ont revigoré un certain discours religieux apocalyptique[4]. Avant d'être une victime, le(la) sidéen(ne) est d'abord un(e) coupable : coupable de ses pratiques ou de ses actes répréhensibles. Longtemps l'homosexuel a été le principal bouc émissaire de cette recherche de coupables. Aussi, le toxicomane — *udi* — ne se sentait pas réellement menacé par la maladie et jusqu'à tout récemment ne s'en préoccupait guère. Il aura fallu un accroissement du nombre de personnes atteintes parmi la cohorte de toxicomanes, ainsi qu'un grand battage médiatique, pour que ceux-ci commencent à être sensibilisés au problème. Malgré tout,

---

[4] Voir Susan Sontag, *Aids and its metaphors*, New York, Farrar, Straus and Giroux, 1988.

nous n'en sommes encore qu'au début de cette sensibilisation, comme nous entendons le montrer.

L'inadéquation de la notion de «risque»

Nous l'avons déjà souligné, la logique toxicomaniaque suppose dans ses dénouements ultimes la prise de risques, c'est-à-dire une conduite proche de l'ordalie comme un rite individuel de passage. Jouer avec la mort fait partie intégrante du *trip* du toxicomane *junky*; souvent, à force de frôler la mort, il acquiert un sentiment d'invulnérabilité, à moins qu'il ne se sente comme une sorte de «survivant». Dans ce contexte, on a peine à penser que le sida vient seulement s'additionner aux différents risques de mourir sans véritablement les remettre en question. Tel est le dilemme: comment convaincre un toxicomane de se protéger contre une maladie mortelle, alors que constamment il met sa vie en danger? Avant même que le sida ne frappe à la porte du toxicomane, celui-ci est déjà face à un bilan médical des plus chargés, auquel ne répond aucune rationalité commune. Un coup d'œil rapide sur notre échantillon nous apprend que les deux seules personnes qui se savaient séropositives souffraient déjà d'hépatite B chronique. Ou, encore, pensons aux savants calculs auxquels Denise a recours afin de prendre le «contrôle» de sa «bio-logique» alors qu'elle est enceinte et qu'elle décide de continuer à se piquer, à son état de santé général à ce moment-là, au «petit bébé» qui naît dans ces conditions... Nous nous trouvons ici devant une «rationalité» qui dépasse tout entendement logique par rapport à la notion institutionnelle de santé. Voici quelques extraits d'entrevues qui mettent bien en évidence la problématique de l'état de santé du toxicomane et de «l'irrationalité» de certains comportements:

> *À un moment donné* [nous dit Simone], *j'ai été obligée de cesser de danser parce que j'ai eu le cancer des cordes vocales; je me suis faite opérer, je serais plus censée parler, je serais censée avoir un trou... Après ça, vu que j'avais de la misère à* [sniffer], *j'ai dit: «Je vais me mettre à faire en free base.» Parce que ça m'avait amenée à être épileptique aussi. La free base ça m'a amenée à être cardiaque, pis à être asthmatique. J'ai dit: «Je va a prendre en seringue à c't'heure...» C'est le seul moyen qu'y me restait de la consommer.*

Le cas de Sandra est également pathétique ; elle nous raconte d'abord son expérience à l'hôpital après une tentative de suicide :

J'ai fait une espèce de dépression, encore une tentative de suicide, les deux bras ouverts, c'était grave mon affaire. Y vient un moment où on n'est pus capable d'arrêter, pis même si on est après crevé, on est prêt à n'importe quoi pour se fournir notre coke. Moi j'étais à l'hôpital, j'avais même pas de points que je me suis sauvée, et je suis allée me reshooter en ville. J'avais un gros pansement autour du bras, mais j'avais pas de points de faits ; c'était tout ouvert en dedans et je me suis piquée toute la soirée et la nuite, finalement je suis rentrée à l'hôpital le lendemain.

À propos de son état général de santé, elle raconte plus tard :

Mais il faut dire que moi j'ai un problème de santé, un gros problème de santé. Je fais de l'insuffisance cardiaque, une insuffisance du rein droit ; dû à la coke, dû à la coupe que j'ai pognée dans la coke ; les virus, des aiguilles sales aussi ; j'ai fait des grosses cellulites dans le bras, à cause d'aiguilles sales ou usées qui allaient pas ben, qui fonctionnaient mal : je sautais à côté de la veine...

J'ai passé le test du sida, j'ai été hospitalisée un mois et demi... la dernière fois pour mon insuffisance cardiaque. Ils m'ont passé les tests du sida, y pensaient que c'était ça. Ça s'est avéré négatif. J'ai refait de la prostitution après, pis j'ai refait de l'échange de seringues mais je nettoyais à l'eau de Javel. Je m'arrangeais pour avoir toujours un petit pot d'eau de Javel sur moi... Je prenais la seringue d'un autre gars mais je la nettoyais dans mon eau de Javel...

Bertrand, pour sa part, nous parle de son indifférence face à la possibilité de contracter ou de donner une maladie contagieuse :

J'ai été porteur d'hépatite B deux fois. J'ai baisé à gauche pis à droite sans protection, même en étant hépatite ; c'est comme si je pensais pas à ça... Je pensais pas aux conséquences... ni de le donner, ni de le recevoir...

J'ai été longtemps au début de ma consommation que je faisais attention, que je prenais pas les seringues des autres. Les derniers

temps, là je m'en crissais, quand j'étais sur le manque là, ça pressait ;
j'avais pas le temps là ; j'en ai pris des seringues des autres quand...
j'étais sur le manque, ou que j'étais malade, pis ça me le prenait
vite...

L'impression, pour ne pas dire le «goût», de prendre des risques
ne se trouve pas uniquement dans la relation avec la drogue mais
également dans la sexualité. André, dont la consommation (de *free*
base) l'a entraîné vers le *quartier gay* et l'a incité à avoir des aventures
homosexuelles, se décrit lui-même comme un «survivant» :

> *J'étais à la recherche d'amour, désespérément ; j'étais terrorisé par*
> *les femmes : j'ai été voir du côté des hommes. Je me suis dit : «C'est*
> *peut-être ça la cause de mon malheur, quelque chose d'inavoué, depuis*
> *des années, et ben crisse tant qu'à faire, on va sauter tête première*
> *dedans. » J'ai été là-dedans. J'étais ben au courant qu'il y avait des*
> *dangers, comme le sida, toute ça. C'était comme, ben, je m'en câlissais,*
> *c'était comme, je me sentais sur mes derniers milles : «Ben oui ! si j'ai*
> *à crever de ça, je crèverai de ça, je m'en câlisse. » Pis j'ai été dans*
> *les salons de massage ; moi j'ai trouvé ça dégradant, je sortais de là...*
> *toujours... [avec] de moins en moins d'estime de moi ; je me trouvais*
> *sale, dégueulasse...*

> *[Le sida ?] Y avait une peur c'était évident, je clamais en dedans*
> *de moi : «Je m'en câlisse», c'était plutôt : «Je voudrais m'en câlisser. »*
> *C'est sûr qu'y avait une crainte, une crainte de mourir, parce qu'y*
> *me restait quand même un petit espoir de vivre, du désir de vivre, la*
> *flamme était pas grosse, mais était toujours là. Je me disais : «Je fais*
> *attention. » [Je n'utilisais pas de condom], mais je disais : «Je fais*
> *attention. » J'étais ben préventif ! [rire] Je jouais safe...*

> *[Le sida] c'était pas pour moi ça... À un moment donné, j'ai*
> *entendu, moi... j'avais couché avec un gars, et une autre personne*
> *m'avait dit : «Crisse, y est plein de bébites, va te faire chéquer. » J'ai*
> *traversé à taverne. C'est ça que j'ai faite, [je n'ai] pas été à l'hôpital,*
> *j'ai traversé à taverne ; je voulais même pas savoir : j'avais trop peur ;*
> *ça me faisait mal au cœur tabarnac... de voir que j'étais pas capable*
> *de vivre et en même temps je voyais tout le potentiel que j'avais ; je*

le voyais, je le savais... C'est ça qui m'écœurait le plus, c'est ça qui
me frustrait le plus... quand y m'arrivait des affaires de même:
«Attention y est plein de bébittes. » C'était comme je me voyais comme
un survivant, mais c'était un peu comme s'il annihilait mes chances
de survivre. Je me voyais de même, comme un «surviver» (un tough
qui toffe dans le rough, ah! fuck...).

René (pour qui, on s'en souvient, la «drogue de choix est le hasch»)
vit sa sexualité comme s'il prenait à chaque fois un risque, un risque
de mourir comparable à celui du toxicomane *junky*. Ainsi, dit-il, le
sexe, «c'est comme un hit» à cause de «l'intensité que ça peut
procurer». Rappelons que l'expression *hit* est utilisée par les *junkies*
pour désigner la dose d'une injection: «se fixer un hit».

Les relations sexuelles que j'ai eues pratiquement toute ma vie ont
été non protégées. À quelques occasions, j'me suis protégé, là je suis
dû pour un test de sida, d'ici un mois. J'ai ben hâte d'aller passer
ça. J'ai été régulièrement passer des tests pour les MTS, à ce niveau
j'suis clean, y a pas de problèmes, y me reste juste le test du sida à
passer [il craint toutefois d'avoir peut-être contracter le virus].

[La protection] *c'est pas ça qui me dérangeait... rendu dans*
l'action, moi, c'était comme ben secondaire la protection. Bah! je
parlais avec la fille, je lui demandais qu'est-ce q'y en était, a disait:
«Bon! moi je suis safe» et ben moi je disais: «Chus safe, je pense
ben.» J'ai déjà eu des relations avec des filles qui se sont crinquées,
j'ai déjà eu des relations à risque; j'ai déjà eu des maladies transmises
sexuellement: j'en ai eu deux-trois [et ça ne m'a pas amené à me
protéger davantage]. *Aujourd'hui, on me suggère de porter des*
condoms, aujourd'hui chus plus réveillé, c'est super dangereux de
baiser, c'est comme jouer à la roulette russe, aussi dangereux que ça.
Moi je me considère comme une personne qui est active sexuellement...
Mes partenaires sont un peu comme moi, on rencontre le genre de
personne comme on est; moi je suis une personne insouciante et je
rencontre des personnes qui sont insouciantes. Alors on se parle, on se
dit: «On en met-tu, on n'en met pas», c'est comme, tout dépendant
des contextes, de la personne avec qui je suis: ceux qui mettent des

condoms en mettent tout le temps, ceux qui en mettent pas en mettent jamais... Moi je vais être honnête, je vais leur dire : «Écoute, moi je suis allé passer un test pour les MTS et je suis clean de ce côté-là, mais pour le sida je le sais pas»; pis la réponse que j'ai entendue le plus souvent c'est : «Fourre-moi! »

C'est aussi dangereux... je ne sais jamais quand est-ce que ça va être le bon hit, qui va faire que j'va mourir, le bon, pas le bon mais le hit qui va faire que je vais mourir, je le sais jamais...

Cette insouciance face à la sexualité dont parle René a de quoi nous faire réfléchir, et encore plus cette «anecdote» que nous raconte Roger, qui est séropositif :

J'ai baisé avec une fille et j'y ai pas dit que j'avais le virus et j'ai mis un condom pareil. À un moment donné, j'ai testé la fille, dans un sens : j'ai pas mis de condom, pis on s'est excités un peu, à un moment donné, j'ai dit : «Ça te dérange pas, j'va mettre un condom»; la fille m'a juste dit : «Pas besoin de mettre de condom, t'es beau, t'es propre, tu sens bon.» Ç'a faite dans ma tête : «Ça fait trois mois que j'ai pas baisé au naturel, pourquoi pas! » J'ai mis un condom pareil... J'y ai dit que j'étais séropositif deux jours plus tard; deux jours plus tard a m'a dit : «T'es correct, t'as mis un condom, t'as pris tes précautions.» J'étais content qu'elle prenne ça de même. Mais trois jours plus tard, elle voulait me défoncer, m'arracher la tête...

On peut voir entre les lignes de ces différents extraits, malgré une certaine indifférence face aux comportements à risque, que se tissent peu à peu chez ces personnes les filaments d'une attitude responsable à l'égard du sida. Un seul de nos répondants dit prendre toujours ses précautions lors de relations sexuelles. Stephan (vingt-deux ans), dont la drogue de choix était la cocaïne qu'il prenait par inhalation, livrait de la drogue dans les piqueries. Il dit s'être toujours tenu loin de ce milieu, qu'il craignait. Il ne s'y rendait que pour la nécessité de son «travail».

Moi, mon physique, ma matière corporelle, j'ai toujours fait attention à ça; ça fait que... quand j'ai eu des relations sexuelles, je me suis toujours protégé. Je savais que ça roulait dans ce milieu-là,

j'ai jamais eu de relations dans le milieu. Quand je travaillais pas,
je regardais ailleurs, pas dans ce milieu-là, parce que je savais que
c'était pas bon pour moi... J'ai connu trois-quatre personnes qui
avaient le virus, y leur restait pas grand temps à vivre, aujourd'hui
je les vois plus ces gens-là...

Mais entre l'affirmation de Stephan qui dit toujours se protéger et
la réalité, il y a une marge. Ainsi, quelques minutes plus tard, il nous
dit qu'il lui est arrivé de «baiser» sans condom et d'avoir eu, une fois,
des champignons: «J'avais pris soin de ça tout de suite; ça piquait en
crisse...» L'histoire de Jeanne est à ce propos éloquente: elle qui
prenait toutes les précautions possibles (*cf.* supra) et qui prétendait
également que faire attention à son corps avait toujours été une
priorité, allait finalement en venir à perdre la maîtrise d'elle-même:

> *En dernier, c'est écœurant, tu peux pas savoir jusqu'à où ça*
> *dégringole cette histoire-là... J'ai été m'acheter de la coke... y avait*
> *une fille, je savais qu'elle se shootait, je lui ai demandé: «Passe-moi*
> *ta seringue.» Je prenais une chance... j'étais consciente mais pour moi*
> *c'était plus important de m'envoyer la dope dans le bras; c'est là que*
> *ça mène l'ostie de dope... C'est fou de même, c'est la roulette russe...*
> *C'était la première fois que je prenais vraiment la seringue de*
> *quelqu'un, c'était comme: «Mon Dieu, pour une fois que je fais ça,*
> *aide-moi...» Je veux juste m'envoyer cet osti de quart-là dans les*
> *veines... Avant-hier, je viens d'avoir mes résultats, c'est beau, j'ai*
> *rien: j'en ai pris des risques, pis des ostis de risques...*

Un peu plus tard durant l'entrevue, Jeanne rappelle à quel point
le lien de confiance qui s'établit entre toxicomanes peut souvent se
fonder sur peu de chose, du moins du point de vue rationnel de la
prévention (du sida):

> *Une fois que t'es gelé, mettons que t'es rentré* [dans la piquerie]
> *avec quelqu'un, et y te paye la coke, mettons, c'est assez pour nier*
> *ça... «Ah! lui y est correct...» «Ah! y m'a parlé un peu, qu'y*
> *connaissait ça, pis là, là, là...» Tu viens que tu te fais accroire que*
> *t'as assez confiance* [après cinq minutes] *pour prendre des risques.*

L'histoire de Roger nous révèle jusqu'à quel point ces liens de

confiance entre toxicomanes peuvent être superficiels et les conséquences parfois dramatiques que cela peut avoir:

> *Moi le sida, c'était pas pour moi... Tout ce que je faisais quand*
> *j'allais me geler, je demandais au gars ou à la fille qui était avec*
> *moi: «Si y'était malade»,* y [la personne] *me disait non... moi je*
> *la croyais sur parole... je la trouvais honnête.*

> *Je me crissais ben de ça quand j'ai partagé la seringue au gars,*
> *ou quand le gars m'a prêté sa seringue; cette fois-là mon chum me*
> *l'a dit — y avait un gars avec moi — «Y est séropositif.» J'étais*
> *tellement gelé, ça faisait peut-être sept grammes que je faisais dans*
> *nuite, dans ma tête ç'a faite: «Ben non! ben non! c'est impossible»,*
> *j'ai pris sa seringue. C'est sûr le lendemain... j'me suis informé, j'ai*
> *appelé mon chum, c'était ben ça... encore là j'ai oublié; ça m'a pas*
> *empêché de consommer, j'ai eu d'autres rechutes, c'est pas des*
> *rechutes: j'avais pas arrêté tout simplement, et j'ai passé le test au*
> *bout de quatre mois, au bout de quatre mois je l'étais pas et j'y ai*
> *retourné au bout de deux mois pour que ça fasse six mois... les tests*
> *étaient positifs.*

L'exemple de Jeanne mais surtout celui de Roger nous font
comprendre qu'il existe toujours une marge entre les bonnes
intentions — soit le modèle idéal de comportement — et la réalité
quotidienne, surtout lorsqu'on patauge dans le monde instable des
toxicomanes. Par ailleurs, on constate dans les différents témoignages
que toute la question du sida demeure généralement sous-entendue,
qu'elle appartient au domaine du «non-dit», dont on évite de parler
franchement (le cas de Roger étant ici un exemple se situant à l'autre
extrême: celui du «déni»). Bien que le sida soit une réalité dont on
ne peut plus ignorer l'évidence, quand on en parle dans les milieux
de consommation, c'est généralement pour en atténuer les
conséquences ou même pour le tourner au ridicule. Jeanne cite un
exemple cocasse qui lui aussi donne à réfléchir:

> *À un moment donné j'étais dans une piquerie, pis une fille...*
> *marchait nu-pieds, c'était l'hiver pis elle avait enlevé ses bottes...*
> [elle] *s'est piquée sur une aiguille, juste l'aiguille d'une seringue, pis*

là ... les gars [qui] *étaient là, y riaient: «Ah! ah! ah! là tu viens de pogner le sida!» C'est comme ça que ça se parlait* [du sida, sinon] *autrement, sérieusement... jamais...*

Une travailleuse de rue nous a parlé d'un gars qui disait: «Le sida c'est juste quelque chose pour faire peur.» Il se vantait, à qui voulait l'entendre, d'avoir volontairement, par défi, pris la seringue d'une personne infectée, puis d'avoir passé des tests du VIH qui s'étaient révélés négatifs. Mais le «pire», selon la travailleuse de rue, c'était que son discours trouvait écho parmi les personnes qui le côtoyaient et, peu importe s'il avait véritablement passé lesdits tests (ce qui semblait peu probable), on le croyait, au point que son histoire devenait un exemple dans le milieu, pour mettre en doute les risques de contagion du sida par voie intraveineuse. Cette idée voulant que le sida soit une «invention pour faire peur» est encore fortement répandue; ainsi, Gaston, qui ne remet pas en cause l'existence de la maladie, nous explique par une grande «théorie» comment le sida n'est qu'une histoire du «pouvoir» pour faire peur aux gens. Mais d'abord, il nous dit que dans son milieu, celui des piqueries, il n'est pas question du sida comme sujet de conversation:

On n'a jamais parlé de sida, on n'a jamais parlé de capote, on n'a jamais parlé d'aiguille... Peut-être une couple de fois à la fin, quand tout le monde faisait peur à tout le monde avec le sida, que les seringues se passaient pus, se passaient moins. Mais quand t'as envie de faire ton fix, pis que t'as pas de seringue, tu prends n'importe quelle seringue; t'a rinces pas, t'a nettoyes pas, t'a désinfectes pas, t'as prends pareille, tu te câlisses ben du sida. [...]

Si tu veux, je vais te donner mon opinion personnelle sur le sida: c'est une maladie qui a été inventée par ce qu'on appelle des fumistes, des médecins, pour faire peur aux gens. Y a toujours eu une sélection naturelle dans nature et y en aura toujours une, envers et contre tous. Pis, les manipulateurs d'argent, ceux qui ont le pouvoir, ce que j'entends: toute la hiérarchie des médecins et des professionnels de la santé, si y vivaient en harmonie avec la nature y prêcheraient pas ce qu'y prêchent là. Mais dans n'importe quelle société y a toujours eu

des magiciens, des prêtres, des sorciers qui manipulent les gens;
certainement pour la panoplie de la pharmacopée, pour le pouvoir,
pour, «c'est la manipulation du pouvoir», moi je dis que c'est ça le
sida, parce que le sida a toujours existé; les Grecs y s'enculaient crisse,
y en a qui mouraient de maladies vénériennes, y en a qui mouraient
de maladie. Pis aujourd'hui, ce que je trouve le plus pénible dans la
société, c'est de savoir que ces gens-là qui ont le pouvoir, ceux qu'on
appelle tous les gens de santé, sont des fumistes, à mon grand avis,
à mon grand regret, parce qu'y manipulent les gens. Mais le plus
grand tort de la société, c'est la manipulation des gens par d'autres,
les gens qui se disent instruits...

Et, ajoute Gaston, poursuivant sa réflexion sur le sida:

J'ai été en contact avec plusieurs (quatre) personnes qui ont eu le
virus [du sida]... Y en a qui sont morts. Pis, c'est drôle, ces gens-là
avant de s'éteindre y ont ni agressivité, on dirait... par certains boutes,
qu'y ont hâte de quitter leur corps, ça m'a toujours fasciné ça.

En parlant de gens qu'y ont le sida, je les plains pas, je les blâme
pas, parce qu'y vient à un moment donné, dans le monde de souffrance
dans lequel j'ai vécu une partie de ma vie, la plus grande partie de
ma vie, y vient qu'on ne s'apitoye plus sur les gens qui souffrent. On
a cette souffrance-là, mais on ne se l'approprie pas. Du moins, c'est
mon expérience de vie qui me fait dire ça.

À propos du sida et de la souffrance de la vie du toxicomane,
parlons du cas pathétique d'Isabelle, que son désir de se sortir de sa
dépendance (affective et toxicomaniaque) a amenée à faire plusieurs
tentatives de suicide, généralement par *overdose* (surdosage). Mais une
de ces tentatives a pris une forme tout à fait inusitée: elle a décidé
de faire l'amour avec un ami (homosexuel) sidéen dans l'unique but
de se donner la maladie:

J'avais l'impression d'y faire don de ma jeunesse... C'était
formidable, je me donnais une maladie qui me permettait de mourir
en paix... parce que, si je me tue, le monde va être fâché, mais si je
meurs d'une grave maladie, le monde va me pardonner et ils vont
moins souffrir, aussi parce qu'y vont pas croire que c'est de leur faute,

y vont croire que c'est la faute de la maladie. [Aussi, elle ajoute, après un résultat de test faussement positif :] *J'avais préparé une lettre expliquant que j'étais sidatique... que je pouvais plus vivre en sachant que je l'étais... ça me donnait ma raison pour me tuer, une explication valable selon moi... Je me sentais sidatique comme je me suis déjà sentie juive sans être juive... Je me suis sentie juive à un moment donné parce que je me suis sentie rejetée... Je sens ça depuis que je suis petite...*

Comme on peut le voir dans les exemples de Gaston et d'Isabelle, le sida donne lieu à plusieurs attitudes ou réactions en apparence irrationnelles, mais qui, lorsqu'on se donne la peine de creuser au fond du «problème» ou des explications, sont tout à fait dans le prolongement du «vécu» (extrêmement difficile) de ces personnes. Agir au niveau de la prévention du sida chez les toxicomanes implique que l'on puisse se transposer sur un autre registre que le discours habituel qui préconise la protection individualiste, pour ne pas dire égoïste, de sa «petite personne». Avant de parler au nom de la vie, le discours sur le sida connote la mort, une mort qui plane de toute façon continuellement au-dessus du toxicomane *junky*. C'est pourquoi, nous le constatons, lorsqu'un toxicomane dit prendre ses précautions contre le sida, il le fait rarement pour la seule raison délibérée de se protéger lui-même. Par exemple, Ginette, et elle n'est pas la seule à nous avoir donné cette raison, dit se protéger pour ses enfants :

Je me suis toujours protégée... à cause des enfants... pour moi, c'était bien important: perds ta tête, mais perds pas toute... C'était : « Tu mets le condom, sinon t'auras rien... »

Par ailleurs, si l'habitude du condom semble récemment s'être incrustée dans les comportements des prostituées (Simone affirmait n'avoir jamais utilisé de condom avant les trois dernières années), ce n'est pas nécessairement dans le but avoué de se protéger contre les maladies vénériennes et le sida. Ainsi, des filles ont dit aux travailleurs de rue que, si elles en étaient venues à utiliser le condom, c'était, entre autres, à cause des odeurs pas toujours des plus appétissantes de leurs clients : «Elles étaient tannées de manger du fromage Oka.»

Aussi, depuis qu'ils distribuent des condoms à saveur de fruit (pêche, fraise, etc.), les travailleurs de rue n'ont jamais été autant sollicités par les prostituées. L'usage du condom s'est ainsi progressivement installé même pour les fellations, qui représentent la plus grande part du travail des prostituées. Cet usage est toutefois très relatif quand on sait que plusieurs clients le refusent catégoriquement, comme l'explique Sandra :

> *Dans la prostitution, j'ai remarqué qu'y a pas beaucoup de pénétrations ; les clients, en général, ce qu'ils veulent c'est un blow job, y veulent se faire sucer. Je dirais que la pénétration, c'est peut-être une fois sur dix ; sur dix clients tu vas en pogner un qui veut un complet. Les filles, en général, on s'est faite dire qu'y avait beaucoup moins de risques en suçant de pogner quelque chose. Ça fait que ben souvent on s'sert pas de condom pour sucer, on va s'en servir pour la pénétration.*

> *Je n'avalais jamais, je recrachais, pis y fallait que je sois ben mal pris pour pas me gargariser... J'me gargarisais et je crachais toute, j'avalais pas...*

Jeanne confirme qu'il est difficile de toujours faire mettre un condom au client pour les fellations :

> *C'était juste le vingt piasses qui importait, ça fait que je l'ai fait souvent des blow jobs pas de condom. Y a des gars qui aiment pas ça ; c'est rare des gars qui vont accepter de se faire mettre un condom pour un blow job.*

> *Les complets [c'était] toujours avec condom... C'est arrivé une fois qu'y a eu bris de condom... malgré ça j'ai toujours été suivie par ma médecin, j'ai toujours été suivie par une infirmière... qui faisait une étude sur les toxicomanes qui se piquaient et le sida... c'est pour ça que j'étais informée au boute ; je le suis de A à Z, je pourrais quasiment donner des cours de prévention...*

La face cachée de la prostitution (et de la contagion): le « client »

En revenant encore à la prostitution, parlons de l'autre personnage central de son existence : le « client ». Le dernier à être atteint par quelque programme de sensibilisation que ce soit, le client de la prostitution constitue également une des principales pierres d'achoppement de la prévention. Le commentaire de Denise : « Si une fille en a pas contaminé mille, elle en a pas contaminé un », en dit long sur l'ampleur du problème. Aussi, les derniers mots sur lesquels s'interrompt l'enregistrement de l'entrevue avec Denise : « Les clients vont payer plus cher pour pas en mettre [de condom] », montrent les limites de l'intervention auprès des prostitués(es). Comment peut-on en effet essayer de faire adopter un comportement comme « norme » — le port du condom en tout temps —, lorsqu'un des principaux intéressés, soit le « client », que l'on représente comme Monsieur Tout-le-Monde, est prêt à payer plus pour y déroger ? Car, il faut le mentionner, ce commentaire sur les clients prêts à payer plus cher pour ne pas mettre de condom, on nous l'a répété à maintes et maintes reprises. Non seulement pour la fellation, où les risques de contagion sont extrêmement minimes, mais aussi pour le « complet », c'est-à-dire la relation sexuelle avec coït. Il ne nous appartient pas d'analyser ici les raisons de l'insouciance de personnes dont on présume qu'elles sont généralement étrangères au milieu de la drogue, ni de rappeler les risques de contagion (de maladies de toutes sortes) que cela représente pour les familles et le reste de la société. On peut comprendre en revanche que la prostituée n'a souvent pas d'autres choix que d'acquiescer à la demande du client, ce dernier pouvant toujours lui faire comprendre qu'il peut aller ailleurs... C'est aussi l'une des raisons qui, parfois, l'amènera dans le quartier. Outre l'économie, il lui sera possible de « négocier » le port du condom alors que cela semblerait impensable dans le cas d'une prostitution un peu plus « huppée ». Un autre point qu'il nous paraît important de souligner : le type de relations que souvent le client « régulier » entretient avec la prostituée. Lorsqu'il prend l'habitude de recourir aux services de la prostitution, il arrive fréquemment que le client cherche toujours à revoir la même « fille ». Comme le précise Denise, c'est habituellement en fonction de ces « réguliers » que cette dernière va établir son horaire de travail. Par la force des choses, sans qu'il s'établisse une relation amoureuse entre le client et la prostituée, il s'y développe au moins une forme de confiance mutuelle. Il est alors plus facile d'imaginer que puisse disparaître cette «contrainte frictionnelle» que constitue le condom lors des rapports sexuels. Il n'est pas non plus tout à fait exclu que le client régulier prenne le rôle de l'amant ou, pour être plus exact, celui du *sugar daddy*. C'est le cas notamment du père (d'abord inconnu) d'un des enfants de Denise, qu'elle décrit comme «un homme marié qui sortait jamais», mais qu'elle avait «décroché, ben comme il faut». Isabelle nous a elle aussi parlé de certains de ses clients qu'elle rencontrait à heures et jours fixes, dont un, entre autres, le dimanche, et qu'elle appelait ses *sugar daddys*. Aussi, le dimanche, nous ont fait remarquer les travailleurs de rue, est une journée de la semaine souvent réservée aux «complets» où les «filles» sortent de la routine de la rue pour se consacrer à leurs «réguliers» (souvent au motel).

«Client, amant ou *sugar daddy*», la marge est souvent mince, comme on vient de le voir. Denise, renvoyant la balle dans notre camp, demande: «Quand tu as un amant, prends-tu des condoms stables toi? Un client c'est pas pareil», dit-elle. Mais elle prend la peine de souligner: «La majorité des filles n'ont même pas une piasse pour s'acheter un lighter... [alors] comment veux-tu qu'elles aient un cinq pour s'acheter des condoms?» Difficile de nier cette réalité. Cela nous ramène encore au «client»: comment peut-il accepter d'avoir des contacts sexuels avec ces «filles» (défaites par la vie qu'elles mènent), non seulement sans mettre de condom, mais sans être celui qui le propose — le fournit — lors de la relation ? Malheureusement, nous ne pouvons répondre à cette question capitale. Comme «une image vaut mille mots», laissons à Gaston le soin de nous faire voir l'illusion irrationnelle que représente le «corps» de ces prostituées (aux yeux de leur clientèle) ou, si vous préférez, «l'anti-érotisme» de cette prostitution liée à la piquerie:

> *C'était ben dur de shooter une fille qui avait un visage d'ange mais qui avait pas une place pour la fixer sur le corps* [tellement elle était maganée] *et qu'on se reprenait quatre ou cinq fois; ça, ça m'écœurait à mort.*

Un dernier mot sur les condoms et l'échange des seringues

Nous venons de le voir brièvement, il est irréaliste de penser que l'usage du condom puisse devenir une norme infaillible. Alors qu'il s'impose de plus en plus à l'intérieur des pratiques régulières de la prostitution, le condom est inadmissible à l'intérieur de la relation amoureuse (du moins à «long terme»). À ce chapitre, il ne faut pas croire que la situation du toxicomane soit vraiment différente de celle de n'importe quelle autre personne. Ainsi, une fois qu'il est engagé dans une relation de plusieurs mois, de quelques jours ou même d'une heure, il n'est pas toujours évident d'imposer, au nom du «risque de mort» — à la limite, c'est bien de cela qu'il s'agit —, l'interférence d'un article (synthétique) comme limite des contacts. Un écrivain québécois célèbre faisait dernièrement cette remarque situant bien à notre avis tout le sens du «dilemme»: «Alors qu'autrefois on utilisait le condom parce que l'on ne voulait pas transmettre la vie, aujourd'hui on s'en sert pour ne pas transmettre la mort.» On peut rétorquer qu'il n'y a pas que le sida, il y a aussi les autres maladies vénériennes. Mais, il faut l'admettre, celles-ci sont totalement supplantées par la force (médiatique et contagieuse) du sida. À la question: «As-tu déjà eu des maladies vénériennes?», un de nos informateurs a répondu «non», alors que quelques instants après il faisait un bilan presque complet des maladies vénériennes (communes) qu'il avait en fait vraiment eues: gonorrhée (deux fois), chlamydia, champignons! Peut-on y voir un signe que le débat sur l'amour et la mort a été poussé à un point tel qu'il est maintenant tourné en dérision? Nous le croyons. La question dépasse le seul milieu de la toxicomanie et s'étend à toute la population décrite comme «active sexuellement» (peu importe en fait le nombre de partenaires réels). Entre les bonnes intentions des programmes de prévention et la réalité, il y aura toujours à la limite un espace, une marge infranchissable mais qui, avec le temps, avec beaucoup de persévérance et de travail, peut probablement s'amenuiser. Nous l'avons déjà mentionné, les comportements ne se transforment que graduellement et très tranquillement; le monde des piqueries et de la prostitution constitue un bon exemple de changements qui ne se réalisent, souvent, que par l'entremise d'autres motifs avoués. Nous ne reviendrons pas sur les nombreux exemples de témoignages cités plus haut, qui parlent d'eux-mêmes. Laissons cependant à Lise le soin de conclure cette partie, alors qu'elle nous parle de la difficulté de s'affirmer (sexuellement) avec le condom, même si son attitude a changé depuis qu'elle est abstinente :

> [Le condom] *ç'a pas toujours été régulier... Quand c'était le gars qui l'offrait, j'y disais comment j'appréciais le geste qu'y faisait là ; mais c'est difficile à la femme de dire : «Mets un condom», me semble que c'est une des responsabilités qu'on devrait pas avoir à assumer...*
>
> *Aujourd'hui des condoms, c'est important. Mais même encore aujourd'hui j'ai encore de la difficulté à m'affirmer là-dedans, à dire à mon conjoint d'en mettre, c'est quelque chose que j'ai de la difficulté à dealer avec... J'ai beaucoup confiance que j'aurai pas... le sida. Mais je fais ben... mon possible pour ne pas me mettre à risque inutilement... Je couche plus comme je cgyrytgdfouchais, c'est simple, j'ai plus besoin d'aller remplir mon vide intérieur dans la sexualité comme avant, avant c'était une drogue, c'était rien que ça qui comptait, aujourd'hui c'est différent...*

Par ailleurs, les problèmes que pose, dans un contexte tout à fait rationnel, l'usage du condom, sont décuplés lorsqu'il s'agit de parler de l'échange et de la stérilisation des seringues usagées. Encore là, comme nous l'avons déjà souligné, nous assistons à une volonté de changement des comportements, quoique dans la «transe» de la consommation cela semble bien peu réaliste. Il est évident que l'on assiste de moins en moins au genre de scènes que nous décrit Cynthia et qui étaient encore monnaie courante il y a cinq ans :

> [Lorsque je n'avais pas de seringue et que] *j'étais dans les piqueries, je fouillais en dessous des matelas, des tapis, pis toute, je pognais une seringue et je me disais, bon peut-être qu'*[elle] *est infectée plein de sida..., bon je me disais : «C'est grave, fuck osti, y faut que je fasse mon hit.» Là j'avais mon hit, pis j'étais ben trente secondes. Tout de suite après ça, je disais : «Fuck, j'espère qu'*[elle] *était pas infectée...» La fois d'après, c'était pareil : «J'espère qu'y a pas de sida après ça...»*

Serge, qui est aujourd'hui sidéen («À 99 % ce sont des seringues qui m'ont donné ça»), nous racontait qu'à la même époque il ramassait, dans le but de les utiliser, des seringues dans les parcs.

Bien que plus rares aujourd'hui, ces types de comportement ne sont pas impossibles. Évidemment, pour se retrouver dans une pareille situation, le toxicomane doit véritablement « être mal pris », alors qu'autrefois il était plus difficile de se procurer des seringues librement et, surtout, gratuitement. Ainsi, la création d'organismes comme Cactus, de même que la relative accessibilité des seringues dans les pharmacies, sans compter que plusieurs piqueries en « fournissent » — en vendent — à leurs clients, font qu'on se retrouve moins souvent face à des cas extrêmes comme ceux dont parlent Cynthia et Serge. Mais, nous l'avons déjà dit, le moment critique de la consommation se situe pendant la nuit, dans la période « d'après bar » jusqu'aux petites heures du matin, c'est-à-dire lorsque les pharmacies, Cactus ou les travailleurs de rue ne sont plus en service. Une femme comme Denise, qui dit avoir un comportement responsable face au sida, prévoyait toujours, avec quelques-unes de ses collègues, cette éventuelle pénurie de seringues en s'en procurant chaque fois le nombre maximal chez Cactus, c'est-à-dire seize (en échange de quinze seringues usagées). Denise affirme que jamais elle n'a vendu une seringue ; elle se dit trop consciente des dangers du sida et trop sensible à la situation précaire des prostituées pour s'adonner à ce type de commerce. Le cas de Denise semble toutefois isolé ; plusieurs nous ont dit avoir déjà vendu des seringues pour se payer de la drogue, seringues qu'ils se procuraient souvent chez Cactus, alors que d'autres nous ont affirmé en avoir déjà acheté (ou échangé contre de la drogue) à ces personnes dans la rue. Ainsi, nous raconte Lucien :

> *Je vendais de la coke, mais surtout je vendais des seringues sur la rue. Je ramassais toutes les vieilles seringues que je pouvais et j'allais les échanger au Cactus, pis je me ramassais toujours avec quinze à trente seringues neuves ; ces seringues-là, je les vendais entre deux à cinq piasses. J'ai déjà vendu des seringues pour un quart à quelqu'un qui était vraiment mal pris* [en faisant monter les enchères]... *J'en ramassais sur la rue... : je me disais bon citoyen, parce que j'empêchais les enfants de les trouver...*

Sandra, quant à elle, dit avoir déjà acheté des seringues de vendeurs itinérants :

*Y a des gars qui vendaient des seringues s'a rue, cinq piasses la
seringue... Et ça m'est arrivé... que je trouvais pas de gars [qui en
vendait], ça fait que j'ai pris un gars qui avait une seringue usagée...
mais y me demandait la moitié de ma coke en échange de... sa
seringue usagée... Ce qui fait que je faisais mon quart avec lui ou
ma demie avec lui.*

Malgré toute la bonne volonté des programmes d'assistance pour
les *udi*, nous serons toujours témoins de ce genre de situation, où
certains essaient de profiter — en les négociant —, au détriment des
autres, des avantages de ces services. Hochelaga-Maisonneuve est un
quartier propice à ce type de scénario, étant donné qu'il n'existe pas
de source d'approvisionnement directe sur le territoire pour des
seringues gratuites. Aussi, nous croyons que ce n'est pas une raison
pour remettre en cause la validité de ces programmes, mais plutôt
l'expression d'un besoin d'agrandir leur rayon d'intervention. L'autre
solution, consistant stériliser les seringues usagées à l'eau de Javel,
pose également certains problèmes quant aux limites de son efficacité.
Essentiellement, nous nous trouvons encore face à la question des
heures critiques de consommation pendant lesquelles il y a de moins
en moins de place pour un comportement rationnel de prévention et
où il importe peu de faire attention à sa «santé». Au début d'un *trip*,
on peut facilement imaginer un *junky* désinfectant sa seringue à l'eau
de Javel — plusieurs, pour ne pas dire la majorité, nous ont dit
s'adonner à cette pratique —, mais lorsqu'il y a «urgence» de se *fixer*,
lorsque «ça presse», il est peu probable qu'il prenne le temps de faire
un tel intermède. Il existe également toujours le risque d'«accidents»
comme le montre cette anecdote racontée par un travailleur de rue
et dont d'autres nous ont affirmé avoir déjà été les témoins: un *junky*
utilise de l'eau de Javel pour faire son injection, au lieu de l'eau
stérilisée (les deux contenants, remis simultanément, pouvant être
facilement confondus dans la précipitation aveugle de la
consommation!). Nous avons déjà, par ailleurs, parlé du caractère
précieux de la seringue pour un *udi*. Si, au début de ses
consommations, il peut plus facilement s'en départir ou la jeter (son
attitude face à la substance est souvent semblable: il se préoccupe

moins alors d'en donner ou d'en perdre), vers la fin il utilisera sa seringue jusqu'à la limite de son efficacité. On le voit ainsi, « travaillant » l'aiguille de sa seringue sur le frottoir d'une pochette d'allumettes jusqu'à ce qu'elle devienne comme un « clou » et inutilisable. Ce sont de telles conditions d'injection qui sont responsables des multiples plaies et infections qui couvrent d'abord les bras, puis le reste du corps. Certaines femmes vont même jusqu'à se piquer dans le sein, au point d'y faire à la longue des lésions de plus d'un centimètre de diamètre ! On le voit, la problématique de la facilité d'accès à des seringues dépasse la seule question de la contagion du sida et n'y est en fait que très accessoirement liée.

Quelques considérations non concluantes sur le sida et la toxicomanie

Aborder la question du sida par la problématique de la toxicomanie, et vice versa, comporte un biais interprétatif et subjectif, plusieurs pièges en somme que nous avons essayé d'éviter en concentrant d'abord et avant tout notre analyse sur les dynamiques complexes de la toxicomanie. Le choix d'une telle approche, probablement discutable, s'avérait cependant essentiel si nous voulions avoir un point de vue qui correspondait à la réalité interne des milieux. C'est ainsi que choisir la perspective inverse, soit celle du sida, nous aurait situés de toute évidence hors du champ des préoccupations de ces milieux de toxicomanes. Nous l'avons dit et répété, le sida n'est qu'une dimension additionnelle, un problème qui s'ajoute à la réalité profondément complexe et tortueuse du monde de la toxicomanie, qu'il ne remet jamais en question. En ce sens, le « poids » de la toxicomanie pèse davantage, il est déterminant par rapport à celui du sida. Examiner le « problème » de la toxicomanie à travers le prisme du sida, c'est jouer le jeu du système dominant des institutions et de la société. C'est préconiser, à la limite, des programmes qui ne touchent que par détour les principaux intéressés ; c'est, de façon inavouée, vouloir protéger la masse en pointant du doigt des individus marginaux. Parce que ces derniers, une fois aux prises avec les vicissitudes de leur dépendance, risquent au quotidien (et cela fait partie du « jeu ») une mort violente qui supplante l'agonie lente que représente la menace du sida. Cependant, il faut le mentionner, le sida constitue paradoxalement un contact avec cette autre réalité que représentent le «système dominant» et le «goût de vivre», ou plutôt le désir de survivre. Le sida est un rappel constant d'une «logique du vivant» à travers la remise en question de la formule de la mort. Cette dimension, le toxicomane *junky* n'y échappe pas non plus.

Tout au long de notre travail, en choisissant de laisser le plus possible la parole aux toxicomanes, nous avons voulu démontrer que des «problèmes» divers (de santé, psychoaffectifs, sociofamiliaux, etc.) surpassent au quotidien le danger réel que représente le spectre du sida. En effet, le *junky* risque de mourir de n'importe quoi avant de mourir du sida. Dans certains cas, ce sera le verdict cruel de la séropositivité, frappant comme l'épée de Damoclès, qui le fera débouler précipitamment vers la mort. Plusieurs, dans les premiers jours suivant le diagnostic, prendront la sortie de l'*overdose* léthale au lieu du labyrinthe ahurissant de la maladie. Mais pour d'autres, le diagnostic fatal provoque l'effet contraire : après le choc initial du désespoir s'installe un nouveau goût de vivre qui s'était auparavant estompé dans la progression de leur toxicomanie. La lutte contre le sida s'allie alors avec celle contre la toxicomanie afin de donner un nouveau sens «positif» à la vie de ces individus en sursis. Tel est notamment le cas de deux personnes parmi celles que nous avons rencontrées, qui ont bien voulu parler ouvertement de leur séropositivité et de leur nouvelle attitude face à la maladie.

Nous venons de le répéter, notre étude s'est avant tout penchée sur le «problème» de la toxicomanie et non pas spécifiquement sur le sida. Dans cette perspective, peu importait que nous rejoignions expressément (par notre échantillon) un groupe de personnes déjà séropositives ou sidéennes ; choisir cette voie, tout à fait valable et pertinente, aurait produit vraisemblablement un tout autre travail. Aussi, seul un concours de circonstances nous a permis de trouver deux personnes atteintes parmi nos informateurs clés ; par conséquent, nous n'avons nullement l'intention d'établir quelque conclusion que ce soit à partir d'une si faible représentativité. Toutefois, nous ne pouvons passer sous-silence les similarités qui existent entre ces deux «histoires de vie», similarités qui les distinguent par ailleurs de celles de nos autres informateurs. Ainsi, pour ne nommer que deux de ces caractéristiques distinctives, Roger et Serge, les deux personnes en question, se sont tous deux adonnés à la prostitution homosexuelle et ont fait leurs premiers pas dans le monde de la drogue en inhalant de la colle ; dans le cas de Serge, cette dépendance à la colle l'a poursuivi jusqu'aux derniers jours de sa consommation, comme solution de rechange aux drogues injectables. Serge croit avoir consommé entre cinq et dix mille tubes de colle dans sa vie, avec une moyenne de vingt à trente tubes par jour ! Bien qu'ils aient eu tous deux des relations homosexuelles (sauf exception, sans pénétration), ils sont convaincus d'avoir attrapé le virus par l'échange de seringues. Alors que Roger est né et a grandi dans le quartier Hochelaga, Serge est né dans le secteur Frontenac. Évidemment, nous ne pouvons rien conclure à partir de deux cas, mais chacun d'eux est un bel exemple de toxicomane dont les difficultés de l'existence s'enracinent au plus profond de lui depuis les premiers moments de sa vie. Tous les deux avaient déjà, au moment de recevoir le verdict fatal, perdu espoir en la vie ; l'éventualité de mourir à plus ou moins court terme leur a donné à chacun un nouveau souffle de vie et, inévitablement, leur attitude face à la maladie s'est radicalement transformée. Laissons Serge nous décrire cette épreuve difficile, depuis l'annonce du résultat positif des tests du VIH :

> *Ça m'a fait un choc. Ce que je voyais d'abord dans cette maladie-là c'était la mort, la mort à court terme, je voyais ça un peu comme la lèpre, je voyais ça laid... Même dans ce temps-là, avant de savoir que j'étais atteint, j'avais une idée ; ceux qui sont atteints, y devraient tous les mettre dans la même bâtisse ou sur une île comme les autres, y aurait pas de problème. Je veux dire que depuis ce temps-là ma façon de penser a changé... Mais c'est comme ça que je pensais moi ; je voulais pas être atteint par eux autres, je trouvais que j'avais assez de problèmes de même, je me disais : «Ceux qui ont ça y devraient les ôter de la circulation...»*

> *[Apprendre le résultat] ça été la chose la plus dure de ma vie... C'était quelque chose que j'ai pas pu parler tellement parce que, la première des choses, j'avais peur du jugement, j'avais peur que le*

monde me rejette, j'étais quelqu'un qui s'aimait pas beaucoup non plus... avec un passé comme le mien...

J'ai essayé de mettre ça [dans] une boîte, de mettre ça de côté, comme...: «Tu l'as, pis on n'en parle pus.» C'est comme ça que j'ai essayé de vivre ça. J'en parlais pas, j'avais honte... je me sentais coupable de ça... C'est sûr, c'est moi qui s'est rendu rentrer des aiguilles dans le bras, mais aujourd'hui ce que je vois, c'est que c'est pas moi qui a inventé cette maladie-là, pis j'n'avais une autre maladie ben avant ça et c'est la toxicomanie et c'est ça qui m'a poussé à me servir de ces seringues-là, j'ai eu le temps de me déculpabiliser.

Le fait de ne pas en parler ça m'a ramené à retourner consommer... Je disais... dans ma tête: «Crisse de niaiseux, va pas parler de ça à personne; y vont te lapider.» C'est comme ça que je voyais ça dans ma tête.

[Des idées de suicide lui traversent l'esprit:] J'ai été fort à dealer avec Dieu... Je lisais beaucoup la Bible... les parties surtout qui parlaient des miracles.

Le goût de vivre, c'est sûr si je suis encore vivant, il a toujours été plus fort que le goût de mourir, sauf que le goût de mourir a toujours été là quand même... souvent les gros downs que j'avais, je me disais: «D'une façon ou d'une autre, je suis atteint pis ça va m'aider à mourir ça...» Je voulais pas croire à ça non plus que j'étais pour mourir. Y a des boutes... où des pensées me venaient: «Peut-être qu'y se sont trompés... », mais ça durait l'espace de trente secondes.

[Je n'ai jamais eu le goût de me venger.] La minute que j'ai su que j'étais atteint, j'ai commencé à me protéger, j'ai continué à avoir des relations sexuelles, j'ai jamais voulu mettre une croix là-dessus... J'ai jamais été à l'aise là-dessus... Je crois que j'aurais ben de la misère à vivre en pensant que je peux transmettre ça à quelqu'un.

Pour aider à surmonter cette épreuve difficile, Serge participe plus ou moins régulièrement à des groupes de soutien et de sensibilisation sur le sida. La réaction de Roger depuis le fameux jour du diagnostic est en tout point comparable, à quelques nuances près. Il semble que la question du rejet l'affecte encore plus (peut-être que le temps entre ici en ligne de compte car, au moment de l'entrevue, il se savait séropositif depuis environ dix mois, alors que Serge se savait «atteint» depuis plus de deux ans).

Je m'attendais pas à vivre autant de rejet que ça... Y en a qui ont lavé ma vaisselle avec de l'eau de Javel, ça m'a fait de quoi; je me sentais un peu comme de la peste.

Il ajoute que quelqu'un a un jour désinfecté un lit dans lequel il avait couché; une autre fois, il a dû changer lui-même ses pansements à l'hôpital. Même s'il trouve «qu'on est évolué sur la question au Québec», il a choisi de se taire sur sa maladie: «Qu'est-ce que je fais? Je ferme ma gueule et je le dis plus à personne.» Cette idée du rejet le hante au point qu'il avoue avoir rangé une dose de drogue et une seringue spécialement pour se suicider lorsqu'il n'aura plus le contrôle de ses fonctions vitales. C'est ainsi qu'il sait déjà ce qui l'attend et ce qu'il fera le moment venu:

Je vais me payer un dernier trip. Je veux pas que personne me voie comme ça; lorsque je devrai porter des couches et que je ne saurai plus où j'm'en va, j'vais me passer out. J'veux pas que ma fille me voie dépérir. J'ai une seringue de serrée, j'ai un gramme de serré... dans un coffret de sûreté.

Roger participe lui aussi à des groupes de soutien aux sidéens et aux personnes séropositives. Mais il dit avoir encore de la difficulté à s'identifier à la majorité de ces groupes, parce qu'ils sont surtout constitués de gays et que, comme il l'expliquait plus tôt, il ne veut plus être associé à eux. C'est ainsi qu'il a participé à la mise sur pied d'un «centre» spécialement conçu pour les toxicomanes séropositifs et sidéens; ils se réunissent au moins une fois par semaine, de quinze à vingt personnes, dont plusieurs femmes. Selon lui, ces personnes sont en mesure de mieux se comprendre (contrairement aux groupes homosexuels où les toxicomanes se sentent moins concernés, dit-il, à cause autant de leur vécu que de l'évolution différente de la maladie); de plus, ces réunions sont une occasion de faire des rencontres qui peuvent déboucher sur une relation sexuelle (hétérosexuelle).

Malgré certaines zones grises de découragement, les témoignages de Serge et de Roger sont essentiellement un message d'espoir et un hymne à la vie. Tel est le paradoxe du sida, surtout chez les toxicomanes: dans le feu de l'action et le tumulte du quotidien, lorsqu'il est réduit à l'état de probabilité, il ne viendra que rarement déranger l'ordre des habitudes et des comportements, alors qu'une fois devenu une réalité intrinsèque de l'existence (une fois que l'on se sait infecté) il peut parfois devenir une «force» supplémentaire au «pouvoir de vie» qui auparavant s'était dissipé (dans le cercle vicieux de la dépendance toxicomaniaque). En cela, nous, ethnologues, pouvons établir une analogie avec l'attaque de sorcellerie et la «possession». Chaque jour, on peut répéter machinalement les mêmes gestes sans que jamais rien de particulier vienne perturber cet ordre des choses; puis, à un moment donné, frappe la «malédiction» ou le «mauvais sort». C'est alors que certains se laissent dominer par le destin et meurent rapidement («mort vaudou»), alors que d'autres seront initiés à l'«esprit» de la maladie («collège de possédés»), et l'apprivoiseront pour devenir des sortes de «spécialistes» (comme aide thérapeute ou humanitaire). L'imprévisibilité et la malédiction: deux notions clés fondamentales pour comprendre les attitudes des toxicomanes face au sida.

CHAPITRE 6

Changer le cadre

L ORSQU'ELLES SONT MISES EN FACE de la réalité quotidienne des
udi et des prostituées toxicomanes, de leur dérive et de la marche
accélérée vers la mort de plusieurs d'entre eux, bien des personnes sont
saisies d'une grande compassion pour ces «âmes perdues» de la ville
qui sont souvent d'ailleurs leurs frères, leurs sœurs, leurs enfants ou
leurs amis. Plusieurs, la majorité des gens peut-être, refusent cependant
de se laisser ébranler par le choc que donne ce *reality show*, avec ses
relents inévitables de sensationnalisme et ses côtés un peu voyeuristes;
ils préfèrent se réfugier dans l'indifférence passive propre à ceux qui
ne se sentent pas concernés; d'autres, une minorité sans doute, ne se
cachent pas pour dire qu'il faut laisser ces paumés s'autodétruire,
s'annihiler et les regarder glisser, êtres anonymes, vers une mort qu'ils
ont de toute façon méritée à cause de leur inconduite et de leur manque
de responsabilité. Comme la police, la justice et une certaine morale
bourgeoise, il y en a aussi qui pensent le plus sérieusement du monde
qu'il faut enfermer cette racaille derrière des grilles, qu'il faut tout
mettre en œuvre pour réformer leur conduite, dût-on employer la force[1].

---

[1] M. Daniel Fernando vient tout juste de faire paraître un livre incendiaire: *AIDS and Intravenous
Drug Use. The influence of Morality, Politics, Social Science, and Race in the Making of a Tragedy*,
Westport, C.T. Greenwood Press, 1993, dans lequel il affirme que la guerre aux drogues et la
Tolérance Zéro condamnent les *udi* à contracter le sida à cause des seringues contaminées que
les politiques restrictives et les programmes inadéquats les forcent à utiliser. Il plaide en faveur
d'une libéralisation dans l'accès à des «kits» sécuritaires d'injection, arguant en plus que la
désinfection des aiguilles à l'eau de Javel est inefficace et constitue un fiasco dont les *udi* font
les frais. Pour entrer dans la nouvelle ère de libéralisation réclamée par Fernando, il faudrait que
la prévention soit moins directement dominée par les idéologies religieuses, la morale bourgeoise
et le racisme. Des propos aussi radicaux de la part d'un chercheur sérieux en ameneront sans
doute plusieurs à s'interroger sur les pratiques dominantes de prévention qui ont cours aux États-
Unis et un peu partout dans le monde et que R. Battlesand et R. Pickens ont clairement
présentées dans leur livre: *Needle sharing among intravenous drug abusers: National and International
perspectives*, Washington, D.C., U.S. Department of Health and Human Service, 1988.

Entre la justice punitive de ceux et de celles qui veulent voir triompher l'ordre éthique, et l'indifférence des gens bien, des gens ordinaires, il y a place pour une pédagogie de soutien compréhensive et ouverte, à la fois soucieuse de resocialisation, de réancrage dans les normes sociales, et attentive à l'itinéraire privé de chaque personne. En cherchant à rompre avec les approches religieuses et moralisantes qui ont jusqu'aujourd'hui dominé les interventions auprès des *udi* et des prostituées toxicomanes, Pic-Atouts s'est lancé, encore timidement mais résolument, dans l'exploration d'une approche préventive nouvelle. Les travailleurs de rue ont appris par expérience qu'il ne s'agit pas simplement de transmettre des informations prétendument ignorées des *udi* et des prostituées (sur les modes de contagion du sida, entre autres choses), ou de les initier à diverses techniques (la désinfection des aiguilles par exemple) puisque, dans les faits, *udi* et prostituées savent généralement très bien quelles précautions il leur faudrait prendre pour se protéger. En effet, ces personnes ont rarement besoin d'en savoir davantage : elles demandent plutôt un accompagnement et une présence de la part de quelqu'un qui soit en mesure de rentrer dans leur monde, qui soit là au bon moment, au moment précis où l'on décidera de tenter de s'en sortir. Elles recherchent enfin chez les aidants ce mélange rare de souplesse et de rigueur qui permet à ces derniers de leur rappeler l'existence des règles sociales et de leurs exigences, tout en demeurant capables de faire preuve de patience et de magnanimité.

Les avenues nouvelles qui s'ouvrent à la prévention, dans le champ de la toxicomanie, sont encore fort mal balisées, bien que l'on sache globalement qu'il faut mettre au point des programmes et des interventions qui aient un sens dans ce monde de la marge que nous avons décrit tout au long des précédents chapitres. Dans ce dernier chapitre que nous voulons plus pragmatique, nous identifions trois des appuis majeurs qui nous paraissent devoir être mis à la base du nouvel édifice que les spécialistes de la prévention, du moins les plus progressistes d'entre eux, s'appliquent actuellement à construire. L'architecture nouvelle nous semble devoir prendre forme autour des trois piliers suivants : un ancrage profond dans les milieux eux-mêmes, une attention à l'hétérogénéité des profils individuels au sein d'un même groupe de personnes et une prise en compte de la distinction entre les conditions de contexte et les comportements individuels.

Un ancrage dans le milieu

Parler des différents services ou organismes qui s'intéressent aux conditions de vie des toxicomanes, sans défendre une cause moraliste ou sans l'intention (avouée) de les sortir à tout prix de leur dépendance, nous conduit indubitablement aux travailleurs de rue. Dans le cadre de la présente recherche, la collaboration de ces derniers a été essentielle pour nous aider à mieux cerner les différentes situations problématiques que vivent au quotidien les toxicomanes du quartier. Ces travailleurs, qui n'ont pas encore acquis la pleine reconnaissance des institutions — parce que, entre autres, leur rayon d'action se situe sur le terrain, c'est à dire loin des bureaux confortables de ces institutions de santé ou des services sociaux —, «interviennent» au cœur même des problèmes. Parfois, ils partagent avec ces toxicomanes ou personnes de la rue un «même vécu» et deviennent ainsi une sorte d'image signalant qu'il est possible de «s'en sortir» (la police nous a dit craindre, d'une certaine façon, ce rapport trop étroit des travailleurs de rue avec leur clientèle, notamment à cause des possibilités de «rechute»!). En ne portant pas de jugement sur les personnes qu'ils sont conviés à soutenir, ces travailleurs peuvent facilement gagner leur confiance, alors qu'autrement cette «clientèle» échappe totalement au service régulier des institutions, quelles qu'elles soient. Ainsi, pour ces personnes qui vaquent dans le monde incertain de la toxicomanie ou de la prostitution, il existe une méfiance, souvent justifiée, à l'égard de ces institutions avec leurs appareils formels, qui s'apparentent à la limite à ceux de la prison. Ce n'est souvent que par obligation, ou parce que l'on n'a pas d'autre choix — par exemple pour un avortement — que l'on l'on a affaire aux services habituels des réseaux institutionnels. En ce sens, le contact avec le travailleur de rue s'avère souvent être le seul lien (informel) positif avec le système.

Comme ils sont peu nombreux, le champ d'action de ces travailleurs de rue est très restreint par rapport aux besoins réels des milieux. Souvent, par la force des choses, ils vont être surtout appelés auprès des personnes les plus mal en point de ces milieux, qui se retrouvent aux deux portes extrêmes d'entrée ou de sortie, c'est-à-dire les personnes «fraîchement» arrivées et qui sont en pleine crise d'orientation ou celles qui en sont pratiquement exclues tant elles ne sont plus fonctionnelles. Cela ne les empêche pas d'établir des contacts, fondés avant tout sur un lien amical, avec tous les autres individus des milieux, de la tête dirigeante des réseaux aux consommateurs occasionnels. Car, spécifions-le, la tâche des travailleurs de rue ne consiste pas à aller au-devant de l'intervention, mais plutôt d'être là lorsque l'on a besoin d'eux — d'où la nécessité d'accroître considérablement leur nombre, si l'on veut assurer une meilleure efficacité des programmes d'assistance aux toxicomanes (dans la rue).

Rappelons que les travailleurs de rue d'Hochelaga-Maisonneuve ne distribuent pas de seringues, contrairement à ceux d'autres quartiers, mais uniquement des condoms et des «kits de désinfection» pour les seringues. Ces travailleurs remplissent essentiellement ici une tâche de soutien et de ressource. Nous croyons tout à fait justifié ce choix de ne pas donner de seringues, car cela les libère de l'image ingrate du «distributeur de cadeaux» et leur permet ainsi de se consacrer pleinement à leur rôle d'assistance (morale, psychologique, sociale et, parfois même, physique quand il leur faut prodiguer des premiers soins...). Par ailleurs, nous croyons que la distribution des seringues présente une lacune qui nécessite d'être comblée selon les requêtes des milieux (nous écartons toutefois l'idée d'installer dans le quartier un autre Cactus ou lieu fixe de distribution): la participation de certaines pharmacies représente probablement une partie de la solution, l'autre étant la gratuité de ces seringues par l'entremise de leur récupération.

Compte tenu de la spécificité du milieu de vie des *udi* et de la clandestinité qui entoure leurs activités, les professionnels (travailleurs sociaux, psychologues, médecins et psychiatres) formés de manière classique sont mal équipés, sur les plans technique et émotionnel, pour intervenir de façon préventive auprès de la population d'*udi* et de prostituées toxicomanes. L'insertion d'ex-toxicomanes (réhabilités, selon le langage courant) au sein des équipes professionnelles nous paraît constituer une garantie quant à la possibilité d'œuvrer dans ces milieux, d'y faire du *counseling,* de l'accompagnement en vue de la réinsertion sociale, du soutien à la recherche d'emploi et au recyclage professionnel, ainsi que de guider les personnes qui désirent entreprendre des cures de désintoxication ou passer des examens de santé. Ces nouveaux travailleurs de la santé ne constituent malheureusement encore qu'une exception.

Une attention à l'hétérogénéité des trajectoires individuelles

Bien que la notion de groupe à risque soit de plus en plus ouvertement critiquée (notamment dans le cas des recherches sur le sida) et qu'elle soit remplacée par celle de comportements à risque, beaucoup pensent encore, particulièrement chez les épidémiologistes, qu'il existe des catégories de personnes bien identifiables, spécialement à risque et pour lesquelles des programmes spécifiques de prévention doivent être mis sur pied, différents de ceux qui sont conçus pour la population en général. Ultimement, ces programmes orientés vers les *udi,* les homosexuels et les prostituées visent bien sûr, au-delà de ces personnes, à protéger la population en général, hétérosexuelle et non toxicomane, qui ne peut éviter d'entrer en contact par une voie ou par l'autre, la voie sexuelle surtout, avec ces catégories de personnes que l'on considère comme particulièrement à risque.

De loin, les *udi,* les prostituées, les homosexuels et les lesbiennes peuvent sans doute avoir l'air de former autant de groupes relativement homogènes; de près, le caractère artificiel et «construit» de ces catégories saute vite aux yeux, la diversité des profils et trajectoires individuels s'imposant avec netteté. En interrogeant cette présomption d'homogénéité, largement répandue dans les milieux de la santé publique, l'anthropologie révèle qu'il est problématique d'établir des correspondances strictes entre ces catégories épidémiologiques et l'existence d'identités collectives bien définies ou d'espaces sociaux relativement uniformes du point de vue des conduites à risque. En plus d'insister sur l'hétérogénéité des profils individuels au sein de ces groupes, l'anthropologie a indiqué le danger que représente le fait de se concentrer exclusivement sur ces groupes, créant ainsi dans l'esprit du public l'idée que les «gens ordinaires» n'ont pas à s'inquiéter, et négligeant par-dessus tout l'extrême porosité qui persiste entre la marge et le centre, entre le monde des *straights* et celui de la prostitution et de la toxicomanie[2].

L'anthropologie a, plus que les autres disciplines sociales, contribué à déconstruire l'idée voulant que les *udi* forment un groupe social distinct, cohérent, homogène et isolable ; elle l'a fait malheureusement en surculturalisant les comportements associés à la drogue. Une vaste littérature existait déjà sur les sous-cultures de la drogue dès les années 60, littérature qui s'est accrue ces dernières années au rythme de la progression de l'épidémie du sida chez les utilisateurs de drogues injectables. Dès 1967, Fiddle écrivait : « Les consommateurs de drogues partagent une sous-culture qui a son propre langage. » En 1969, Freudenberg faisait écho à cette même perspective culturaliste lorsqu'il affirmait : « Le comportement de drogue est profondément enraciné dans la sous-culture de la drogue[3]. »

Progressivement, les anthropologues ont pris conscience des dangers et des limites de la lecture culturalisante qu'ils proposaient, critiquant eux-mêmes la surculturalisation attribuée à certains des phénomènes qu'ils avaient justement placés au centre de leurs premières analyses. Ainsi, par exemple, le partage des seringues que

---

[2] L'un des auteurs du présent ouvrage notait récemment : « La polysexualité et la sexualité semblent beaucoup plus généralisées qu'on ne le pense. Il m'apparaît urgent de prendre au sérieux la sexualité "ouverte" des gens ordinaires, qui montre bien à quel point la marginalité ne peut être considérée dans nos sociétés contemporaines comme quelque chose de périphérique : il faut en effet se rendre compte à quel point marginalité et centralité s'interpénètrent continuellement. Si cela est vrai, il est indispensable d'en tenir compte et de complexifier nos études sur les pratiques de sexualité chez les gens ordinaires. » Gilles Bibeau, « Recherche psychosociale : Priorités pour les cinq prochaines années », *Travailler sur le SIDA au Québec*, Montréal, Fonds de recherche en santé du Québec, 1993, p. 186.

[3] S. Fiddle, qui a été l'un des premiers ethnologues à étudier de l'intérieur une piquerie (*Portraits from a Shooting Gallery*, New York, Harper and Row, 1967), en est venu à penser que la piquerie forme un monde en soi avec sa propre culture (p. 4). Très récemment, N. Freudenberg, qui a été chargé par l'Association américaine de santé publique de proposer des formes nouvelles de prévention du sida, est parti de l'idée qu'il existe une sous-culture de la drogue : *Preventing AIDS*, American Public Health Association, Washington, D.C., 1989. C'est ce même présupposé que l'on trouve chez S. Friedman, D. Des Jarlais et J. Sotheran, « AIDS Health Education for Intravenous Drug Users », *Health Education Quarterly*, n° 13, 1986, p. 383-393, un article qui a fortement influencé les concepteurs des programmes américains de prévention auprès des *udi*.

l'on avait interprété comme un rituel collectif d'intensification («un symbole de l'appartenance sociale dans un groupe de personnes qui ont assez peu l'occasion de se manifester leur confiance mutuelle», ont écrit les chercheurs Conviser et Rutledge[4]) est de moins en moins vu comme une expression rituelle ou un signe de lien social: ce partage s'expliquerait davantage pragmatiquent par le manque de seringues, par l'urgence du prochain *fix* et la nécessité de faire vite, de quitter rapidement la piquerie. De même les traces (*tracks*) qui sont la preuve des dommages infligés aux veines par les injections sont de plus en plus rarement interprétées comme des *badges* indiquant l'appartenance au groupe: on aurait en effet généralement plutôt tendance à cacher ces traces qui semblent n'avoir que peu de place comme repère identificatoire. Quant à l'usage d'un langage argotique et codé au sein du groupe, il est lui-même aujourd'hui entendu d'une autre oreille: on a longtemps pensé que cet idiome servait à délimiter les frontières du groupe, à y donner accès à la manière d'un mot de passe, à modeler l'identité des membres et à leur fournir un langage commun pour traduire leur expérience, et, subsidiairement, à les protéger contre la police. Les recherches de sociolinguistique démontrent maintenant que cet idiome «vernaculaire» est fort proche de la langue populaire, de celle que l'on parle dans les quartiers ouvriers; de plus, on souligne le fait que les gens sont polyglottes, passant aisément de ce parler vernaculaire à la langue commune de tous, à la langue de la rue. Il en est d'ailleurs de même pour la violence que l'on avait décrite comme une composante essentielle de la culture de la drogue, comme si la violence y était un comportement culturellement prescrit: disputes territoriales entre bandes, homicides entre trafiquants ou entre *dealers* et consommateurs, punition pour vente de produits altérés ou de mauvaises drogues, mort par *overdose* dans les piqueries... Cette violence existe bel et bien, mais on ignore dans quelle mesure elle est structurellement attachée au monde des drogues injectables.

Des études comparatives internationales (Hollande, Suisse, etc.)

---

[4] R. Conviser et J. Rutledge, «The Need for innovation to halt AIDS among intravenous drug users and their sexual partners», *AIDS and Public Policy Journal*, n° 3, 1988, p. 43-50 (citation, p. 45).

permettent maintenant de mieux mesurer l'influence des lois et des contrôles policiers sur le niveau de violence.

Paradoxalement, les anthropologues eux-mêmes invitent aujourd'hui à ne souscrire qu'avec prudence à l'idée voulant que les *udi* aient développé une sous-culture qui leur appartienne en propre. On peut sans doute parler, au sens large du terme, de plusieurs sous-cultures de la drogue, mais sans réifier ni rendre exotiques les phénomènes, sans les déraciner surtout de leurs attaches sociales (appartenance à un quartier, à une communauté locale où les gens se connaissent, à des familles...) et culturelles (appartenance à une génération de chômeurs, à une classe ouvrière en manque de travail, à la vie en ghetto...). Les anthropologues attirent aussi l'attention sur la fluidité des phénomènes, sur les différences de quartier à quartier, de ville à ville, sur les mutations rapides des pratiques et conduites dans le milieu des toxicomanes et, par-dessus tout, sur la diversité des profils individuels : à côté d'*udi* qui continuent à être professionnellement fonctionnels et socialement actifs, on en trouve chez qui tout semble avoir dérapé, provoquant détérioration physique et psychologique, marginalité et délinquance, ruine financière. Il est peu vraisemblable que tous ces *udi* appartiennent à une seule et unique sous-culture.

L'accent mis par les anthropologues sur la culture de la drogue ne comporte cependant pas que des aspects négatifs ; cette surculturalisation a en effet permis de relativiser les approches strictement psychologisantes dans l'étude des comportements des usagers, attirant l'attention sur certaines valeurs qu'ils partagent en commun, leurs lieux collectifs de rencontre et leur place dans l'ensemble d'un réseau généralement assez bien structuré. Les recherches d'orientation culturelle ont aussi contribué à faire émerger les discours des *udi* sur eux-mêmes, sur le sens dont ils (dés)investissent leur vie, nous éloignant des perspectives propres à la seule psychopathologie. Grâce aux anthropologues, on comprend aussi mieux pourquoi les politiques de criminalisation du trafic et de la consommation des drogues ont engendré paradoxalement un renforcement de l'idée d'une sous-culture de la drogue avec son territoire, ses *leaders* et «sa» loi : les activités policières auraient en effet contribué au refoulement des *dealers* et des «gérants» de piquerie vers des territoires de plus en plus protégés (quartiers défavorisés avec parc locatif détérioré et multitude d'appartements libres[5]). En réponse à l'encerclement généralisé provenant de la police, des professionnels et de la population en général, les *udi* en seraient venus à se percevoir eux-mêmes comme un autre monde culturellement et socialement détaché du style de vie qui est celui de la majorité des gens, et à s'associer, dans certains cas, de plus en plus exclusivement avec d'autres utilisateurs de drogues injectables.

Il nous faudrait, à cette étape de notre étude, entreprendre le même genre de réflexion critique à l'égard des prostituées, toxicomanes ou non, des homosexuels, des lesbiennes et des partenaires sexuels des uns et des autres, pour démontrer que ces regroupements ne constituent, comme nous l'avons dit pour les *udi*, ni des catégories naturelles, ni des entités épidémiologiques homogènes, ni des groupes qui seraient porteurs de cultures originales. Les recherches récentes ont en effet mis en évidence la polymorphie de tous ces groupes que l'homophobie de la population générale tend à homogénéiser, comme s'il n'y avait qu'une manière de vivre l'expérience homosexuelle ou de pratiquer le plus vieux métier du monde. La difficulté qu'ont les professionnels et la population en général à reconnaître la multiplicité des formes de l'homosexualité s'enracine sans doute historiquement dans la construction biomédicale de l'homosexualité, laquelle attribue l'inversion de l'orientation sexuelle normale à des prédispositions génétiques, à des dysfonctionnements hormonaux ou à des problèmes psychodynamiques ou familiaux. Une telle interprétation essentialiste

---

[5] Au cours de la Quatrième Conférence internationale sur la réduction des méfaits liés aux drogues qui s'est tenue à Amsterdam en 1993, de nombreux groupes de recherche ont mis en évidence l'influence négative des réglementations trop strictes et de l'utilisation abusive des sanctions criminelles dans la lutte contre les drogues en général et en particulier dans la prévention de l'infection par le VIH; R. van der Hoeven a affirmé: «Plus de 60 % des personnes incarcérées actuellement dans les prisons à travers le monde s'y trouvent en raison d'infractions liées aux drogues et les coûts sociaux pour les y maintenir sont énormes.» Déçu par nos politiques actuelles et soucieux de voir de nouvelles voies s'ouvrir en matière de prévention, Jan Skirrow, l'un des anciens directeurs généraux du Centre canadien de lutte contre l'alcoolisme et les toxicomanies, a déclaré récemment: «Tous nos efforts sur le contrôle auront eu pour effet de promouvoir le développement d'un marché lucratif des substances illicites.» New ACTION Nouvelles, IV, 4, juillet-août 1993, p. 5.

de l'homosexualité a aveuglé les chercheurs, les empêchant de voir la diversité des *patterns* comportementaux au sein du milieu gay. Pareillement, les théories sociologiques de la prostitution n'ont pas aidé à reconnaître le caractère polymorphe de cet univers, depuis celui des femmes travaillant dans des agences d'escorte et fréquentant le beau monde dans des hôtels de luxe, à celui des femmes plus âgées et au corps abîmé arpentant les trottoirs de quartiers comme Hochelaga-Maisonneuve.

On a beaucoup appris en culturalisant ces mondes; cependant, il est urgent aujourd'hui de déculturaliser nos lectures, de refuser d'admettre qu'il existe des normes culturelles singulières à la base de la vie dans chacun de ces groupes ou des valeurs bien spécifiques dans lesquelles s'enracinent les conduites individuelles. En faisant de ces personnes des hors-la-loi irrécupérables et de ces groupes des parias aux valeurs antisociales, l'État et les services publics se sentent autorisés à ne délier que parcimonieusement les cordons de leur bourse, voire à supprimer les fonds, lorsqu'il s'agit de programmes spécifiques comme celui de la méthadone pour les héroïnomanes ou celui d'échange des seringues. Plus que leurs différences structurelles, c'est la proximité de ces groupes avec le monde ordinaire qu'il faut mettre en évidence.

Une focalisation complémentaire sur les racines du mal et sur ses émergences

Le modèle dominant en prévention insiste sur la responsabilité des personnes à l'égard de leurs comportements et sur la nécessité d'opérer des changements dans leur conduite lorsqu'elles risquent de contracter certaines maladies. Une telle approche présuppose que toutes les personnes peuvent choisir librement leur propre style de vie en référence à un ensemble d'options qui leur seraient également offertes, les comportements les meilleurs étant évidemment attendus de tout le monde. Cette responsabilisation individuelle conduit directement à la victimisation (*victim-blaming*) des personnes lorsqu'elles «attrapent» certaines maladies ou présentent certains problèmes que de bons comportements leur auraient permis d'éviter. Ce discours idéologique a amené les gens à penser que la bonne santé est une affaire d'autocontrôle, de discipline personnelle et de volonté, oubliant de prendre en compte les conditions et contraintes au sein desquelles les décisions des personnes sont, de fait, prises.

Or, on sait depuis les travaux déjà anciens de l'École de sociologie de Chicago (dans les années 20) que les zones les plus détériorées des villes présentent les plus hauts niveaux de violence, un plus grand nombre de consommateurs d'alcool et, de façon générale, un niveau de santé beaucoup moins bon. On ne peut expliquer une telle situation en disant que les habitants de ces quartiers ont une plus grande tolérance à l'égard de la violence et de l'alcool ou que leurs valeurs leur permettent de s'accommoder davantage de ces problèmes; il faut interroger plutôt le contexte quotidien de vie des personnes vivant dans ces zones de précarité pour pouvoir vraiment comprendre le style de vie le plus fréquent dans ces milieux et y générant beaucoup plus de problèmes qu'ailleurs. Les comportements individuels, nous ont appris les sciences sociales, n'existent qu'enracinés dans des contextes naturels et seulement resitués dans des processus sociaux: les personnes individuelles sont tout autant des acteurs sociaux engagés sur une même scène et déclamant souvent des rôles qu'elles n'ont pas elles-mêmes écrits. C'est cette interface entre processus collectifs et décisions personnelles qu'il convient de mieux comprendre, si l'on veut vraiment réorienter les actions de prévention, particulièrement dans le cas de la toxicomanie.

Les études épidémiologiques contemporaines ont confirmé les premières découvertes des sociologues et anthropologues de Chicago. Hanson écrit dans *Life with Heroin*: «Plusieurs des nouveaux arrivants dans les centres urbains (dans le cas des minorités ethniques surtout) sont victimes de chômage, de pauvreté et de discrimination sociale [...] Est-il surprenant qu'ils essaient de contourner cette situation en se jetant dans les drogues[6]?» Et Waldorf fait écho à Hanson en signalant quelque chose qui vaut en bonne partie pour les francophones du quartier Hochelaga-Maisonneuve: «L'héroïne se retrouve à peu près partout dans les ghettos noirs et portoricains en

---

[6] Ce commentaire apparaît dès les premières pages (p. 3) du livre publié sous la direction de B. Hanson, G. Beschner, J. Walters et E. Bovelle, *Life with Heroin : Voices from the Inner City*, Lexington, M.A., Lexington Books, 1985.

sorte que les jeunes gens deviennent très tôt conscients de la disponibilité de la drogue.» À tel point d'ailleurs, nous dit Waldorf dans *Careers in Dope,* que le passage à l'acte et l'entrée dans la drogue apparaissent comme un prolongement naturel d'un style de vie qui est quasiment la norme dans le quartier:

> *Vous grandissez dans un milieu où tout est un gâchis. Votre père est un voleur, votre mère une prostituée, votre sœur aînée se paie de nouvelles robes en forniquant avec le fils du propriétaire, votre frère est dans le commerce des drogues, votre ami de cœur a été blessé en dévalisant un magasin, et tous les autres autour de vous fument de la drogue, se piquent, s'intoxiquent aux médicaments, volent à qui mieux mieux ou travaillent au noir, ou font tout cela à la fois. Tout d'un coup vous réalisez que vous avez seize ans et que vous faites exactement la même chose... Et cela vous est venu naturellement[7].*

Les faits nous forcent à reconnaître qu'Hanson et Waldorf ont raison lorsqu'ils associent l'augmentation de l'usage des drogues et la progression du sida à la détérioration croissante et à la ghettoïsation de certains quartiers des grandes villes nord-américaines. Personne ne peut plus nier de telles évidences, mais il nous faut aller plus loin et c'est à nous, spécialistes des sciences sociales, que s'impose le devoir de comprendre comment il se fait que bien des personnes vivant dans ces mêmes milieux précaires ne deviennent jamais toxicomanes et réussissent à vivre dans certains cas une vie familiale fort équilibrée, loin de la prostitution et de la violence.

Il ne peut s'agir uniquement de personnes ou de familles exceptionnelles: on doit plutôt penser qu'il existe même dans ces milieux déstructurés des moyens de se protéger et de vraies valeurs sur lesquelles on peut construire. Nous éloignant des recherches centrées sur les seuls facteurs de risque, nous ne trouverons des pistes nouvelles que dans la mesure où nous tenterons d'identifier davantage les facteurs de protection ainsi que les groupes de personnes qui parviennent à mener une vie saine dans ces milieux.

---

[7] Il y a déjà vingt ans que D. Waldorf écrivait un livre courageux: *Careers in Dope,* Englewood Cliffs, N.J., Prentice-Hall, 1973. C'est dans cette filiation que s'insère notre propre ouvrage.

CONCLUSION

Une nouvelle peste

LES MALADIES DE LA MODERNITÉ ont trouvé dans la syphilis, qui est apparue il y a cinq cents ans, une métaphore charriant à la fois des fantasmes de dévoration, l'idée interne de pollution et le sentiment de culpabilité — culpabilité d'autant plus forte d'ailleurs que l'immoralité et l'inconduite sexuelle furent vite considérées comme la cause de ce mal qui punissait les «pécheurs dans l'organe par lequel ils avaient péché». Cette maladie de la syphilis a donné d'autant plus aisément lieu à la stigmatisation que les personnes atteintes étaient, de fait, mutilées dans leur corps, affichant publiquement le signe (autrefois du moins) de leur péché. Un tel mal a vite conduit à des élaborations culturelles et symboliques qui sont encore avec nous, à ce jour : la mise à l'écart et l'évitement des femmes atteintes, la peur de la contagion, le refus de la libéralisation des pratiques sexuelles et la crainte que ne se développent des épidémies semblables à celles de la peste, qui avaient en leur temps emporté des millions de personnes. À l'aube des temps modernes, vers la fin du XVe siècle, s'est donc mis en place autour de la syphilis le dispositif intellectuel (renforcé et remanié au fil des siècles suivants) que l'on avait cru assoupi, mais qui était en fait bien vivant et qui a été redynamisé par la nouvelle épidémie du sida[1].

Mais les épidémies de la postmodernité symbolisées par le sida ne font pas que répéter le passé : de manière originale, le sida remet en cause l'ordre relationnel, le rapport à l'autre, comme si les personnes étaient malades de leur sociabilité. Cette nouvelle épidémie déchire amitiés et solidarités, contamine les personnes à travers l'intimité de

---

[1] Pour plus de détails sur la construction culturelle du sida, consulter la présentation «Déconstruire l'univers du sida» de G. Bibeau et R. Murbach dans le numéro thématique d'*Anthropologie et Sociétés,* 15, 1991, p. 2-3, qu'ils ont édité sous le titre de *L'Univers du sida.*

la présence sexuelle ou de la violence associée à tout partage du sang et, ultimement, défigure les corps : l'horizon de la mort, décalée, évitée parfois mais néanmoins toujours là suspendue au-dessus de la tête des personnes atteintes, s'impose à elles de manière inéluctable. La prise de parole des sidéens et des sidéennes, leur cri pathétique aussi surgissent dans ce contexte comme un appel lancé à tous les vivants.

Surtout lorsqu'elle se développe en relation avec la toxicomanie, cette nouvelle peste qu'est le sida nous oblige à appréhender la maladie dans le contexte de post- ou de sur-modernité qui est le nôtre : elle nous convie à nous placer à l'intersection du personnel et du social, de l'intime et du public, des limites de nos connaissances et de la faillite de nos modes de prise en charge, comme dans un espace intermédiaire, transitionnel, encore mal balisé et où nous marchons à tâtons. Nos sociétés sont sans doute en train de vivre avec cette nouvelle maladie une rupture épidémiologique majeure, qui nous force à poser dans des termes inédits la question des causes du mal et à innover dans les réponses que nous y apportons.

Jamais sans doute aucune société humaine n'a été dans le passé agressée, gangrenée diront certains, par trois maux aussi violents et complices qui unissent leurs forces de manière inattendue dans la destruction des personnes ; jamais, si ce n'est dans les périodes troublées des fins d'empire et de civilisation, on n'a vu en effet autant de personnes de tous âges se suicider directement, sous divers déguisements ou à travers des conduites ordaliques où elles jouent à se donner la mort ; il y a peut-être eu jadis et dans certaines sociétés autant de gens qui se sont adonnés à la consommation de drogues, mais une certaine ritualisation balisait encore un peu partout les comportements pour protéger contre les excès et la mort éventuelle. Et le virus du sida, dont la présence parmi nous est peut-être déjà très ancienne, trouve aujourd'hui dans les groupes d'*udi* une cible privilégiée, les attaquant dans l'acte même du partage et les forçant plus que jamais à inscrire leur vie sur l'horizon de la mort. Il y a peu de temps encore, la nouvelle peste frappait en particulier le milieu des communautés gaies, qui s'en sont protégées ; maintenant elle est entrée dans les piqueries, harcelante et angoissante. Les réponses commencent à surgir : aurons-nous le courage de les mettre en œuvre ?

LISTE DES CARTES, TABLEAUX ET FIGURES

CARTES

1.   Le quartier Hochelaga-Maisonneuve   80

2.   Ville de Montréal, arrondissements municipaux   82

TABLEAUX

1.   Données démographiques du quartier
     Hochelaga-Maisonneuve   83

2.   Structures des familles du quartier
     Hochelaga-Maisonneuve   84

3.   Logements et ménages   85

4.   Langues maternelles   85

FIGURES

1.   L'enveloppe identitaire socio-individuelle de
     la personne   124

2.   Modèle anthropologique de la consommation
     toxicomaniaque   130

3.   Modèle d'interprétation spatiale de l'identité
     socio-individuelle   137

TABLE DES MATIÈRES

Remerciements 7

PROLOGUE
«Un voyage en enfer» 11

INTRODUCTION 35

CHAPITRE 1
Entre confession, témoignage et fiction 47

CHAPITRE 2
Les espaces de la recherche ethnographique 71

CHAPITRE 3
Balises pour une approche
anthropologique de la toxicomanie 103

CHAPITRE 4
«Même si y sont gelés... ce sont
quand même des êtres humains...» 155

CHAPITRE 5
Comprendre la «marge» pour agir au cœur
du problème 181

CHAPITRE 6
Changer le cadre 217

CONCLUSION
Une nouvelle peste 231

Liste des cartes, tableaux et figures 235

Mise en pages et typographie :
Les Éditions du Boréal

Achevé d'imprimer en février 1995
sur les presse de AGMV,
à Cap-Saint-Ignace, Québec.

MÉ

362.29097

Ville de Montréal

B

**Feuillet
de circulation**

À rendre le		
Z 27 JUIL '95		
Z 24 AOU '95	Z 27 MAI '97	1 8 MAR. 2003
Z 09 SEP '95	Z 08 AVR '99	1 4 MAI 2003
Z 1 6 SEP '99	2 2 JUIN '99	2 3 SEP. 2003
Z 10 OCT '95	1 8 SEP '99	1 0 DEC. 2003
Z 02 NOV '95	1 9 OCT '99	1 9 JAN. 2005
Z 25 NOV '95	2 1 JAN '00	0 1 MAR. 2005
	11 AVR '00	
Z 1 6 DEC '95	07 JUIN '00	
Z 23 JAN '96	Z 19 SEP '00	
Z 04 FEV '96	Z 27 OCT '00	
Z 06 MAR '96	0 5 SEP '01	
Z 27 MAR '96	1 2 OCT '01	
Z 27 MAI '96	1 3 NOV. 2002	
Z 27 MAR '96 Z 24 OCT '96	0 4 FEV 2003	
Z 1 8 FEV '97	2 5 FEV. 2003	

06.03.375-8 (05-93)